Rudolf Isler

Nachhaltigkeit?!

Rudolf Isler

Nachhaltigkeit?!

Wege aus der Krise durch freie Initiativen
Wirtschaft, Staat und Kultur neu denken

Verlag am Goetheanum

Der Verlag am Goetheanum im Internet: www.vamg.ch

Umschlaggestaltung von Anna S. Fischer unter Verwendung
eines Fotos von © iStockphoto.com/vamg

Satz: Höpcke, Hamburg
Druck: Druckhaus Nomos, Sinzheim

ISBN 978-3-7235-1486-3

Inhalt

Ermutigung

Die Finanzkrise zu Beginn des neuen Jahrtausends macht uns darauf aufmerksam, dass wir das Geldsystem von Grund auf neu konzipieren müssen. Diesem Thema ist ein Teil dieser Schrift gewidmet. Die Krise des Geldes ist aber keine isolierte Erscheinung, sondern auch die Nachhaltigkeit der Wirtschaft, die Arbeits- und Einkommensverhältnisse und das ganze Bildungswesen befinden sich in ebenso großen Krisen, denen man mit allerlei Korrekturmaßnahmen beizukommen versucht – bis heute mit geringem Erfolg. Ein Blick auf die ganze Struktur unseres Zusammenlebens, verbunden mit guten Detailkenntnissen, ist heute mehr denn je gefordert. Diese Aufgabe ist so groß und die notwendigen Neuerungen sind so umfassend, dass der einzelne Mensch oder kleine Gruppen mit ihrem geringen Einfluss mutlos werden könnten. Das ist vor allem dann der Fall, wenn man meint, die Erneuerung müsse vom Staat ausgehen. Viele meinen, so wie die Welt nun einmal sei, mit so vielen unvernünftigen und unmoralischen Menschen, müssten wir uns zuallererst zu einer politischen Partei zusammenschließen, um im politischen Machtkampf eine Verfassungsänderung zu erreichen, durch die dann alle Menschen verpflichtet werden, sozial zu handeln. Gesetzesänderungen können schon wichtig sein, sie haben aber nur eine begleitende Funktion: Die Gesetze sollen uns nämlich nicht daran hindern, wenn wir Gutes und Soziales nicht vom Staat erwarten, sondern es selbst tun wollen.

Mit diesem Tun können wir sofort beginnen und jeden Tag weitermachen, denn die ersten Schritte sind schon gemacht. Wir wollen einige dieser Schritte, die uns als besonders wichtig erscheinen, kennenlernen, um sie im Gesamtzusammenhang des sozialen Lebens zu verstehen. Ihr Erfolg kann uns Mut machen, auf dem Weg weiterzugehen, und das kann jeder Mensch an dem Ort, wo er steht. Es geht um neue Formen betrieblicher Selbstverwaltung, um die Trennung von Arbeitsleistung und Einkommen, um eine neue Verwaltung des Bodeneigentums und des Kapitals und um neue Formen des Geldes. Der große Zusammenhang ergibt sich uns, wenn wir die Dreigliedrigkeit des gesamten menschlichen Zusammenlebens so anschauen, wie sie von Rudolf Steiner in Schriften und Vorträgen dargestellt worden ist. Diese Dreigliederung immer besser zu verstehen, ist ein Ziel dieser Schrift. Doch davon später.

Die verschiedenen Kapitel sind so angeordnet, dass man zunächst am besten in die Zusammenhänge hineinfindet, wenn man alle in ihrer Reihenfolge bis zum Ende durchliest. Dann stützen sie sich gegenseitig, denn es kann einem z. B. in dem Kapitel über das Geld so gehen, dass man neue Methoden der Geldschöpfung nicht versteht, solange man in den heute üblichen Begriffen von Leistung und Lohn, von Bodenrecht und Kapital gefangen ist. Manches, was hier dargestellt wird, ist auch von anderen gesagt worden. In einigen wichtigen Punkten weicht es aber davon ab. Der Verfasser glaubt, damit zum besseren Verständnis der Dreigliederung des sozialen Organismus einen Beitrag zu leisten, der die Praxis weiterbringt.

1. Vom Wirtschaftsleben geschaffenes Geld

1.1. Die dunklen Ursprünge des Geldes

Seit den Wirtschaftskrisen des 20. und 21. Jahrhunderts wissen wir, dass das Finanzwesen einen beherrschenden Einfluss auf die reale Wirtschaft hat und eine bedrohliche Macht in der Gesellschaft darstellt. Überall werden in der Öffentlichkeit Reformen des Finanzwesens diskutiert, einige werden auch in die Tat umgesetzt. Nur wenige gehen aber so weit, den Begriff und die Realität des Geldes in Frage zu stellen, und auch bei diesen muss man sich fragen, ob sie der Sache wirklich auf den Grund gehen. Das heutige Finanzsystem ist so kompliziert und durch den Gebrauch vieler Fremdwörter, zu denen laufend neue hinzukommen, verschleiert, dass es nur von Spezialisten einigermaßen durchschaut wird. Aber auch diese streiten über ganz entgegengesetzte Positionen, ob z. B. der Staat als Einziger Geld machen soll durch eine «monetative Gewalt», die man zu den drei bestehenden staatlichen Gewalten als eine unabhängige vierte Gewalt hinzufügen möchte[1], oder ob die Geldschöpfung allein den Privatban-

1 Joseph Huber: Vollgeld, Berlin 1998. – Joseph Huber/James Robertson: Geldschöpfung in öffentlicher Hand. Wege zu einer gerechten Geldordnung im Informationszeitalter, Kiel 2008. Im Internet veröffentlichte Texte unter www.soziolo-

ken überlassen werden soll, denen man zubilligt, dass sie sich dabei ganz nach ihrem eigenen Profitstreben richten («Free Banking»). Wir werden untersuchen, inwiefern diese beiden extremen Meinungen teilweise recht und teilweise unrecht haben und dadurch dem Ganzen nicht genügen.

Wenn man die Entwicklung des Geldes in der Geschichte zurückverfolgt, kommt man bis in die Zeiten, aus denen uns keine schriftlichen Quellen berichten. Deshalb beruhen viele Darstellungen in den Geschichtsbüchern auf Vermutungen und Hypothesen, die auch mit Beobachtungen der Völkerkunde argumentieren. Ursprünglich gab es noch kein Tauschen und Kaufen, sondern die ursprünglichste Wirtschaftsform war wohl eine reine Schenkungswirtschaft, wie sie heute noch innerhalb der Familien selbstverständlich ist. Man gab den anderen bedingungslos, was sie brauchten, und vertraute darauf, dass man irgendwann auch wieder beschenkt wird. Familien, Sippen, Stämme und Dörfer versorgten sich als Jäger, Hirten und Bauern selbst. Es gab, wie heute in den Familien auch, eine Arbeitsteilung, aber jedes Mitglied erfüllte seine Aufgaben für die anderen und bekam von diesen, was es brauchte.

Erst als die Menschen sich nicht mehr fraglos zusammengehörig fühlten, fingen sie an, ihre Erzeugnisse zu tauschen; und Tauschen bedeutet, dass man die Werte der

---

gie.uni-halle.de/huber/publikationen.html#a11. – Bernd Senf: Bankgeheimnis Geldschöpfung, April 2009, www.berndsenf.de/pdf/Bankgeheimnis Geldschoepfung 4.pdf

Waren berechnet und miteinander vergleicht. Die marktwirtschaftliche Theorie, die durch Adam Smith 1776 in die Welt gesetzt und später immer wieder abgeschrieben wurde, beginnt erst in diesem Punkt der Entwicklung.[2] Das Tauschen begann aber nicht so, wie die Geschichte heute noch in den meisten Lehrbüchern erzählt wird, nämlich nicht in den Dörfern zwischen Personen, die sich gut kannten und immer wieder sahen, sondern zwischen solchen, die sich nur selten oder gar nur einmal im Leben begegneten, also vor allem im Handel über größere Entfernungen. Die Kaufleute brachten Waren von einer Gegend in eine andere, wo es diese nicht gab, und nahmen dafür Waren zurück, die in ihrer Heimat begehrt waren. Zunächst kann es sich um direkten Tausch gehandelt haben. Wenn aber zwei Handelspartner ihren Bedarf nicht mehr direkt ausgleichen konnten, fingen sie an, wertvolle Waren, die alle kannten und gut handhaben konnten, als Tauschmittel, das heißt als Geld zu verwenden. Dafür kamen Muscheln, Seide, Edelmetalle und vieles mehr in Frage. Ein Tauschmittel ist nur dann brauchbar, wenn sein Wert von allen anerkannt wird. Diese Anerkennung kann

---

2 David Graeber: Schulden, die ersten 5000 Jahre, Stuttgart 2012. Kapitel 2: Der Mythos vom Tauschhandel. Graeber stellt in seinem Buch anhand umfangreicher historischer Untersuchungen dar, dass die ältesten Geldsysteme «*Kreditsysteme*» waren. Dieses Wort ist insofern berechtigt, als Kredit zunächst Vertrauen bedeutet und erst nach und nach mit definierter Rückzahlung und mit Zinsen verbunden wurde. Die ältesten Kredite sind nicht als Darlehen, sondern eher als Schenkungen einzuordnen. Es gab auch Übergangsformen.

auf einer freien Vereinbarung der am Geldverkehr Beteiligten beruhen, oder sie kann durch ein Gesetz befohlen sein. Das Geld muss «gelten»; das ist eine rechtliche Eigenschaft des Geldes.

Die Ableitung des Geldes aus dem Tausch leuchtet uns unmittelbar ein. Sie geht davon aus, dass die Menschen auch in Urzeiten so dachten wie wir und dass sie kluge Händler sein wollten. Dieses rationale Denken dürfen wir aber, je weiter wir in der Geschichte zurückgehen, immer weniger voraussetzen. In den alten orientalischen Kulturen, in Mesopotamien und Ägypten, lebten die Menschen in einem mythischen Bewusstsein und fühlten sich in ihrem Tun und Lassen von den Göttern gelenkt. Das galt für die Könige ebenso wie für die Priester, die mit ihrer göttlichen Befugnis das Volk lenkten und große Teile des menschlichen Zusammenlebens verwalteten. Sie ließen Wasserstraßen und Bewässerungssysteme bauen und ordneten die Verteilung des Bodens. Nicht der Tausch sorgte für die Verteilung der Güter, sondern die Tempelverwaltungen regelten deren Ablieferung und Wiederverteilung im Namen der Götter. Dafür brauchte man nicht Geld im Sinne eines Tauschmittels, sondern Aufzeichnungen, also eine Buchhaltung, in der für jeden Bauern, Handwerker usw. ein Konto geführt wurde. Zahlreiche Aufzeichnungen dieser Buchführungen sind in Keilschrifttafeln aus dem dritten Jahrtausend vor Christus erhalten.

Gold, Silber und Edelsteine gehörten damals den Göttern. Wenn der König und die Königin damit geschmückt wurden, wollten sie nicht ihren Reichtum zeigen, sondern ihre Zugehörigkeit zur himmlischen Welt. Gold war daher auch eine häufige Grabbeigabe. Es war ein wichtiger Schritt in der Entwicklung des Geldes, dass Menschen anfingen, privaten Reichtum zu begehren. Davon berichtet die Sage von König Midas, der im kleinasiatischen Lydien herrschte.[3] Midas war so sehr von der Gier nach Gold ergriffen, dass er wünschte, es möge alles, was er berühre, zu Gold werden. Dionysos, der Gott des Rausches, gewährte ihm die Bitte. Von da an drohte Midas zu verhungern und zu verdursten, weil alles, was er berührte, zu Gold wurde. Er erkannte, dass er als Mensch mit dem Gold nichts anfangen kann, weil es einen ausschließlich sakralen Wert hat. Durch die Gnade des Gottes konnte Midas seine Goldgier in der Quelle des Flusses Paktol abwaschen. Seither, so erzählt die Sage, konnte man aus dem Flussgeschiebe Gold gewinnen. Die Sage weist uns darauf hin, dass das dingliche Geld nicht nur als unschuldiges Tauschmittel entstanden ist, sondern dass es von Anfang an mit der Gier nach irdischem Reichtum und nach Macht verknüpft war. Das müssten auch heute die Befürworter der Goldwährung bedenken, dass der Wert des Goldes nicht auf seinem Wert als einer brauchbaren Ware beruht, sondern nur auf der stillschweigenden Vereinbarung der Menschen, Gold als wertvoll anerkennen zu wollen (oder zu müssen), so dass es als Tauschmittel *und* als Vermögensanlage verwendet werden kann.[4]

---

3 Die Sage wird für unseren Zusammenhang sehr treffend erzählt und erläutert von Hans Christoph Binswanger: Vorwärts zur Mäßigung. Perspektiven einer nachhaltigen Wirtschaft, Hamburg 2010, S. 40 ff.

4 Am 21. 3. 1919 sagte Steiner: «*Gold ist nur deshalb Geld, weil*

1.2. Fremdbestimmtes Geld

David Graeber zeigt in dem oben zitierten Buch, dass die Märkte als Orte des Tauschens und Kaufens selten so, wie Adam Smith glaubte, direkt aus einem elementaren Bedürfnis nach Tausch hervorgegangen sind, sondern dass es als Ursache eine viel stärkere Kraft gab (und heute noch gibt): den Krieg. Wenn ein Herrscher Krieg führen wollte, brauchte er Soldaten. Diese konnten nach der Eroberung eines fremden Landes dadurch ernährt werden, dass der Herrscher sich die Gold- und Silberschätze, die in Tempeln und Palästen lagerten, durch Raub aneignete und daraus Münzen mit seinem Hoheitszeichen prägen ließ. Damit bezahlte er die Soldaten und erließ gleichzeitig ein Gesetz, dass das Volk Steuern in der Form solcher Münzen abliefern müsse. Um an das Geld heranzukommen, war das Volk gezwungen, seine Waren an die Soldaten zu

---

Gold unter den Menschen nach und nach eine besonders beliebte Ware geworden ist, weil die Menschen übereingekommen sind, das Gold zu schätzen … Der Wert des Goldes beruht bloß auf dem stillschweigenden Übereinkommen der Menschen über diesen Wert des Goldes … Gold hat ja in Wirklichkeit nur einen Scheinwert. Sie können Gold nicht essen. Sie können sehr reich sein an Gold; wenn Ihnen niemand etwas dafür gibt, können Sie vom Golde natürlich nicht leben. Das beruht nur auf einer stillschweigenden Übereinkunft der Menschen … Aber dieser Scheinwert, der einem bestimmten Metall zugeschrieben wird, der wird aufhören, wenn man die Verwaltung des Geldes dem Wirtschaftskörper übergibt und der Staat nichts mehr hineinzureden hat in die Verwaltung des Geldes.» (Gesamtausgabe Nr. GA 190 S. 25)

verkaufen, und so entstanden die Märkte. Durch die Steuern kam das Geld wieder zum Herrscher zurück und es entstand ein geschlossener Geldkreislauf. Auch im Mittelalter lag es im Interesse von Königen, Fürsten und Herzögen, Orte mit Marktrechten auszustatten und militärisch zu beschützen. Dafür gründeten sie Städte und verliehen ihnen Freiheitsrechte.

Es war nur noch ein kleiner Schritt, dass die regierende Macht anordnete, allein das von ihr herausgegebene Geld dürfe als Tauschmittel verwendet werden. Damit begann das Geldmonopol der politischen Macht, das bis heute gültig ist. Oft verschlechterten die Regierenden den Metallgehalt der geprägten Münzen so, dass der Münzwert höher war als der Warenwert des verwendeten Metalls. Trotzdem blieb den Untertanen nichts anderes übrig, als diese minderwertigen Münzen in Zahlung zu nehmen. Wenn hingegen der Metallwert höher war als der Münzwert, wurden die Münzen gehortet und nicht zur Zahlung verwendet. Das Verhältnis zwischen dem Wert der geprägten Münzen und dem Marktwert des Metalls war vom Altertum bis in die Neuzeit ein Gegenstand wirtschaftlicher und politischer Kämpfe. Die Geldmenge und damit der Wert des Geldes waren auch immer davon abhängig, ob mehr oder weniger Gold und Silber in den Bergwerken gefördert werden konnte, so dass die Wirtschaft vom Zufall der Edelmetallfunde abhängig war. Mit der Münzprägung durch die Regierungsgewalt begann für die Wirtschaft die Zeit des fremdbestimmten Geldes, die bis heute andauert. Heute ist es das Bankensystem, bestehend aus Notenbanken und Geschäftsbanken, welche das von ihnen geschaffene Geld, wie man so sagt, «an die Bevölkerung eines Währungsraumes ausgeben».[5] Ist diese Fremdbestimmung des Geldes etwa ein Hauptfehler unseres Geldsystems?

Mit der Münzprägung war die Geldentwicklung nicht zu Ende, denn die Handhabung des Münzgeldes war, wenn es um große Beträge ging, beschwerlich. Die Kaufleute mussten oft große Lasten an Münzen und Edelmetallen mit sich führen, um ihre Einkäufe zu bezahlen, vor allem wenn sie in fremde Länder reisten. Dort jedoch beurteilten die Empfänger das Münzgeld nach seinem realen Warenwert. Man ging immer noch ganz davon aus, dass das Metallgeld eine Ware sei, die sich als allgemeines Tauschmittel eignet. In der langen Periode der Geschichte, in der das normale Geld aus Münzen bestand, war Geld eine Ware. Es dauerte lange, bis sich die Menschen in der Neuzeit einigermaßen daran gewöhnt hatten, dass materiell wertlose «Dinge» wie Zahlungsversprechen, Bankquittungen, Banknoten oder Buchführungszahlen der Banken als Gelddokumente verwendet werden können.[6] Bis vor vierzig Jahren wurden die Banknoten nur insoweit anerkannt, als man sie jederzeit in Gold umtauschen konnte. Auch heute gibt es Stimmen, die eine Rückkehr zum Goldstandard verlangen. Sie wollen sicherstellen, dass das Geld zur Wertaufbewahrung geeignet ist. Gold gilt als sicherer Vermögenswert, weil es nicht verdirbt. Da-

---

5 So im Artikel «Geldschöpfung» in www.wikipedia.org

6 Michael North: Kleine Geschichte des Geldes vom Mittelalter bis heute, München 2009

mit steht Gold über den irdischen Dingen, die alle vergänglich sind. Die Goldbefürworter haben, wie König Midas, den Reichtumsaspekt des Goldes im Auge und sehen immer noch nicht, dass man Gold nicht essen und trinken kann und dass es auch für die Befriedigung anderer irdischer Bedürfnisse nur in kleinstem Umfang brauchbar ist.

Gold und Silber können, wie die Geschichte zeigt, geraubt werden. Das ist auch bei den Banknoten möglich, jedoch nicht beim Buchgeld oder virtuellen Geld. Aber auch dieses kann man sich unrechtmäßig aneignen, indem man es, wie wir heute fast täglich aus aller Welt erfahren, durch Betrug erschwindelt.

1.3. Die drei Geldarten

Bevor wir aus der Geschichte des Geldes zur Gegenwart weitergehen, müssen wir uns über die wichtigsten Eigenschaften des Geldes klar werden. Wenn ich jemandem Geld gebe, kann das auf drei verschiedene Arten geschehen.

1) Kaufen: Ich kann mit Geld eine Ware oder Dienstleistung bezahlen. Ein Kauf wird zwischen einem Käufer und einem Verkäufer abgeschlossen, wenn der Geldbetrag den gleichen Wert hat wie die gekaufte Ware oder Leistung. Wenn kein Rückgaberecht und keine Garantieansprüche geltend gemacht werden, wechselt das Kaufgeld den Besitzer unwiderruflich.
2) Leihen: Wenn ich jemandem Geld leihe, gebe ich es

nicht selber für einen Kauf aus, sondern übertrage es auf den Leihgeldempfänger, so dass *dieser* es als Kaufgeld ausgeben kann. Das Geld zirkuliert also weiter als Kaufgeld und behält seine Kaufkraft, aber gleichzeitig entsteht *zusätzlich* etwas Neues: Zwischen dem Leihgeldgeber und dem Empfänger gibt es ein Guthaben-Schulden-Verhältnis, das so lange dauert, bis die Schuld zurückgezahlt ist.

3) Schenken: Wenn ich mein Geld jemandem schenke, übertrage ich die Kaufkraft des Geldes unwiderruflich, wie beim Kaufen, jedoch ohne Gegenleistung.

Rudolf Steiner hat in seinem «Nationalökonomischen Kurs» darauf aufmerksam gemacht, dass es nicht einfach Geld gibt, sondern diese drei grundsätzlich verschiedenen Geldarten: Kaufgeld, Leihgeld und Schenkungsgeld. Wenn wir sie unterscheiden, schauen wir auf die Übertragung des Geldes, nicht auf seine Kaufkraft, die bei allen Geldarten die gleiche ist. Durch die Geldarten treten die Menschen auf verschiedene Weise in Beziehung zueinander.

Wenn ich Geld in der Kasse oder auf dem Girokonto habe, habe ich einen Anspruch darauf, dass andere für mich Leistungen erbringen; ich kann diese Leistungen kaufen. Als Kreditgeber habe ich einen ganz anderen Anspruch, nämlich auf Rückzahlung des geliehenen Geldes, wobei die Laufzeit des Kredits jeweils ein wichtiger Punkt im Darlehensvertrag ist. In beiden Fällen bedeutet der Anspruch, dass es eine Gegenbewegung gibt, beim Kaufen eine gleichzeitige und beim Leihen eine spätere. Beim

Schenken gibt es keinen Anspruch auf eine Gegenbewegung; das Schenken kommt durch einseitigen Willensakt des Schenkenden zustande. Gegengeschenke kommen häufig vor und sind ein wichtiges Element von Schenkwirtschafts-Systemen; sie sind aber an keine definierten Fristen gebunden. Heute dagegen sind Schenkungen in vielen Beziehungen durch verzinsliche Darlehen, z.B. Studiumskredite, ersetzt worden. Es ist ein charakteristisches Element des modernen Kapitalismus, dass er dazu neigt, verzinsliche und dadurch kalkulierbare Kreditverhältnisse zu schaffen und zu wenig zu verschenken.

Kaufgeld ist kurzfristiges Geld, das normalerweise nirgends lange liegen bleibt, sondern immer weiter wandert. Leihgeld dagegen kann entstehen, wenn der Geldfluss aufgehalten, gestaut wird. Wer mehr Kaufgeld angesammelt hat, als er für den Konsum ausgeben will, kann sagen: Ich gebe mein Geld jetzt nicht aus, sondern spare es für später. In der Zwischenzeit stelle ich es leihweise einem anderen zur Verfügung, wenn er mir verspricht, es pünktlich zurückzugeben. Dadurch ist das Leihgeld wie ein Spannungszustand zwischen Guthaben und Schulden, der sich auflöst, wenn das Geld zurückgezahlt ist. Die dritte Geldbeziehung, das Schenkungsgeld, hat keine zeitliche Dauer. Ich übertrage es sofort und restlos auf den Empfänger. Beim Kaufen achten wir darauf, dass Leistung und Preis übereinstimmen. Beim Leihen dagegen bestimmen wir den Geldbetrag frei; wir leihen so viel, wie wir wollen, je nach unserer individuellen Einsicht. Die vereinbarte Rückgabefrist muss jedoch genau eingehalten werden. Am großzügigsten ist das Schenken.

Hier ist nichts anderes als die individuelle Einsicht maßgeblich.

Das Tauschen und das Kaufen kann man mit mechanischen Denkformen gut verstehen, denn der Verkäufer und der Käufer streben beide nach einem Gewinn, und dieses Begehren der beiden muss zum Ausgleich kommen wie die Schalen einer Waage. Beim Leihen ist aber, wie beim Schenken, nicht das Begehren maßgeblich, sondern der Leihende und der Schenkende gehen davon aus, dass es einen Bedarf gibt, der erkannt werden will. Leihen und Schenken lassen mittel- oder langfristig etwas wachsen. In beiden Fällen geht es um Fähigkeiten, jedoch in ganz verschiedener Weise: Leihgeld schafft Unternehmerkapital und ist dazu da, dass Fähigkeiten in der Wirtschaft *angewendet* werden können. Schenkungsgeld dagegen ist dazu da, Einkommen zu schaffen, so dass Fähigkeiten *wachsen* können; es sorgt dafür, dass die beschenkten Menschen die Möglichkeit haben, zu leben und sich zu entwickeln. So unterscheiden sich die drei Geldarten in einer Vielzahl von Merkmalen.

Die Geldtheorie sagt, das Geld sei dadurch definiert, dass es drei Funktionen habe. Es diene erstens als Tauschmittel, zweitens als Wertaufbewahrungsmittel und drittens als Bewertungsmaß. Diese drei Funktionen wirft man in einen Topf und nennt das Ganze Geld. Zu dieser Vorstellung kommt man, weil man das Geld als eine Ware ansieht, die sich für die Bewertung aller anderen Waren eignet, ein gut handhabbares Tauschmittel ist und als wertbeständiges Gut aufbewahrt werden kann. Die Tauschmittel-Funktion kommt aber nur dem Kaufgeld zu, und die Wertaufbewahrung ist eine Eigenschaft des Leihgeldes. Nur die dritte Funktion (Geld als Wertmaß und Recheneinheit) gilt für alle drei Geldarten und verbindet sie miteinander.

Zwei Betrachtungsweisen stehen sich hier gegenüber: Die übliche Geldtheorie geht vom Geld als einer Sache aus und definiert die Eigenschaften dieser Sache durch Abstraktion; sie kommt dadurch zu einem Begriff des Geldes.[7] Die andere Methode untersucht und beschreibt die Geldprozesse des Kaufens, Leihens und Schenkens so, dass das Wesen des Geldes immer deutlicher hervortritt. Solange man Geld als etwas ansieht, das man hat, kommt man nicht zu einer Unterscheidung von Kaufgeld und Leihgeld. Beides «hat» man: das Kaufgeld als Liquidität, das Leihgeld als mittel- und langfristiges Guthaben. Wenn wir aber das Geld in seiner Tätigkeit beobachten, erkennen wir, dass es keine Sache ist, sondern ein Vorgang, der sich zwischen Menschen abspielt und in menschlichen Beziehungen wirkt, und zwar in drei grundsätzlich verschiedenen Arten von Beziehungen. Geld ist gar nichts weiter als diese Geldbeziehung zwischen Personen; wir müssen nicht dahinter eine materielle Sache suchen. Diese Er-

---

7 Hier sprechen wir von einer gedanklichen Abstraktion. Etwas anderes ist die reale Abstraktion, die dem Geld dadurch zu Grunde liegt, dass es keinen eigenen Warenwert hat. Nur diese Eigenschaft des Geldes macht es möglich, dass der Wert jeder beliebigen Ware und Leistung in Geld ausgedrückt werden kann. Das gilt auch für das Gold. Dieses hat zwar einen Warenwert, aber Geld kann es nur dann sein, wenn es als allgemeines, abstraktes Tauschmittel anerkannt wird.

kenntnis vom Wesen des Geldes drängt sich im heutigen Finanzwesen immer mehr auf, weil nur 5 Prozent der heutigen Geldmenge aus Banknoten und Münzen bestehen, die man in die Hand nehmen kann. 95 Prozent der (allerdings sehr aufgeblähten) Geldmenge sind Buchgeld, das in Zahlen auf Bankkonten notiert wird, früher in den Büchern der Banken, heute in ihren elektronischen Buchführungen.

Ein Vergleich des Geldes mit Wasser ist aufschlussreich. Wenn wir uns Geld in der Form von Münzen und Banknoten oder Gutscheinen vorstellen, können wir verfolgen, wie sich diese Gegenstände von einer Hand in die andere bewegen. Wir sprechen von Geldfluss und Geldkreislauf. Der Vergleich mit dem Wasser sagt aber noch etwas anderes, denn Wasser bewegt sich auf zwei verschiedene Arten:

- Wir können das Geld wie einen fließenden Strom anschauen. Das Wasser fließt von A nach B, dann weiter nach C usw. Es ist eine Sache, die sich mit ihrer ganzen Masse von Ort zu Ort bewegt.
- Ein anderes Bild bekommen wir von dem Geld, das durch veränderliche Bankkonten dokumentiert wird. Auch hier ist ein Vergleich mit dem Wasser möglich und lehrreich. Das Geld in den Konten verhält sich wie ein See mit Wellen. Während an einem Ort ein Wellental entsteht, erhebt sich daneben ein Wellenberg. Alle Wellentäler zusammen sind so tief, wie die Wellenberge hoch sind. Sie pendeln um einen mittleren Wasserstand, den das Wasser im ruhenden Zustand einnimmt. Nur die Wellenformen bewegen sich horizon-

tal von A nach B und dann nach C, aber das Wasser als Ding und Masse bleibt an seinem Ort, an dem es sich auf und ab bewegt.

Ohne große Mühe können wir uns vorstellen, Geld sei so etwas wie strömendes Wasser. Der zweite Vergleich stellt an die Beweglichkeit unseres Denkens höhere Ansprüche. Er kann uns aber helfen, von dem dinglichen Geldbegriff wegzukommen. Die Wellenbewegungen der sich verändernden Konten sind schwerer fassbar, weil sich in ihnen nicht Dinge, sondern Verhältnisse und Beziehungen bewegen. Hier zeigt sich etwas von dem Mysterium des Geldes. Bedeutende Fachleute, wie Hans Christoph Binswanger und Bernard Lietaer, sahen sich sogar genötigt, für die Erklärung des Geldes Märchenbilder und Archetypen zu Hilfe zu nehmen.[8]

1.4. Geldschöpfung heute

Bargeld besteht aus Banknoten und Münzen und nur diese gelten als gesetzliche Zahlungsmittel. Der Staat beansprucht für ihre Herstellung ein gesetzliches Monopol. Die Münzprägung untersteht direkt dem Finanzministe-

8 Hans Christoph Binswanger: Geld und Magie. Deutung und Kritik der modernen Wirtschaft anhand von Goethes Faust, Stuttgart 1985. – Bernard A. Lietaer: Mysterium Geld. Emotionale Bedeutung und Wirkungsweise eines Tabus, München 2000

rium, und mit der Herausgabe von Noten beauftragt der Staat die Notenbank (Zentralbank). Die Menschen dürfen, wenn sie etwas verkaufen wollen, innerhalb des Staatsgebiets dieses Geld nicht zurückweisen, sondern sie sind verpflichtet, es anzunehmen – das Münzgeld nur in begrenztem Umfang, z. B. in der Schweiz bis zum Betrag von 50 Franken, beim Euro bis zu 50 Stück unabhängig vom Betrag. Buchgeld ist dagegen kein gesetzliches Zahlungsmittel, wer aber ein Bankkonto eröffnet, erklärt sich auch mit der Annahme dieses Geldes einverstanden. Jeder Bankkunde kann verlangen, dass ihm sein Geld als Bargeld ausbezahlt wird. Das tun die Menschen normalerweise nur in kleinem Umfang, und die Bank hält daher nur in diesem kleinen Umfang Banknoten und Münzen bereit. Wenn der Bankkunde nicht auf der Auszahlung von Banknoten besteht, kann die Bank ihm den geforderten Betrag als Buchgeld auf einem Girokonto (Privatkonto) gutschreiben.

Nun besagt die «goldene Bankregel», dass langfristige Kredite durch langfristige Guthaben finanziert sein müssen, während kurzfristig aufgenommenes Kapital nur kurzfristig ausgeliehen werden darf. Diese Regel wird von den Banken längst nicht mehr so beachtet, weil sie die Erfahrung gemacht haben, dass die Kunden, denen sie Geld schulden, niemals alles Geld, das ihnen zusteht, innerhalb der vereinbarten Kündigungsfrist zurückverlangen. Die Banken können daher auch so genannte Sichteinlagen (Giralgeld), die vom Kunden ohne Kündigungsfrist jederzeit verlangt werden könnten, weiter verleihen, und zwar auch längerfristig, oder sie können es für spekulative Geldgeschäfte verwenden. Wenn ich auf meinem Bankkonto eine Summe Geld habe, kann ich nicht davon ausgehen, dass dieses Geld in der Bank für mich aufgehoben wird, bis ich es wieder brauche, sondern die Bank macht damit ihre Geschäfte, indem sie Kredite gewährt oder spekulative Transaktionen im Börsen- und Devisenhandel ausführt. So verwandelt die Bank kurzfristiges in langfristiges Geld, und diese so genannte Fristentransformation ist heute ein wichtiger Teil ihrer Geschäftstätigkeit. Mit unseren Begriffen können wir sagen: Die Bank gibt unser Kaufgeld durch Kreditgeschäfte weiter, ohne uns zu fragen, ob wir damit auch einverstanden sind. Kaufgeld und Leihgeld sind nicht durch klare Regeln getrennt, sondern fließen ineinander über.

Um ihre Kredite abzusichern, lässt sich die Bank von ihren Kreditnehmern Eigentumsrechte abtreten (Hypotheken und andere Kreditsicherheiten). Für ihre Geldgeschäfte verwendet die Bank nicht nur die Einlagen ihrer Kunden, sondern sie kann sich auch von der Zentralbank liquide Mittel beschaffen, und zwar in Form von Banknoten oder Buchgeld. Die Zentralbank verlangt dafür ihrerseits Sicherheiten in Form von Wertpapieren mit gesetzlich definierten Eigenschaften. Die Zentralbank stellt den Geschäftsbanken immer so viel Geld zur Verfügung, wie für den Zahlungsverkehr benötigt wird. Die Banken werden aber immer nur so viel Zentralbankgeld in Anspruch nehmen, wie sie unbedingt brauchen, weil sie dafür Zinsen bezahlen müssen.

Die Zentralbanken können auch direkt in den Wertschriftenmarkt eingreifen und dort (im so genannten Offenmarkt) Aktien und Obligationen aufkaufen. In den USA wird ein großer Teil des Geldes dadurch geschaffen, dass das System der Notenbanken, das Federal Reserve System (Fed), Staatsanleihen (Treasury Bonds) aufkauft. Auch dieses Zentralbankgeld, das dem amerikanischen Staat zu Liquidität verhilft, ist mit Zinsen belastet, denn die Regierung verspricht den Inhabern von Treasury Bonds Zinsen. Im Vietnamkrieg wurde 1971 die Golddeckung des Dollar gekündigt; die anderen Währungen vollzogen diesen Schritt kurz darauf ebenfalls. Seither gibt es für diese Art der Geldschöpfung nur noch die Schulden-Obergrenze, die sich der amerikanische Staat selber auferlegt und die er immer weiter nach oben verschiebt. Mehr als 75 Prozent alles Geldes in der Welt sind Dollar, und 80 Prozent dieser Dollarmengen befinden sich im Ausland, wo sie insbesondere von Zentralbanken als Währungsreserven gehalten werden. Dadurch sind die Währungen anderer Länder faktisch vom Dollar abhängig, das heißt von der wachsenden Verschuldung des amerikanischen Staates.

Ohne alle Details der Geldschöpfung zu untersuchen, können wir sagen, dass heute alles Geld als Leihgeld geschaffen wird und erst in einem zweiten Schritt als Zahlungsmittel in den Kaufgeld-Kreislauf kommt. Das Bankensystem, an dessen Spitze die Zentralbank steht, bringt alles Geld auf dem Kreditweg in Umlauf. Geld entsteht heute immer dadurch, dass jemand Schulden macht,[9] und

9 Hans Christoph Binswanger formuliert kurz und bündig: «Schulden werden Geld» (siehe Anmerkung 7).

nicht dadurch, dass wirtschaftliche Werte geschaffen werden. Es wird aus dem Nichts hervorgezaubert und man nennt es deshalb Fiat-Geld in Analogie zum Ausdruck «fiat lux» (es werde Licht) in der lateinischen Bibel. Das in dieser Weise geschaffene Geld bleibt nur so lange im Umlauf, als die Schuld besteht. Wenn der Schuldner seine Schuld an das Bankensystem zurückzahlt, muss er den Betrag dem Kaufgeldkreislauf entziehen. Dadurch haben die Banken in diesem Geldsystem die Möglichkeit, Geld zu schaffen und auch wieder zu vernichten.

Die Leihgeld-Schöpfung erreicht heute immer gewaltigere Dimensionen, weil für die sich beschleunigende Vermehrung von Geldvermögen immer mehr Geld gebraucht wird. Für die Geldspekulation ist liquides Geld, Kaufgeld nötig, das die Spekulanten von den Banken leihen können, dann aber nicht weiter verleihen, sondern horten, um es für den spekulativen Handel bereit zu haben. Das Geld hat sich immer mehr von der realen Wirtschaft abgelöst. Mit spekulativen Geldanlagen werden wachsende Geldsummen gewonnen – und oft auch verloren. Jedem Gewinn einer Person stehen in diesem Spiel Verluste anderer gegenüber. Diese Geldumverteilung hat zur Folge, dass Reichtum und Armut immer weiter auseinanderklaffen. Im spekulativen Devisenhandel werden gegenwärtig alle 24 Stunden 4 Billionen Dollar Kaufgeld umgesetzt und riesige Gewinne erzielt. Die Verlierer sind am Ende die real wirtschaftenden Menschen. Am Beispiel der Asienkrise von 1997 kann man studieren, wie blühende Volkswirtschaften durch gezielte Devisentransaktionen zugrunde gerichtet wurden. Das viele flüssige Geld, das für den Devisen- und Derivat-Handel benötigt wird, schafft das Bankensystem unter der Leitung der Zentralbank bereitwillig als Leihgeld «aus dem Nichts». Eine andere absurde Folge der heutigen Geldschöpfung ist die Verschuldung vieler Staaten, an der private Vermögensbesitzer Geld verdienen. Das ist auch bei den viel gepriesenen «Rettungsschirmen» der Fall, mit denen überschuldete Staaten in Europa vor dem Konkurs bewahrt werden sollen. Auch hier wird das viele zusätzlich benötigte Geld von den Banken geschaffen und dem IWF und der EU als Leihgeld zur Verfügung gestellt. Die Banken und die Besitzer privater Vermögen streichen die Zinsgewinne ein.[10]

1.5. Die Sicherheit des von den Banken geschaffenen Geldes

Bei allem Leihgeld wird gefragt: Kann man sich auf die Rückzahlung und auf die Zahlung der Zinsen verlassen? Wenn Banken einen Kredit gewähren, prüfen sie die Pro-

---

10 Literatur zu diesem Kapitel: Hans Christoph Binswanger: Finanz- und Umweltkrise sind ohne Währungsreform nicht lösbar, in: Verein Monetäre Modernisierung (Hg.): Die Vollgeldreform. Edition Zeitpunkt 2012. ISBN: 978-3-9523955-0-9. Derselbe: Vorwärts zur Mäßigung. Perspektiven einer nachhaltigen Wirtschaft, Hamburg 2010. Derselbe: Die Glaubensgemeinschaft der Ökonomen, München 1998. Derselbe: Geld und Magie. Deutung und Kritik der modernen Wirtschaft anhand von Goethes «Faust», Stuttgart 1985. – Bernd Senf: Der

duktivität des Darlehensnehmers, indem sie untersuchen, ob er in Zukunft mit ausreichenden Einnahmen rechnen kann. Außerdem verlangen sie vom Kreditnehmer, dass er ihnen Vermögenswerte verpfändet. Diese zweite Art von Sicherheit kann die Banken dazu verleiten, die Produktivität nicht sorgfältig genug zu prüfen. Das spielte in der amerikanischen Hypothekenkrise von 2007 eine Rolle. Auch Hypotheken geben keine absolute Sicherheit, vor allem, wenn eine Liegenschaft bis an die Grenze ihres Marktwertes beliehen wird. Als in den USA die Grundstückspreise nicht so stiegen, wie man es nach jahrzehntelanger Erfahrung erwartete, sondern fielen, waren viele Hypothekarkredite nicht mehr genügend gesichert. Die Hypothekarguthaben der Banken verloren ihren Wert. Die Banken hatten diese Guthaben aber schon weitergegeben, indem sie sie in «strukturierte Papiere» verpackt und bis nach Europa verkauft hatten. So riss die amerikanische Hypothekenkrise auch europäische Banken in ihren Strudel hinein, so dass sie von den Regierungen «gerettet» werden mussten.[11]

Auch die Zentralbanken verlangen Sicherheiten für das Leihgeld, das sie den Privatbanken zur Verfügung stellen. Wenn die Banken Aktien besitzen, können sie diese der Zentralbank überlassen, um zu Geld zu kommen. Weitere

---

Nebel um das Geld. Zinsproblematik, Währungssysteme und Wirtschaftskrisen, Lütjenburg 1998. Derselbe: Bankgeheimnis Geldschöpfung, April 2009, www.berndsenf.de/pdf/Bankgeheimnis Geldschoepfung 4.pdf

11 Susanne Schmidt: Markt ohne Moral. Das Versagen der internationalen Finanzelite, Knaur Taschenbuch München 2011

Aktiven, mit denen das Zentralbankgeld gesichert werden kann, sind Goldreserven, ausländische Devisen und Staatsanleihen. Sowohl die Zentralbanken wie auch die Geschäftsbanken schaffen Geld, ohne dass sie gleichzeitig reale Werte im Sinne von Waren und Leistungen schaffen. Sie stellen in ihren Bilanzen dem Geld Staatsschulden, Hypotheken und Aktien gegenüber, das sind nicht Waren, sondern marktfähige Eigentumsrechte. Die Eigentumsrechte an Boden und Produktionsmitteln werden auf dem Bodenmarkt und dem Wertschriftenmarkt gehandelt, und auf diesen Märkten sind die Preise stark von Finanzspekulationen abhängig. Darauf und auf die Staatsverschuldung ist also unser Geld abgestützt. Im Sinne der sozialen Dreigliederung ist es aber, wie wir in den nächsten Kapiteln begründen werden, sinnvoll, die Käuflichkeit des Bodens und der Produktionsmittel ganz zu überwinden.

Was bedeutet es, wenn z. B. die Europäische Zentralbank in ihrer Bilanz Dollarbestände als Aktivposten aufführt und wenn die Schweizerische Nationalbank Euro und Dollar in ihrem Vermögen ausweist? Euro und Schweizerfranken sind zum Teil auf den Dollar abgestützt, und der Dollar wiederum stützt sich zu einem erheblichen Teil auf die Schulden des amerikanischen Staates. Staatsverschuldungen sind aber grundsätzlich etwas Fragwürdiges. Die heutigen Staaten sind ja zur Hauptsache keine produktiven Unternehmen, die mit Hilfe von Krediten ihre Produktivität erhöhen. Sie finanzieren soziale Ausgaben, Kriegsrüstung, Schulen und Hochschulen usw. Das ist alles wirtschaftlich gesehen nicht produktiv, sondern gehört zum Verbrauch. Staatsschulden können daher nur aus Steuern zurückgezahlt werden. Alle diese fragwürdigen und zum Teil absurden Verhältnisse hängen, wie wir im Folgenden immer deutlicher sehen werden, damit zusammen, dass wir der Staatsverwaltung wirtschaftliche Aufgaben, darunter auch die Geldverwaltung, zuweisen.

1.6. Komplementärwährungen

Kann es ein Geld geben, das die Wirtschaft nicht von einer fremden Macht empfängt, sondern das *wir* im Vollzug des Wirtschaftens selber machen? In den Achtzigerjahren des 20. Jahrhunderts entwickelten sich in mehreren Ländern der Welt, in denen hohe Arbeitslosigkeit herrschte, lokale und regionale alternative Geldsysteme, die das staatliche Geld nicht ersetzen, sondern ergänzen. Es gibt seither auf der Erde schon über viertausend Komplementärwährungen.[12] Eine besonders interessante Art von solchen Währungen besteht in Folgendem: Die arbeitslosen Menschen, die kein Geld, aber viel Zeit haben, bieten sich gegenseitig Dienstleistungen an und verrechnen diese über eine Verrechnungsstelle, die sie selbst dafür einrichten. Bernard A. Lietaer erzählt an einem Beispiel von Time Dollars, die 1986 gegründet wurden, wie so etwas funktioniert:[13]

---

12 Sie sind beschrieben in Bernard Lietaer: Das Geld der Zukunft, München 1999 und Margrit Kennedy und Bernard Lietaer: Regionalwährungen. Neue Wege zu nachhaltigem Wohlstand, München 2004.

13 «Das Geld der Zukunft» S. 312

«Joe sieht nicht mehr gut und kann daher nicht mehr Auto fahren. Er braucht aber ein Paar neue Spezialschuhe, die es nur am anderen Ende der Stadt gibt. Julia stellt sich für die einstündige Fahrt zur Verfügung und holt die neuen Schuhe ab. Sie erhält dafür ein Guthaben über eine Stunde, Joe dagegen ist mit einer Stunde im Soll ... Julia kann ihr Guthaben für Kekse verwenden, die eine Nachbarin gebacken hat, während Joe sein Minus vielleicht durch Arbeit im Gemeinschaftsgarten wieder ausgleicht – oder durch eine andere Tätigkeit, die ihm sein schwaches Sehvermögen erlaubt. Wenn Joe eine Stunde in Julias Garten arbeitete, wäre das ein einfaches Tauschgeschäft. Doch Joe kann für den Ausgleich seines Kontos in einem anderen Garten arbeiten, und Julia kann ihr Guthaben für den Kauf von Janes Keksen verwenden ... Joe und Julia brauchen für ihre Transaktion keine passenden Bedürfnisse und Angebote. Deswegen sind Time Dollars ... echtes Geld: eine Vereinbarung in einer Gemeinschaft, etwas (in diesem Fall Arbeitsstunden) als Tauschmittel zu verwenden. Anders ausgedrückt, Joe und Julia haben Geld geschaffen.»

In England und Kanada werden solche Systeme LETS (Lokal Exchange Trading System) genannt, in Frankreich SEL (Système d'échange local). Die Tauschkreise benützen meistens Arbeitsstunden als Verrechnungseinheit und nennen diese z. B. Time-Dollars oder Green Dollars. In Japan sind, weil die Kranken- und Altenpflege unbezahlbar wurde, an vielen Orten Pflegewährungen entstanden.

Die freiwillig geleistete Pflege wird ebenfalls in Arbeitsstunden verrechnet. Eine wichtige Verrechnungswährung verwendet der internationale Barter-Handel, der in den letzten dreißig Jahren stark zugenommen hat und auch im nationalen Handel eine Rolle spielt. Warenlieferungen werden über eine Verrechnungsstelle verrechnet, ohne dass gesetzlich gültiges Geld verschoben wird.[14] Zwar wird im internationalen Barter-Handel meistens der US-Dollar benützt, jedoch nur als Verrechnungseinheit und ohne dass der Dollar-Kreislauf davon betroffen ist. Etwa ein Viertel des Welthandels wird als Barter-Geschäfte abgewickelt. Nach dem gleichen Prinzip hätte das internationale Verrechnungssystem (International Clearing Union) zwischen den nationalen Währungen funktionieren sollen, das John Maynard Keynes 1944 als Vertreter Englands in Bretton Woods vorschlug. Die Zentralbanken der Staaten sollten Mitglieder dieses Verrechnungssystems sein, jede von ihnen mit einem Konto mit einer festgelegten maximalen Verschuldungsgrenze, die für jedes Land auf Grund seines jährlichen Exports und Imports festgelegt sein sollte. Als Verrechnungseinheit schlug Keynes eine neue Währung vor, die er «Bancor» nannte. Seine Vorschläge kamen nicht zum Zuge, weil die USA den Dollar zur Welt-Leitwährung machen wollten und dies als stärkste Weltmacht auch durchsetzen konnten. Eine Weltwährung wie der Bancor hätte dagegen keine Haupt-Weltmacht oder gar Weltregierung vorausgesetzt und ihr auch nichts genützt. Nach den Vorschlägen von

---

14 Das englische Wort Barter bedeutet Tauschhandel.

Keynes sollte der Bancor nicht ein allgemeines Geld sein, sondern nur dem Zahlungsausgleich zwischen den Zentralbanken dienen.[15]

1.7. Geld als Verrechnungssystem

Die Erfahrungen mit diesen Verrechnungs-Geldsystemen sind von großer Bedeutung, wenn wir wollen, dass das Wirtschaftsleben, an dem wir alle beteiligt sind, sich seine eigene, autonome Verwaltung schafft. Rudolf Steiner hat viel über diese autonome Verwaltung des Wirtschaftslebens gesagt, jedoch keine detaillierten Angaben über ein neues Geldsystem gemacht. Er sagte aber in seinem grundlegenden Buch «Die Kernpunkte der sozialen Frage», wir sollten den *«… Blick auf die besondere Art von sozialen Einrichtungen lenken, die sich ergeben müssen, wenn die Dreigliederung verwirklicht wird. Da wird, zum Beispiel, nicht mehr die Staatsverwaltung das Geld als gesetzliches Zahlungsmittel anzuerkennen haben, sondern diese Anerkennung wird auf den Maßnahmen beruhen, welche von den Verwaltungskörpern der Wirtschaftsorganisation ausgehen. Denn Geld kann im gesunden sozialen Organismus nichts anderes sein als eine Anweisung auf Waren, die von andern erzeugt sind und die man aus dem Gesamtge-*

---

15 Eine Übersetzung des Keynes-Planes findet sich in: Wesen und Funktion des Geldes, Zahlen, Leihen und Schenken im volkswirtschaftlichen Prozess, Sozialwissenschaftliches Forum Band 3, Stuttgart 1989.

biet des Wirtschaftslebens deshalb beziehen kann, weil man selbst erzeugte Waren an dieses Gebiet abgegeben hat. Durch den Geldverkehr wird ein Wirtschaftsgebiet eine einheitliche Wirtschaft. Jeder produziert auf dem Umwege durch das ganze Wirtschaftsleben für jeden. Innerhalb des Wirtschaftsgebietes hat man es nur mit Warenwerten zu tun.»[16] Damit ist alles Wichtige gesagt. Es wird ergänzt durch Ausführungen, die Steiner am 30. Mai 1919 machte[17]: *«... dasjenige, was heute dem Gelde anhaftet – dass es Ware ist –, das wird wegfallen. Dasjenige, was im Geldwesen vorliegen wird, wird nur eine Art wandelnde Buchhaltung sein über den Warenaustausch der dem Wirtschaftsgebiet angehörenden Menschen. Eine Art aufgeschriebener Guthaben wird stattfinden, wenn man irgendetwas erlangt, was man zu seinem Bedarf braucht. Eine Art Buchführung, wandelnder Buchführung wird das Geldwesen sein.»*

Steiners Ausführungen konnte man zu seiner Zeit nur so verstehen, dass das Geld, das damals zum größten Teil aus Banknoten bestand, gedanklich als eine «wandelnde Buchhaltung» umgedeutet werden müsse. Heute ist uns das erleichtert, weil das meiste Geld tatsächlich als Buchgeld dokumentiert wird. Noch wichtiger ist aber die Tatsache, dass es in kleinem Umfang die beschriebenen Geldsysteme gibt, die als reine «Buchhaltungen über den Warenaustausch» entstanden sind. Wir können also von praktischen Erfahrungen ausgehen und nicht nur von et-

---

16 GA 23 S. 129 f.
17 GA 337a S. 78

was Ausgedachtem, und wir können darüber nachdenken, was hier eigentlich vorliegt. Die genannten Komplementärwährungen sind Buchgeld, das innerhalb einer Gemeinschaft von gleichberechtigten Mitgliedern entsteht, und zwar immer dann und genau in dem Umfang, wie es für Zahlungen gebraucht wird. Die Teilnehmer der Geldgemeinschaft schließen sich freiwillig zusammen und vereinbaren vertraglich, dass sie ihre Käufe und Verkäufe an eine Verrechnungsstelle (clearing house) melden. Dort wird für jeden Teilnehmer, für jeden Haushalt und jedes Unternehmen, ein Konto geführt, das bei Null beginnt, denn es ist ja noch kein Geld vorhanden, das man zuerst einzahlen könnte. So ist es jedenfalls dann, wenn das Geld von nichts anderem abhängig ist als von der realen wirtschaftlichen Tätigkeit der Mitglieder, die untereinander kaufen und verkaufen. Es ist ferner nötig, dass eine Werteinheit gewählt und vertraglich vereinbart wird, z.B. der Wert, der aus einer geleisteten Arbeitsstunde resultiert. Aus diesem Wertmaß wird jeder Preis von Waren und Dienstleistungen durch Wertvergleich abgeleitet. Auch andere Wertmaße sind denkbar und, wie wir noch sehen werden, sinnvoll.

Wenn ein Mitglied einem anderen eine Ware oder Leistung verkauft, erhält es auf seinem Konto eine Gutschrift, und gleichzeitig wird auf dem Konto des Käufers eine ebenso große Lastschrift verbucht. Die Teilnehmer an dem Geldsystem erwarten, dass derjenige, der eine Lastschrift bekommt, selber eine wirtschaftliche Leistung erbringen wird, so dass er den Minusbetrag auf seinem Konto wieder ausgleichen wird. Möglicherweise wird dafür im Voraus ein Nachweis verlangt. Umgekehrt kann derjenige, der eine Gutschrift erhält, damit eine Ware oder Leistung von irgendeinem anderen Mitglied der Geldgemeinschaft kaufen. Damit pendelt jedes Konto zwischen Minus und Plus um den Nullpunkt. Auch heute müssen wir ja mit dem monatlichen Einkommen unseren Bedarf decken, und unser heutiges Lohnkonto pendelt innerhalb eines Monats um einen mittleren Kontostand.

Niemand soll mehr Schulden machen, als er regelmäßig ausgleichen kann. Auch ein Guthaben, das nicht regelmäßig verbraucht wird, ist im Kaufgeldbereich nicht sinnvoll. Es ist daher nötig, dass jedes Konto im Minus eine Verschuldungsgrenze und im Plus eine Guthabengrenze bekommt. Die Regeln für diese Grenzen werden von der Geldgemeinschaft in ihren Vereinbarungen festgelegt. Wenn durch zunehmende Produktivität die Einkommen und damit der allgemeine Wohlstand steigen, können die Grenzen der Kaufgeldkonten vertraglich nach oben und unten erweitert werden. Dann erweitert sich die mögliche (nicht die tatsächliche) Geldmenge. Bei den Unternehmen wird für die Kaufgeld-Kontengrenzen der regelmäßige wöchentliche, monatliche oder vierteljährliche Umsatz maßgeblich sein. Beträge, die diese Grenzen überschreiten, im Plus ebenso wie auch im Minus, werden als Leihgeld behandelt, vom Kaufgeld getrennt und auf Leihgeldkonten umgebucht. Auf den Leihgeldkonten unterliegen die Guthaben der auf den nächsten Seiten erläuterten Alterung oder Abnützung des Leihgeldes. Für die Schulden wird ein Kreditvertrag abgeschlossen, der eine bestimmte Laufzeit und, wenn man will, einen Zins festlegt.

Wir sprechen hier auch bei den Kaufgeldkonten von Schulden und Guthaben. Trotzdem handelt es sich nicht um Leihgeld. Worin liegt der Unterschied? Geliehenes Geld muss ich demjenigen zurückzahlen, der es mir zur Verfügung gestellt hat, beim Kaufgeld handelt es sich aber um Guthaben und Schulden gegenüber der ganzen Geldgemeinschaft, und sie werden nicht mit Geld zurückgezahlt, sondern durch Waren und Leistungen ausgeglichen. Die beiden letzten Eigenschaften charakterisieren das Wesen des Kaufgeldes. Auch im heutigen System ist mein Geld – auch das Bargeld, das ich in der Tasche habe – ein Guthaben gegenüber all denen, die dieses Geld anerkennen und bereit sind, mir dafür etwas zu verkaufen. Das Wort Guthaben darf uns nicht dazu verleiten, zu meinen, es sei etwas, das man «hat». Etwas besser passt das Wort Anspruch oder Recht auf Waren und Leistungen, und statt von Schulden könnte man beim Kaufgeld von Leistungsverpflichtungen sprechen.[18] Grundsätzlich besteht alles Geld aus Veränderungen von Guthaben und Schulden. Diese beziehen sich beim Kaufgeld auf die ganze Geldgemeinschaft, von der ich Leistungen beziehen kann und der ich realwirtschaftliche Leistungen schuldig bin. Beim Leihgeld dagegen bezieht sich die Schuld auf den Kreditgeber, dem ich das Geliehene zu-

---

18 Jede Rechnung ist mit einer Zahlungsfrist von z. B. dreißig Tagen versehen. Solange die Rechnung nicht bezahlt ist, besteht eine Schuld. In der Buchhaltung müssen die Kreditoren und Debitoren wie alle kurzfristigen Verbindlichkeiten und Guthaben zum Kaufgeld gerechnet werden.

rückzahlen muss.[19] Wenn jemand Geld ausgibt, aber selbst nichts für andere leistet, hat die Gemeinschaft den Schaden, denn von ihr stammt das Kaufgeld, das der Einzelne zur Verfügung hat, nicht von einer Bank. Anders ist es nur bei den reinen Verbrauchern, die von Schenkungsgeld leben und nicht zu wirtschaftlichen Leistungen verpflichtet sind, aber auch nur so viel Geld ausgeben können, wie sie geschenkt erhalten.

In der neuzeitlichen Geschichte des Geldes wurde das Buchgeld aus dem Bargeld abgeleitet. Wenn wir das Urphänomen des Geldes aufsuchen, muss die Reihenfolge umgekehrt sein: Als Buchgeld, das heißt als Verrechnung zwischen Konten, zeigt das Geld sein eigentliches Wesen. Sekundär können wir Papiergeld und Münzen als Gelddokumente schaffen und aus dem Buchgeld ableiten. Wer ein Verrechnungskonto hat, kann sich solche Gelddokumente geben lassen, wobei der entsprechende Betrag von seinem Konto abgebucht wird. Die meisten Zahlungen werden heute bargeldlos durchgeführt, aber in vielen Situationen ist doch das Papiergeld ein nützliches Zahlungsmittel. Da das Geld aus Beziehungen der Menschen zueinander besteht, ist das Geldwesen in hohem Maße abhängig von den Kommunikationsmöglichkeiten, und je nach Kommunikationsmethode kommt es mehr oder weniger deutlich zur Erscheinung. Angesichts der heutigen elektronischen Kommunikationstechniken kann man sagen, die Zeit sei reif, dass wir das Geld seinem Wesen gemäß als

---

19 Vgl. Thomas Gädeke: Geld und Gelderkenntnis, in Sozialwissenschaftliches Forum Band 3 S. 94 ff.

Buchgeld, das heißt als Buchführung entstehen lassen, und zwar als Kaufgeld. Das Leihgeld entsteht dann aus dem Kaufgeld durch einen sekundären Prozess, den der nächste Abschnitt behandelt. Die soziale Ordnung muss so sein, dass jeder Mensch über flüssiges Geld verfügen kann, das heißt über die Möglichkeit, Geld auszugeben. Davon muss der Geldverkehr ausgehen, und nicht etwa davon, dass jemand Geld «besitzt». Dieser Tatbestand wird dadurch ausgedrückt, dass die Kaufgeldkonten bei Null beginnen und ins Minus und Plus pendeln.

1.8. Alterndes Geld

Rudolf Steiner sagte, ähnlich wie sein Zeitgenosse Silvio Gesell, das Geld stehe in einer unreellen Konkurrenz zu realen Gütern, die mehr oder weniger schnell verderben und ihren Wert verlieren; das Geld dagegen, das jemand besitzt, behalte seinen Wert. Silvio Gesell forderte deshalb, auch das Geld müsse seinen Wert kontinuierlich verlieren, indem ihm eine Art negativer Zins auferlegt wird. Er nannte dieses Geld Schwundgeld. Steiner übernahm zwar diese Auffassung teilweise, sagte aber, weil er die drei Geldarten unterschied, dass das Kaufgeld seinen Wert behalte. Er sprach von der Alterung des Geldes. Altern heiße, dem Tod näher kommen. Nach einer gewissen Frist müsse das Geld sterben, wie Lebewesen sterben oder wie Werkzeug und Maschinen kaputt gehen. Wenn man das Geld nicht diesen Lebensgesetzen entsprechend behandle, werde es wild. Es sei nötig, das Geld zu zähmen. Als er dies 1922 im «Nationalökonomischen Kurs» erklärte, sagte er[20]: *«Sie können nun sagen: Das ist ein Programm. — Nein, das ist gar kein Programm, sondern was ich Ihnen hier jetzt auseinander gesetzt habe, das ist die Wirklichkeit. So will es auch der volkswirtschaftliche Prozess. Er macht es selbst, dass das Geld alt wird ... Wenn Sie das Geld nun zähmen, wenn Sie wirklich das hineinfügen, dass Sie dem Geld ein Alter geben und junges Geld als Leihgeld wertvoller sein lassen als altes Geld, dann prägen Sie dem Geld denjenigen realen Wert auf, den es geltend macht, den es durch seine Position im volkswirtschaftlichen Prozess hat. Dieser Wert ist wesentlich nur da, indem das Geld Leihgeld ist; denn, auch wenn das Geld Leihgeld ist, als Kaufgeld behält es ja seinen früheren Wert.»* Im Sinne des letzten Satzes kann man in dem ganzen Zitat überall, wo es um das Alter und um die Zähmung des Geldes geht, an Stelle von Geld *Leihgeld* sagen.

Die Unterscheidung von Kaufgeld, Leihgeld und Schenkungsgeld, die von Rudolf Steiner eingeführt wurde, macht den entscheidenden Unterschied zwischen seiner Auffassung und der Theorie des Schwundgeldes aus. Zwar gehören unter den vielen Kommentaren und Vorschlägen zur Finanz- und Wirtschaftskrise diejenigen der Anhänger von Silvio Gesell und seiner «natürlichen Wirtschaftsordnung» heute zum Besten, was es gibt.[21] Es fehlt ihnen

---

20 GA 340 S. 180f.

21 Heute z. B. in der Zeitschrift «r-evolution», herausgegeben von INWO Deutschland, Max-Bock-Straße 55, 60320 Frankfurt. Dort findet man auch weitere Literatur.

aber diese Unterscheidung der Geldarten. In ihren Schriften kann man an den Formulierungen erkennen, dass sie sich Geld als eine Sache vorstellen, das heißt heute als Banknoten (Gelddokumente auf Papier). Dadurch ist Geld für sie einfach Geld, und sie versehen unterschiedslos alles Geld mit einer Wertverminderung. Bei Komplementärwährungen, die dem regionalen Zahlungsverkehr dienen, kann das auch ganz gut funktionieren, wie das zum Beispiel der «Chiemgauer» zeigt. Nun wird aber in der Theorie des Schwundgeldes darauf hingewiesen, dass die Wertminderung notwendig sei, um die Hortung des Geldes zu verhindern. Vor allem dann, wenn man den Zins und Zinseszins abschaffen will, sei diese «Umlaufsicherung» notwendig. Diese Argumentation zeigt, dass das anvisierte Problem erst bei der Geldanhäufung, das heißt beim Übergang vom Kaufgeld zum Leihgeld auftritt.[22] Dem Geld, das wir heute haben, könnte man eine Wertminderung nur von außen anhängen und durch staatliche Gesetze aufzwingen. Wenn aber der Staat oder die Zentralbank dem von ihnen geschaffenen Leihgeld die Wertminderung aufprägen würden, würde alles Geld, auch das Kaufgeld im Wert vermindert. Das ist auch beim «Chiemgauer» so, den die Chiemgauer-Verwaltung schafft und gegen Bezahlung von Euro in Verkehr bringt. Es gibt aber

22 Über das Schwundgeld gibt es eine umfangreiche Literatur. Eine kurze Charakterisierung findet man in Bernd Senf: Die blinden Flecken der Ökonomie, DTV München 3. Auflage 2004, S. 191 ff. Einschränkend: Margrit Kennedy und Bernard Lietaer: Regionalwährungen. Neue Wege zu nachhaltigem Wohlstand, München 2004, S. 130f.

einen wichtigen Unterschied: Der Staat würde die Wertminderungsbeträge als Steuern einziehen. Beim Chiemgauer können die einzelnen Menschen selbst bestimmen, wem diese Beträge als Schenkungsgeld zukommen sollen.

Nun sagte Steiner aber, das Altwerden müsse dem Geld nicht von außen aufgezwungen werden, weil der wirtschaftliche Prozess dem Leihgeld, das ja immer befristet ist, diese Eigenschaft geben will. Das ist offensichtlich dann der Fall, wenn das Geld im wirtschaftlichen Prozess als Kaufgeld entsteht. Wenn wir in der Geldtheorie vom Buchgeld ausgehen, das heißt von bargeldlosen Verrechnungssystemen, dann zeigt sich uns der Zahlungsvorgang nicht so, dass das Geld als Sache vom Käufer auf den Verkäufer übergeht, sondern so, dass sich beim Käufer das Guthaben gegenüber der Geldgemeinschaft um den bezahlten Kaufpreis vermindert, und dass gleichzeitig beim Verkäufer ein neues Guthaben gegenüber der ganzen Geldgemeinschaft entsteht. Kaufgeld entsteht immer neu und ist nicht mit einem Zeitfaktor behaftet wie das Leihgeld. Das Geld bekommt erst dann eine zeitliche Eigenschaft, wenn es zu Vermögen angehäuft wird, sowohl dann, wenn es nur gehortet wird, wie auch dann, wenn es eine Zeitlang als Kredit weggegeben wird. Wenn wir von alterndem Geld sprechen, meinen wir jede Art von Vermögen und können dieses Geld zusammenfassend als «Leihgeld» bezeichnen. Dadurch wird es verständlich, dass Steiner sagte, es handle sich nicht um ein Programm, sondern um eine tatsächliche Eigenschaft des Geldes im Wirtschaftsprozess. Alt werden heißt ja einfach: der Zeit unterliegen und zuletzt einem Ende entgegen gehen. Daher bedeutet der von Steiner gebrauchte Begriff «Alterung des Geldes» etwas ganz anderes als der Begriff «Schwundgeld». Man kann ja das Altern nicht nur auf Lebewesen anwenden, sondern auch auf brauchbare Dinge. Ein Auto behält seinen Nutzen unter Umständen zwanzig Jahre lang, wenn auch mit steigenden Reparaturkosten. Der Moment, in dem es nicht mehr fährt und in dem sich auch eine Reparatur nicht mehr lohnt, tritt dann möglicherweise ganz plötzlich ein.

Wenn Geld als Kaufgeld entsteht, kann daraus Leihgeld immer dann hervorgehen, wenn jemand Geld nicht ausgibt, sondern spart und so zu einem Geldvermögen kommt, das als gehortetes Geld dem Kaufgeldkreislauf entzogen wird. Das gehortete Geld ist in diesem Kreislauf wie eine Stauung. Es kommt als Kaufgeld wieder in Fluss, wenn das Vermögen als Darlehen weitergegeben wird und wenn der Kreditnehmer dieses Geld als Kaufgeld ausgibt. Beim Kreditgeber jedoch bleibt die Stauung als Vermögen und Reservehaltung bestehen. So kann man auch in diesem Falle sagen, dass das Kaufgeld seinen Wert behält. Aber gegenüber dem gehorteten Geld und dem Leihgeld kann man die Forderung erheben, es müsse wegen seines Bezuges zur Zeit altern. Wie alt soll das Leihgeld werden? Steiner machte Angaben zwischen fünfzehn und dreißig Jahren, meinte sie aber jeweils nur als Beispiele, damit man sich darunter etwas vorstellen kann. Allgemein und theoretisch kann man über die Alterung des Leihgeldes nur sagen, dass man sie mit der Alterung von Investitionsgütern (Maschinen, Fahrzeugen, Gebäuden) vergleichen muss. Diese erreichen ein ganz unterschiedliches Alter.

Vielleicht kann man dem Leihgeld ein mittleres Alter geben. Das lässt sich aber nicht wissenschaftlich ableiten, sondern es ist Sache der Geldgemeinschaft, unter Berücksichtigung aller Umstände Regeln für die Lebensdauer von Leihgeld (das heißt von Vermögen) festzulegen.

Wenn das Geld so gestaltet wird, verliert ein alterndes Geldvermögen, das während seiner Lebensdauer nicht als Kaufgeld benötigt wird, am Ende seinen Kaufgeld-Wert für den bisherigen Besitzer und kann nur noch verschenkt werden. Eine solche Aussage löst heute Ängste aus, weil in unserer sozialen Ordnung die Vermögensbildung für die Alters- und Invaliditätsvorsorge wichtig ist. Für diese müssen andere Regelungen getroffen werden, denn es ist ja nur unsere falsche Geldordnung, die uns die Illusion gibt, man werde nach dreißig, vierzig, fünfzig Jahren von dem Vermögen leben, das man heute anspart. In der wirtschaftlichen Wirklichkeit können wir im Alter nur von dem leben, was die dann aktiven Menschen für uns leisten und produzieren. Die Altersrenten gehören daher in die Verteilung des wirtschaftlichen Reinertrags, wie sie im 2. Kapitel entwickelt wird.

Es gehört zum Wesen der Darlehen, dass sie zurückgezahlt werden müssen. Heute gibt es aber auch Darlehen, bei denen auf eine regelmäßige Rückzahlung verzichtet wird, oder die immer wieder erneuert werden, weil sie als sicher gelten, da Boden und Liegenschaften für sie verpfändet worden sind. Diese hypothekarische Absicherung muss aus den Unternehmerdarlehen verschwinden.[23]

23 Vergleiche das 3. Kapitel über die Verwaltung des Bodens.

Dingliche Sicherheit beruht nicht auf wirtschaftlichen Prozessen, sondern auf dem Eigentumsrecht, das man bei der Verpfändung aufs Spiel setzt. Wenn es keine dingliche Sicherheit gibt, ist Leihgeld seiner Natur nach mit Abschreibung verbunden. Beim Darlehensnehmer ist das leicht einzusehen, weil die Produktionsmittel, die er mit Leihgeld bezahlt hat, nach und nach an Wert verlieren. Dass es auch beim Vermögen der Darlehensgeber so sein muss, ist nicht so selbstverständlich. Die Vermögen verlassen aber ihre sinnvolle wirtschaftliche Aufgabe, wenn sie zeitlich unbegrenzt gelten und immer weiter als Leihgeld eingesetzt werden. Nach einer gewissen Zeit müssen sie als Schenkungsgeld weggegeben werden. Wir fassen auf Grund des heutigen Eigentumsbegriffs die Vermögensabschreibung als eine Enteignung auf. Weil sie aber wirtschaftlich sinnvoll und notwendig ist, muss der Eigentumsbegriff so geändert werden, dass ein Vermögen, mit dem man über wirtschaftliche Leistungen anderer Menschen verfügen kann, zeitlich befristet ist.

Zwei technische Lösungen der Vermögensabschreibung sind denkbar. Die Vermögen können entweder in regelmäßigen Raten abgeschrieben werden, oder sie verlieren erst am Ende einer bestimmten Lebensdauer ihren ganzen Vermögenswert. Die allmähliche und regelmäßige Abschreibung wurde von Silvio Gesell vorgeschlagen. Sie ist beim Buchgeld von Tag zu Tag exakt durchführbar. Rudolf Steiner gab einer anderen Methode den Vorzug. Diese eignet sich gut für Banknoten, die am Anfang des 20. Jahrhunderts noch einen viel größeren Anteil des Geldes ausmachten als heute. Steiner schlug vor, auf die Banknoten das Verfallsdatum aufzudrucken. Das Geld mit Verfallsdatum hat als Leihgeld gegen das Ende seiner Gültigkeit einen geringeren Wert, weil es nur noch kurzfristig verliehen werden kann und deshalb wenig Zinsen bringt. Beim Buchgeld ist eine solche zeitliche Markierung der Geldbeträge nicht so leicht zu bewerkstelligen. Beide technischen Maßnahmen sind also sinnvoll, die eine beim Buchgeld, die andere bei Banknoten, und bewirken, dass der Zinseszinseffekt aufgehoben wird und dass das Vermögen mit der Zeit in Schenkung verwandelt wird und verschwindet.

Beide Methoden der Geldabschreibung können nebeneinander verwendet werden. Für das auf Vermögenskonten aufbewahrte langfristige Geld legt die Geldgemeinschaft die Regeln für die laufende Abschreibung fest, und die Verrechnungsstelle wendet die Regeln an. Wenn ein Guthaben als Papiergeld ausgezahlt wird, kann darauf die Jahreszahl der Herausgabe und des Verfalls aufgedruckt werden. An Verfallsdaten sind wir ja heute bei verderblichen Waren gewöhnt. Nach Ablauf der Gültigkeit können die Papiergeld-Dokumente (Banknoten) der Verrechnungsstelle nur noch als Schenkungsgeld zurückgegeben werden. Wenn die Noten vorher zurückgegeben werden, trennt die Verrechnungsstelle den der Zeit entsprechenden Abschreibungsbetrag als Schenkungsgeld ab. Banknoten würden also immer an Wert verlieren, unabhängig davon, ob sie als Kaufgeld oder Leihgeld verwendet werden. Dadurch ist das Papiergeld benachteiligt und würde gerade dadurch die Geldwäsche erschweren. Auch andere, ähnliche technische Lösungen sind denkbar. Das erfolgreiche Regionalgeld «Chiemgauer» zeigt, dass so etwas funktioniert und von den Wirtschaftsteilnehmern gut akzeptiert wird.[24]

Der Vermögensbesitzer kann die Abschreibungsbeträge an sozial und kulturell tätige Institutionen verschenken. Den Zweck oder das Ziel der Schenkung kann derjenige bestimmen, aus dessen Vermögen sie stammt. Er kann sich dabei beraten lassen. Er kann auch einen Vertrag mit dem von ihm beliehenen Unternehmen schließen, in welchem die beiden gemeinsam bestimmen, welche Institution das zurückgezahlte Kreditgeld bekommen soll. Wenn das Schenkungsgeld auf dem Konto einer beschenkten Person oder Institution ankommt, ist es für diese Kaufgeld.

Kredite werden in der Regel für die Verbesserung der Produktivität in der Wirtschaft gegeben. Wenn der Kredit zurückgezahlt wird, stammt das Geld aus der zusätzlichen Produktivität, die der Kredit ermöglicht hat. Diese Verbesserung der Produktivität ist aber nicht durch den Kreditgeber bewirkt, sondern durch die Tätigkeit des Geisteslebens, nämlich durch Ausbildung und Erfindungen. Daraus können wir einen Anspruch des Geisteslebens auf den Ertrag dieser zusätzlichen Produktivität ableiten. Wenn die Rückzahlung von Krediten gemäß der Alterung des Leihgeldes als Schenkung an Institutionen der Bildung und Forschung geht, erhalten diese die Möglichkeit, weiterhin tätig zu sein.

---

24 Der Chiemgauer ist ein hervorragendes Studienbeispiel, auch wenn dieses Komplementärgeld nicht von Grund auf in der Wirtschaft geschaffen wird, sondern auf dem Euro aufbaut, da man Chiemgauer mit Euro kaufen muss.

Das Geld, das als Buchgeld in Verrechnungssystemen entsteht, erhält bei seiner Entstehung die Eigenschaften, die es zwanglos und in wirtschaftlich sinnvoller Weise vom Kaufgeld zum Leihgeld und zum Schenkungsgeld werden lassen.

1.9. Der Zins – berechtigt, unberechtigt?

Wer Geld spart und das gesparte als Darlehen weitergibt, kann sagen, er verzichte für eine gewisse Zeit auf die Liquidität des Geldes, und diese Verzichtleistung kann er sich durch den Zins bezahlen lassen. Der Zins ist aber moralisch umstritten. Die drei großen Religionen, die sich auf das Alte Testament stützen, haben die Forderung von Zins lange verboten.[25] Im Islam gilt das Verbot heute noch. Es wurde aber gern unterschieden, ob es sich um Kredite für Glaubensbrüder und Volksgenossen handelte oder um Kredite für Fremde. Bei den Ersteren ging man davon aus, dass es Konsumkredite waren, mit denen man Freunden aus einer Notlage heraushelfen konnte. Die Letzteren dagegen waren eher Produktionskredite, durch die man sich an einem hoffentlich einträglichen Geschäft beteiligte. Bei Produktivkrediten wurden Zinsen eher geduldet.

Als besonders schädlich gilt der Zins dann, wenn er zum Vermögen hinzuaddiert wird, so dass ein Zinseszins entsteht. Anderseits wird in der Wirtschaftslehre dem Zins eine wichtige Funktion zugeschrieben: Er soll die Perso-

---

25 2. Buch Mose Kapitel 22, Vers 24 und 5. Buch 23,20

nen, die ein Vermögen angesammelt haben, veranlassen, das Geld nicht zu horten, sondern der Wirtschaft als Darlehen zur Verfügung zu stellen, so dass es dem Geldkreislauf nicht entzogen wird. In der Schwundgeldtheorie wird gesagt, die laufende Verminderung oder «Abzinsung» des Geldes diene als Umlaufsicherung. Diese funktioniert aber bei angesammelten Vermögen nur dann, wenn Geld, das als Darlehen hingegeben wird, von der Abzinsung ausgenommen wird. Nur dann ist die Vergabe von Krediten interessant. Das kann ganz einfach dadurch erreicht werden, dass der Darlehensgeber mit dem Schuldner die Rückzahlung des vollen Betrages vereinbart, so dass sein Guthaben in vollem Umfang erhalten bleibt. Hier liegt eigentlich nichts anderes vor als eine Verzinsung, die genau so hoch ist, dass sie die Abzinsung oder Abschreibung des Vermögens kompensiert. Das Vermögen wird zwar nicht vermehrt, aber die Alterung des Leihgeldes wird praktisch aufgehoben. Der Zins behält die Funktion der Umlaufsicherung, wird aber durch die Vermögensabschreibung unschädlich gemacht. Herrmannstorfer nennt diesen Vorgang «dynamische Geldwerterhaltung».[26]

Steiner hat ein Verbot des Zinses abgelehnt. Das hat ihm manche Fragen und Kritik eingetragen, weil die Schäden, die der Zins anrichten kann, ja offenkundig sind. Diese Schäden treten aber nur dann ein, wenn der Zins zu hoch ist und dazu verwendet wird, Vermögen zu vermeh-

---

26 Udo Herrmannstorfer: Scheinmarktwirtschaft. Die Unverkäuflichkeit von Arbeit, Boden und Kapital, Stuttgart 1991. S. 164f.

ren, das heißt, wenn ein Zinseszins gebildet wird. Den Zinseszins lehnte Steiner strikte ab. Schon in dem Buch «Die Kernpunkte der sozialen Frage» stellte er die Zinsfrage in Zusammenhang mit dem sich abnützenden Geld, für das man im Laufe der Jahre immer weniger Zins erhalten werde.[27] Eine Vermögensvermehrung könne deshalb nicht eintreten. In einem Diskussionsabend am 24. Juni 1919 sagte er: *«Wenn man so etwas zitiert, wie den Satz vom Zins, so bitte ich zu berücksichtigen, dass in jedem Satz meines Buches angestrebt ist, ehrlich das zu sagen, was wirklich ist, und dass in meinem Buch streng abgewiesen wird alles das, was Zins vom Zins sein soll. Also, ein wirkliches Wachstum des Kapitals, wie es heute der Fall ist, wo sich ein Kapital in fünfzehn Jahren verdoppeln kann, ist unmöglich, wenn jene Wirklichkeit eintritt, wie ich sie in meinem Buch schildere. Aber ich spreche allerdings von einem rechtmäßigen Zinsverhältnis. … Es muss die Möglichkeit geschaffen sein, dass frühere Arbeit für spätere Leistungen verwendet wird. Das ist aber nicht anders möglich, als dass … ich einen gewissen Nutzen davon habe. … das ist es, was ich rechtmäßigen Zins nenne …»*[28]

Im «Nationalökonomischen Kurs» sagte er, wenn man für ein Darlehen keinen Zins bezahle, dann fühle man eine innere Verpflichtung, dem anderen auch wieder zu leihen, wenn er es nötig hat. Wenn man aber einen Zins bezahlt, hat man diese Pflicht zur Gegenseitigkeit in anderer Weise erfüllt. Wir können hinzufügen: Auch wenn ich von je-

---

27 GA 23 S. 132f.
28 GA 331 S. 187ff.

mandem eine Ware bekomme, fühle ich mich verpflichtet, ihm wieder etwas zu geben, oder ich kann die Gegenseitigkeit durch die Bezahlung des Preises erfüllen. Im ersten Fall wenden wir Prinzipien der Schenkungswirtschaft an, im zweiten das Prinzip des berechnenden Tausches.

Der Zins ist als Preis für eine Leistung aufzufassen und somit als Kaufgeld. Der Zinseszins dagegen vermehrt das Leihgeld. Wenn man das Letztere vermeiden will, muss der Zins in einem bescheidenen Rahmen bleiben. Er muss die tatsächlichen Kosten decken, insbesondere Verwaltungskosten und das Risiko, dass das Darlehen möglicherweise nicht zurückgezahlt wird, und kann dazu noch einen kleinen Reinertrag ermöglichen. Das Vermögen wird durch die Abschreibung (Abzinsung) nach und nach in Schenkungen verwandelt. Der Zins dagegen wirkt so, dass man aus früheren Leistungen später einen Ertrag hat, den man verbrauchen kann. Man kann ja nicht etwas Altes, Angehäuftes verbrauchen, sondern nur einen Ertrag aus der gegenwärtigen, neuen Wirtschaftsleistung. Nach diesen Gesichtspunkten könnten Regeln für Zinssätze festgelegt werden, so dass die Höhe des Zinses nicht, wie heute, durch den Kapitalmarkt bestimmt würde. Heute gehört es zu den Aufgaben der Zentralbanken, den Zinssatz zu beeinflussen. Steiner meinte, er sollte durch den «Rechtsstaat» festgelegt werden.[29] Weil die heutigen Staaten als «Rechtsstaaten» noch sehr unvollkommen sind, kann es vorläufig Sache der Geldgemeinschaften sein, interne Zinsregeln vertraglich festzulegen. Die Geldgemeinschaft

---

29 GA 23 S. 115

wird dabei entscheiden, ob der Zins die Vermögensabschreibung kompensieren soll oder nicht. Ob der Zins gleich hoch sein soll wie die Abzinsung, lässt sich nicht abstrakt-logisch ableiten, sondern es kann sich durch die vertraglichen Regelungen in dieser neuen Materie nach und nach ein allgemeines Rechtsbewusstsein entwickeln.

1.10. Darf neues Geld als Leihgeld geschaffen werden?

Für die enorme Entwicklung der Wirtschaft, die seit der industriellen Revolution eingetreten ist, war es nötig, dass große Kapitalmengen in Produktionsmittel investiert wurden. Solche Kapitalmengen waren z.B. in England aus dem Kolonialhandel vorhanden. In der Wirtschaftstheorie sagt man heute, neues und zusätzliches Geld müsse auf dem Kreditweg in die Wirtschaft gegeben werden. Wenn es direkt an die Konsumenten verteilt würde, hätte die zusätzliche Nachfrage nach Waren Preiserhöhungen und eine Entwertung des Geldes, also Inflation zur Folge. Zuerst müssten daher zusätzliche Produktionsmittel geschaffen werden. Erst dann, wenn damit mehr Verbrauchsgüter hergestellt werden, dürfe auch die Konsumnachfrage wachsen.

Es gibt aber auch bei der Leihgeldschöpfung, wenn sie «aus dem Nichts» erfolgt, eine inflatorische Wirkung. Wenn die Unternehmen, die mehr Kredite bekommen, mehr Produktionsmittel kaufen, steigen die Preise der Produktionsmittel. Die Maschinenfabriken und Bauunternehmen stellen zusätzliche Arbeitskräfte ein, oder es werden Überstunden geleistet, so dass die Einkommen steigen. Die Geldmenge wird aufgebläht, bevor die neuen Produktionsmittel fertig sind und zum Einsatz kommen. Zusätzliche Verbrauchswaren kommen mit einer Verzögerung auf den Markt, und diese Verzögerung wirkt inflatorisch. Das bemerken wir nicht ohne weiteres, weil es heute Faktoren gibt, die der Preissteigerung entgegenwirken. Die zusätzlich benötigten Waren können importiert werden. Dabei kommt es auf die Wechselkurse der Währungen an. Lebensmittel und Rohstoffe werden heute den armen Ländern zu niedrigen Preisen abgenommen. Die inländische Landwirtschaft, die durch die billigen Importe unter Druck gerät, wird durch Subventionen am Leben erhalten. Diese Faktoren sind so lange wirksam, wie es Volkswirtschaften gibt mit Grenzen zwischen dem Inland und dem Ausland, mit nationalen Währungen und mit Import und Export. Rudolf Steiner hat in den vier letzten Vorträgen seines «Nationalökonomischen Kurses» großen Wert darauf gelegt, dass man zwischen den Volkswirtschaften und der Weltwirtschaft unterscheide. Die Gesetzmäßigkeiten ändern sich, wenn die mehr oder weniger getrennten Volkswirtschaften allmählich in eine Weltwirtschaft übergehen, die in sich geschlossen ist und keine Außengrenzen hat. Zölle an den Staatsgrenzen und Ungleichgewichte bei den Wechselkursen der Währungen beeinflussen in komplizierter Weise die Preise und damit den Wert des Geldes. Große Mengen des heute von den Banken geschaffenen Leihgeldes verschwinden im spekulativen Handel mit Geld und in einer zum Selbstzweck gewordenen Finanzwirtschaft. Alle diese Vorgänge müsste man genau berücksichtigen, wenn man im Einzelfall zu einem Urteil darüber kommen wollte, ob die Schöpfung von Leihgeld inflatorisch wirkt.

Die inflatorische Wirkung gibt es nicht, wenn die Menge des Geldes, das die Menschen zum Kaufen zur Verfügung haben, gleich groß ist wie ihre gesamte wirtschaftliche Produktion. Dieses Gleichgewicht muss aber nicht durch geldpolitische Maßnahmen hergestellt werden, sondern es stellt sich selber her, wenn das Geld nur als Kaufgeld und nur im wirtschaftlichen Prozess entsteht. Auch als Kaufgeld darf es der Wirtschaft nicht von außen gegeben werden, wie das der Fall wäre, wenn z. B. eine Zentralbank allen Menschen so viel Geld zuteilte, wie jeder braucht. Eine solche Zentralbank wäre nicht aus dem wirtschaftlichen Prozess hervorgegangen, sondern sie wäre eine staatliche oder staatsähnliche Institution, die für alle Menschen eines Staatsgebietes (oder der ganzen Welt) in gleicher Weise zuständig wäre.

Leihgeld hat grundsätzlich die Eigenschaft, dass es von einer Instanz einer anderen zur Verfügung gestellt wird. Aus der Sicht des Empfängers ist es immer fremdbestimmt. Das darf bei der Geldschöpfung nicht der Fall sein. Wir haben im Kapitel 1.5. gesehen, dass die heutige Leihgeldschöpfung auf die Verschuldung der Staaten, auf den Handel mit Produktionsmitteln (Aktien) und auf Bodeneigentum abgestützt wird. Wenn die Staaten sich nicht verschulden und die Produktionsmittel nicht gehandelt werden, wird die Leihgeldschöpfung unmöglich. Ohne Leihgeldschöpfung kommen nicht die Geldmengen zustande, die für den spekulativen Handel mit Devisen und Derivaten nötig sind. Hier sieht man, dass die Geldfragen mit anderen Fragen der sozialen Ordnung, die wir in dieser Schrift behandeln, eng zusammenhängen.

Leihgeld ist als Unternehmerkapital von größter Bedeutung. Wie kommen denn nun die Unternehmer zu dem Kapital, das sie brauchen? In einem geschlossenen Wirtschaftsgebiet ist das nur dadurch möglich, dass wir nicht den ganzen Reinertrag der Wirtschaft, der als Einkommen verteilt wird, benützen, um Konsumgüter zu kaufen. Wenn wir das täten, würde die gesamte Leistung der Wirtschaft auf diesem Wege verbraucht. Leihgeld steht nur zur Verfügung, wenn Teile des Einkommens gespart werden. Dann bleiben auch Teile der Wirtschaftsleistung frei und können zur Herstellung von Produktionsmitteln eingesetzt werden. Es gehört zum Wesen des Geldes, dass es abstrakt ist und sich von konkreten wirtschaftlichen Werten, mit denen es als Kaufgeld verbunden ist, loslösen kann. Dadurch kann es Leihkapital werden und den Unternehmern die Möglichkeit geben, ihre geistigen Fähigkeiten für die Wirtschaft fruchtbar zu machen. Durch seine Abstraktheit, so formuliert Steiner im «Nationalökonomischen Kurs», *«wird das Geld … das Mittel für den Geist, um einzugreifen in den volkswirtschaftlichen Organismus, der in der Arbeitsteilung steht».*[30] Man braucht sich nicht zu fragen, ob das Sparkapital für den großen Kapitalbedarf der Unternehmen genügen wird, weil es in der geschlossenen Weltwirtschaft gar keine an-

---

30 GA 340 S. 58

dere Quelle für die Bereitstellung von Produktionsmitteln gibt. Man kann davon ausgehen, dass bei einer gerechten Einkommensverteilung alle Menschen in ausreichendem Maße die Möglichkeit haben, Geld zu sparen und dieses entweder zu verleihen oder zu verschenken. Für eine vitale Wirtschaft ist beides nötig: das Leihgeld für die Entwicklung der Unternehmen und das Schenkungsgeld für die Ausbildung der menschlichen Fähigkeiten.

1.11. Der Wert des Geldes

Jeder Geldbetrag besteht aus einer Zahl und einer Werteinheit. Damit lässt sich der Wert der wirtschaftlichen Waren bestimmen. Das Geld hat aber auch selbst einen Wert. Dieser ergibt sich aus den Preisen der Waren und Leistungen, deren Wert mit dem Geld gemessen wird. Wenn die Waren teurer werden, sinkt der Wert des Geldes, den man auch als Kaufkraft bezeichnet. Wenn in dieser Wechselwirkung zwischen Geld und Waren alle Preise gleichberechtigt sind, ist der Wert des Geldes nicht leicht bestimmbar. Deshalb hat man in der Geschichte immer wieder einzelne Werte bevorzugt, z. B. in der jüngeren Vergangenheit das Gold oder den Dollar. Damit glaubte man besser zu wissen, woran man ist, weil das Geld eine Bezugsgröße hatte. In den Gemeinschaftswährungen von Tauschkreisen wird oft eine Stunde Arbeitszeit als Werteinheit benützt. Das ist dort sinnvoll, weil in den Tauschkreisen vor allem Dienstleistungen getauscht werden. Es ist aber auch beim Tausch von Waren möglich, weil man sagen kann, wenn ein Mensch 40 Stunden pro Woche arbeite, müsse er mit seinen Angehörigen vom Ertrag seiner Leistungen leben können.[31]

Geld ist nur dann ein Wertmaß, wenn man weiß, wie viele lebensnotwendige Waren man dafür kaufen kann. Der Wert des Geldes kann deshalb nicht durch Gold definiert werden, denn Gold ist nicht lebensnotwendig und hat nur dadurch einen Wert, dass man damit etwas Nützliches kaufen kann. Es ist allgemein üblich, den Wert des Geldes an den Preisen eines «Warenkorbes» zu messen, den man aus den durchschnittlichen Bedürfnissen der Menschen ableitet. Sicher spielen dabei die Grundbedürfnisse von Nahrung, Kleidung und Wohnung eine Rolle. Man bezieht aber gern alle «normalen» Bedürfnisse mit ein, wie Krankheitskosten, Versicherungen, Wasser und Strom, Information, Reisen, Freizeitvergnügen usw., und errechnet daraus einen «Preisindex», dessen Entwicklung in der Geldpolitik beachtet werden soll. Welche Bezugsgröße ist aber für das Geld die sinnvollste? Muss man da nicht an die Nahrung denken, an das tägliche Brot? Die Nahrung ist die Grundlage alles Wirtschaftens. Wenn wir zu essen haben, können wir auch noch etwas anderes machen. Ohne Nahrung hört alles Wirtschaften auf. Als wir uns noch alle selbst versorgten, brauchten wir kein Geld. Sobald einer sich nicht selbst mit Nahrung versorgt, sondern eine andere Arbeit leistet, muss er den Wert seiner Leistung in Relation zum Wert der Nahrung setzen. Er

31 Wenn nur das wirklich Benötigte hergestellt würde, wären 20 Stunden mehr als genug.

muss für seine Leistung so viel erlösen, dass er dafür seine Nahrung eintauschen kann. Dieser Bezug bleibt, auch wenn die Wirtschaft immer umfangreicher und komplizierter wird.

Rudolf Steiner schlug vor, das Getreide als Wertmaß des Geldes zu nehmen, Getreide als Repräsentant unserer täglichen Nahrung und zugleich als Repräsentant aller landwirtschaftlichen Produkte. Getreide-Geld hatte es schon verschiedentlich gegeben. In Mesopotamien war Gerste die älteste Werteinheit. Später kamen Kupfer und Silber hinzu. 1 Kur Gerste (ein Sack?) galt so viel wie 1 Sekel Silber (ca. 8 Gramm?). Steuern und Grundzinse wurden bis ins 19. Jahrhundert hinein in Getreide festgelegt. Albrecht Thaer (1752–1828), der zur Zeit Goethes lebte, und auch seine Schüler berechneten landwirtschaftliche Schätzungen in Roggenwerten. In der Inflation in den Zwanzigerjahren nach dem Ersten Weltkrieg gab es in Deutschland Überlegungen, den Roggenwert als allgemeines Geld zu verwenden. Diese Idee wurde nicht weiter verfolgt, als 1923 die Rentenmark eingeführt wurde.

Insofern Geld ein Wertmaß ist, muss es, wie jedes andere Maß, geeicht sein. Grundsätzlich kommen dafür Waren und Leistungen, die mit Geld bezahlt werden, in Frage. Das Geld könnte am Getreide geeicht werden. Steiner beschrieb das ganz anschaulich: Es könnte sogar auf den Geldscheinen stehen: so und so viel Weizen. Das hätte zur Folge, dass der Getreidepreis in dieser Währung immer gleich hoch ist. Die Preise der anderen landwirtschaftlichen Produkte könnten dann immer noch schwanken und damit z. B. Anreize für Produktionsumstellungen innerhalb der Landwirtschaft geben. Die Preise für Nahrung würden aber im Ganzen stabil bleiben und die Bauern wären nicht wie heute einem zunehmenden Preisdruck ausgesetzt. Alle anderen Preise würden sich durch ihre Relation zum Preis des Getreides entwickeln. Auch die Arbeitsleistung einer Stunde bekommt ihren Wert innerhalb dieses Preisgefüges. Auch wenn das Getreide als Wertmaß des Geldes gewählt wird, bleibt der Preis für die Leistung einer Arbeitsstunde eine wichtige Größe, nicht nur im Dienstleistungsbereich, sondern auch im Handwerk. Man muss aber immer bedenken, dass man nicht die Arbeitsstunde bezahlt, sondern das fertige Werk, das in der Arbeitsstunde zustande kommt.

Die Definition des Geldwertes durch die Leistung einer Arbeitsstunde ist abstrakt und allgemein. Sie wird erst konkret, wenn wir feststellen, welche lebenswichtigen Waren und Leistungen in einer Stunde hervorgebracht werden können. Wir werden also auch hier auf die unverzichtbaren wirtschaftlichen Produkte, die wir aus der Natur gewinnen, zurückgeführt, auf Nahrung, Textilfasern für unsere Kleidung und auf Baumaterial für unsere Häuser.

Um das «Getreidegeld» zu verstehen, kann man sich vorstellen, dass in einer Wirtschaft, die noch kein Geld hat, ein Bauer jemandem ein Kilogramm Getreide gibt und dafür einen Gutschein erhält, auf dem es heißt: «Wert 1 Kilo Getreide». Dieser Gutschein kommt in Zirkulation, wenn er von den anderen Menschen anerkannt wird, und er ist nichts anderes als eine Buchung in der allgemein anerkannten Geldbuchhaltung. Grundsätzlich kommt es beim Wert des Geldes darauf an, dass er allgemein und in gleicher Weise anerkannt wird. Das ist eine Frage des Rechts, das durch die vertraglichen Vereinbarungen in den Geldgemeinschaften geschaffen werden kann. Wenn ich mit «Getreidegeld» irgendetwas kaufen will, muss ich nicht etwa Getreide herumtragen und damit bezahlen. Wenn alle Mitglieder einer Geldgemeinschaft anerkennen, dass man mit diesem Geld jederzeit eine genau bestimmte Menge Getreide kaufen kann, ist der Wert des Geldes definiert, auch wenn dieses Geld «nur» in Zahlen einer Buchhaltung dokumentiert ist. Nach dem gleichen technischen Prinzip funktioniert die Verrechnung im Barter-Handel, wenn der US-Dollar als Wertmaß verwendet wird.

Das «Getreidegeld» hängt damit zusammen, wie das Verhältnis von Landwirtschaft und Industrie aufgefasst und gestaltet wird. Wenn wir die Auffassung zu Grunde legen, die im Kapitel 5 über Landwirtschaft und Industrie geäußert wird, kommt als Wertmaß nur ein biologisch erzeugtes und in der gleichen Region verbrauchtes Getreide in Frage. Das Geldwesen wird durch ein solches «Getreidegeld» in der regionalen, kleinräumigen und nachhaltigen Wirtschaft jedes Landes verankert und ermöglicht auf dieser Basis und ohne staatlichen Zwang stabile Wechselkurse.

1.12. Geldmenge und Gelddeckung

Eine andere wichtige Größe ist die Geldmenge. Solange das Geld eine Sache ist, wie Münzen und Banknoten, ist man nie sicher, ob die Geldmenge dem Bedarf entspricht. In der Zeit des Münzgeldes, die von der Antike bis weit in die Neuzeit reichte, änderte sich die Geldmenge je nachdem, ob Edelmetalle gefunden und in Münzen geprägt werden konnten. Erfolgreiche Kriegsherren, wie Alexander der Große und die Römer, konnten der Wirtschaft starke Impulse geben, wenn sie sich bei ihren Eroberungen Gold- und Silberschätze aneigneten und diese zu Münzen machten. Wenn dagegen das Geld knapp war, mussten die Verkäufer von Waren die Preise senken, um ihre Ware loszuwerden. Wenn dadurch der Wert des Geldes stieg, lohnte sich das Horten, und das umlaufende Geld wurde noch knapper. Deshalb musste die Geldmenge ständig reguliert werden, und die Regierungen, die ja das Geld machten, waren mit dieser Aufgabe sehr oft überfordert. Die Geldmenge bewirkte in der Geschichte ein ständiges Auf und Ab zwischen wirtschaftlichem Wohlstand und Elend.

Wie groß muss denn die Geldmenge sein? Rudolf Steiner sagte im «Nationalökonomischen Kurs», die einzige gesunde Grundlage der Währung sei die Summe der brauchbaren Produktionsmittel, an denen körperliche Arbeit geleistet wird, mit deren Hilfe die arbeitenden Menschen Leistungen hervorbringen.[32] Das könnte man leicht

---

32 GA 340 S. 209f.

verwechseln mit dem, was wir heute haben, wo die Banken unter anderem das Eigentum an Boden und Produktionsmitteln dem Geld zu Grunde legen. Steiner meinte nicht etwas, was die Banken bei der Geldschöpfung machen müssen, sondern etwas, was bei jedem Zahlungsmittel, das die Menschen je verwendet haben und verwenden werden, real zutrifft. Die Gewissheit, dass ich mit meinem Geld etwas kaufen kann, bekomme ich aus der Produktivität der Wirtschaft. Ich weiß, dass Menschen da sind, die arbeiten, und dass sie mit Einrichtungen ausgestattet sind, die ihre Arbeit effizient machen. Beides ist nötig: die Menschen und die Produktionsmittel. Diese sind die einzige reale und umfassende Grundlage des Geldes. Das gilt gerade auch für den «Dienstleistungsbereich», der seit Steiners Zeit so stark gewachsen ist. Wirtschaftlich gesehen sind Verwaltung, Organisation, Bildung und Forschung mit den Produktionsmitteln verbunden. Sie leisten etwas durch die Erfindung und die Verbesserung der Produktionsmittel und durch ihren zweckmäßigen Einsatz. Das heutige Geld ist durch Eigentumsansprüche auf Boden und Produktionsmittel gesichert. In Zukunft soll die Produktivität der Wirtschaft die reale Sicherheit geben, und zwar real dadurch, dass nur so viel Geld entsteht, wie in Kauftransaktionen umgesetzt wird.

Bei dem Verrechnungs-Geld ist keine Geldmengenregulierung nötig, denn das Geld entsteht immer dann, wenn es für das Kaufen und Verkaufen benötigt wird. Die Menge dieses in der Wirtschaft entstehenden Geldes kann sich vergrößern, wenn mit neuen Produktionsmitteln oder mit zusätzlichen Arbeitskräften die Produktion erhöht wird.

Dann erhöht sich nämlich die Summe der regelmäßigen Einkommen wie auch die Summe der regelmäßigen Einnahmen der Unternehmen, und danach richten die Geldgemeinschaften die Bewegungsgrenzen der Kaufgeldkonten. Wenn diese Grenzen erweitert werden, oder wenn neue Konten dazukommen, kann von den Kontoinhabern mehr Geld ausgegeben und eingenommen werden. Die Summe aller Bewegungsgrenzen, innerhalb denen sich die Kaufgeldkonten bewegen können, stellt die mögliche Geldmenge dar. Die tatsächliche Geldmenge entsteht und vergeht durch die tatsächlich ausgeführten Einnahmen und Ausgaben. Das klingt kompliziert, ist aber nur ungewohnt und sicher nicht komplizierter als das heutige Geldwesen. Die Geldmenge wird in diesem Geldsystem durch den Wirtschaftsprozess, an dem wir alle teilnehmen, reguliert. Es kommt darauf an, was wir tun und wie viel Bewusstheit wir in dieses Tun legen: Was kaufe ich, wie viel kaufe ich? An welcher Produktion will ich mich beteiligen, wie viel von meinem Einkommen spare ich, wie viel davon leihe ich, wie viel schenke ich?

1.13. Reformen

Geldreformen greifen ins Zentrum der Wirtschaft ein und tangieren starke Machtinteressen. Zu einem Generalangriff auf das heutige Geldsystem zu blasen, ist sinnlos. Solange wir nicht genügend funktionierende Alternativen haben, wird sich nach jeder kleinen oder großen Revolution wieder das Gleiche einstellen, nur in der Hand anderer Träger der Macht. Nicht nur aus der Französischen Revolution, sondern auch aus vielen Revolutionen unserer Tage sind Militärdiktaturen hervorgegangen. Etwas Neues können wir nur durch zwei Dinge vorbereiten und aufbauen: erstens Erfahrungen im Kleinen sammeln und zweitens diese in ihren großen Zusammenhängen verstehen.[33] Die staatlichen Währungen müssen nicht abgeschafft werden, sie können aber in dem Maße, wie wir im Wirtschaftsleben Verrechnungswährungen schaffen, ihr Monopol als «gesetzliche Zahlungsmittel» aufgeben und sich mehr und mehr auf das Gebiet beschränken, wo nach ihnen Bedarf besteht. Dann kann sich auch die Staatsverwaltung an alternativen Geldsystemen beteiligen und sie für Steuerzahlungen akzeptieren.

Das Geldmonopol des Staates beziehungsweise der Zentralbank ist insoweit sinnvoll, als nur der Staat *staatliches* Geld machen darf. Dieses Ziel der Vollgeld-Bestrebungen ist richtig.[34] Es darf aber nicht ausschließen, dass auch Private Geldsysteme machen dürfen. Dies hätte eine gesunde Konkurrenz zur Folge, und die Menschen würden das Geld benützen, das ihnen richtig erscheint. Inso-

---

33 Genau so sind die Leute um W.-E. Barkhoff in Bochum bei der epochemachenden Entwicklung neuer Geldinstitute vorgegangen. Rolf Kerler beschreibt in seinem Buch «Eine Bank *für* den Menschen», Dornach 2011, eindrücklich, wie sie immer von den praktischen Bedürfnissen und Möglichkeiten ausgingen und dabei allerdings den Blick auf große, grundsätzliche Ziele richteten. Es waren die gleichen Ziele, die wir auch hier in diesem Kapitel beschreiben.

34 Vgl. Anmerkung 1.

fern enthält auch die extreme Gegenposition zur Theorie des staatlichen Vollgeldes, die Theorie des Free Banking, eine Teilwahrheit.[35] In der Konkurrenz der Geldsysteme würde sich zeigen, ob die Menschen ein Geld bevorzugen, das die privaten Banken schaffen, um sich damit zu bereichern, oder ob sie sich an gemeinnützigen Geldsystemen beteiligen werden.

Das heutige Geldmonopol des Staates begünstigt diejenigen am meisten, die spekulativen Handel betreiben. Sie profitieren von einem Geldsystem, das Kaufgeld und Leihgeld nicht klar unterscheidet und verwaltungsmäßig trennt, denn die spekulative Vermögensvermehrung funktioniert nur dann, wenn man Kaufgeld horten, zurückhalten und entweder Zins bringend verleihen oder für den spekulativen Börsen- und Devisenhandel verwenden kann. Wenn sich allerdings die Finanzkrisen weiter verschlimmern, ist es nicht ausgeschlossen, dass sich der Widerstand gegen eine Lockerung des Geldmonopols überwinden lässt.

Wenn wir das Geld in der Wirtschaft entstehen lassen, wird es viele Währungen geben, lokale und regionale bis zu solchen, die im Welthandel verwendet werden und die es als Barter-Organisationen bereits gibt. Dies hat Bernard Lietaer in seinem Buch «Das Geld der Zukunft» überzeugend dargelegt.[36] Diese Währungen können nebeneinan-

35 Friedrich August von Hayek: Entnationalisierung des Geldes. Eine Analyse der Theorie und Praxis konkurrierender Umlaufsmittel, Tübingen 1977

36 Er stellt sich (S. 424 ff.) vor, ein zukünftiges Währungsmodell könnte vierstufig sein:

der bestehen, wie heute die nationalen Währungen nebeneinander bestehen. Das Geld ermöglicht es uns, dass jeder für jeden, das heißt für die Allgemeinheit produziert, und es macht die Wirtschaft zu einem Ganzen, auch wenn es mehrere Währungen gibt. Zwischen Währungen, die auf dem Wert des Getreides basieren, ist die Einhaltung fester Wechselkurse erleichtert, so dass es nicht jene schwankenden Wechselkurse gibt, die heute Spekulation und Verbrechen begünstigen. Auf diesem Weg kann ohne zentrale Steuerung und ohne Vorherrschaft einer nationalen Währung ein einheitliches globales Geldsystem entstehen, wie es für die Weltwirtschaft nötig ist.[37] Bei den Währungen,

---

- Globale Währung des internationalen Handels
- Drei multinationale Währungen (Euro, Yuan, Dollar)
- Nationale (staatliche) Währungen
- Regionale Komplementärwährungen.

Diese vier Stufen haben wir jetzt schon. Es kommt aber darauf an, welches Gewicht die vier Währungsarten haben, ob die in der Wirtschaft geschaffenen Währungen an Bedeutung zunehmen und ob das Geldmonopol der Staaten gelockert wird.

37 Vgl. Christopher Houghton Budd: Finance at the Threshold. Rethinking the Real and Financial Economics, Gower Publishing, Farnham GU9 7PT United Kingdom 2011, S. 71. Der Verfasser ist erst nach Fertigstellung seines Manuskripts mit diesem neuen Buch bekannt geworden. Houghton Budd geht als Experte für Finanzwirtschaft von den Fakten aus. Diese machen uns deutlich, dass die Finanzwirtschaft so, wie sie bis heute gelaufen ist, nicht in die Zukunft weiterlaufen kann. Sie steht am Rande eines Abgrunds, vor einer Schwelle. Jenseits dieser Schwelle kann nur eine ganz andere Art von Wirtschaft in die Zukunft führen. Bedingung ist, dass die Geldprozesse vorurteilslos und genauer als bisher untersucht werden. Dafür

die durch Geldgemeinschaften geschaffen werden, ist grundsätzlich ein vertraglich geregelter, föderalistischer Aufbau zu erwarten. Was in den Verträgen drinstehen wird, kann nicht zwingend aus einer wissenschaftlichen Theorie abgeleitet werden, sondern es ist Sache derer, die die Verträge abschließen. Auf diesem Prinzip kann die ganze Verwaltung des Wirtschaftslebens aufgebaut werden.

Das Geld ist ein wichtiger Faktor des Wirtschaftens, aber nicht sein Ursprung. Man könnte mit Änderungen am Geldsystem allein niemals die ganze Wirtschaft in Ordnung bringen. Das Wirtschaften besteht aus Produktion, Markt und Verbrauch. Deshalb sind die folgenden Kapitel notwendig, nicht nur als Ergänzung, sondern als Grundlage für das Verständnis der Geldprozesse.

---

sind, das zeigt das Buch detailliert, die geldtheoretischen Gedanken und Hinweise von Rudolf Steiner eine unentbehrliche Grundlage. Auf anderen Wegen kommt Houghton Budd zu Ergebnissen, die mit den Inhalten der vorliegenden Schrift in hohem Maße übereinstimmen.

2. Arbeit und Einkommen

2.1. Erfahrungen

In diesem Kapitel gehen wir von praktischen Erfahrungen in Rudolf-Steiner-Schulen in der Schweiz aus, die sich ohne weiteres auf andere, auch kommerzielle Unternehmen übertragen lassen. Diese Schulen haben entscheidende Schritte zur Überwindung des Lohnsystems vollzogen. Die Einkommen der Lehrer und Mitarbeiter werden nicht als Personalkosten aufgefasst, sondern als Verteilung des Unternehmensertrags. Vor Beginn des Schuljahres wird der Bedarf ermittelt. Dafür gibt es allgemeine und detaillierte Regeln, die von allen Beteiligten beschlossen worden sind. Das Einkommen der Lehrer und Mitarbeiter richtet sich nach der Größe der Familie und nach dem Alter der Kinder. Sonstige Einkünfte der Familie werden abgezogen. Die Altersvorsorge muss bedacht sein. Es geht nicht um einen Minimalbedarf, wie er für Betreibungen oder für die Sozialhilfe berechnet wird, sondern um ein Einkommen, das eine sparsame, aber gute Lebensführung erlaubt. Der Bedarf aller Beteiligten wird addiert und der Gesamtbedarf in das Jahresbudget der Schule eingefügt. Dieses Budget zeigt dann, ob die voraussichtlichen Erträge den Bedarf decken. Wenn das nicht der Fall ist, müssen Sparmaßnahmen und Einschränkungen überlegt werden.

Dieses ganze Vorgehen ist seit vielen Jahren erfolgreich, aber so ungewöhnlich, dass es nötig ist, ausführlich zu zeigen, was dahinter steckt und was es für die größeren sozialen Zusammenhänge bedeutet. Die folgenden Ausführungen widmen sich dieser Aufgabe.

2.2. Arbeit und Einkommen trennen

Rudolf Steiner hat bereits 1905 in Vorträgen und 1906 in einem Aufsatz von einem «Sozialen Hauptgesetz» gesprochen, das verlange, *«dass für die Mitmenschen arbeiten und ein gewisses Einkommen erzielen zwei voneinander ganz getrennte Dinge seien».*[38] Wie diese Forderung konkret zu verwirklichen sei, darüber gehen die Meinungen weit auseinander. Einige möchten sich auf die Idee der sozialen Dreigliederung stützen und Arbeit und Einkommen dadurch trennen, dass das eine (welches?) in der Wirtschaft, das andere im Rechtsstaat verwaltet werden soll. Das ist ja jetzt schon teilweise der Fall, wenn der Staat denen, die keine Arbeitsleistung erbringen können, ein Einkommen gibt und dieses aus Steuergeldern oder sonstigen gesetzlich befohlenen Abgaben finanziert.

Hier wird dagegen die Auffassung vertreten, dass im Sinne des «Sozialen Hauptgesetzes» die Trennung von Arbeitsleistung und Einkommen innerhalb der Wirtschaft in Angriff genommen und schrittweise zu verwirklichen ist.

---

38 GA 34 S. 213. Vergleiche auch den Vortrag «Beruf und Erwerb» vom 12. März 1908, GA 56 S. 227ff.

Da muss das allgemeine Recht nur so hineinwirken wie in alle wirtschaftlichen Prozesse. Die Begründung dieser Auffassung ist, wie wir sehen werden, kompliziert. Zunächst kann man sich die genaue Formulierung des Sozialen Hauptgesetzes vergegenwärtigen: *«Das Heil einer Gesamtheit von zusammenarbeitenden Menschen ist umso größer, je weniger der einzelne die Erträgnisse seiner Leistungen für sich beansprucht, das heißt, je mehr er von diesen Erträgnissen an seine Mitarbeiter abgibt, und je mehr seine eigenen Bedürfnisse nicht aus seinen Leistungen, sondern aus den Leistungen der anderen befriedigt werden.»*[39] Es handelt sich nicht um ein Gesetz, das mit staatlichen oder moralischen Regelungen vergleichbar wäre, sondern es ist wie ein Naturgesetz aufzufassen. Es sagt nicht, wie etwas sein soll, sondern wie es ist. Trotzdem ist aus diesem Gesetz eine Forderung abzuleiten. Die Wörter «umso» und «je» machen deutlich, dass diese Forderung schrittweise, nach und nach zu verwirklichen ist und nicht durch einen für alle gleichartigen Fälle gültigen politischen Akt. *«Wo immer dieses Gesetz in die Erscheinung tritt, wo immer jemand in seinem Sinne wirkt, soweit es ihm möglich ist auf dem Platze, auf den er in der Menschengemeinschaft gestellt ist, da wird Gutes erzielt, und wenn es im einzelnen Falle auch in einem noch so geringen Maße der Fall ist. Und nur aus Einzelwirkungen, welche auf solche Art zustande kommen, setzt sich ein heilsamer sozialer Gesamtfortschritt zusammen.»*

39 GA 34 S. 213 ff.

2.3. Erwerbswirtschaft oder Bedarfswirtschaft?

Für die weitere Begründung müssen wir bei ganz grundsätzlichen Betrachtungen der Wirtschaft beginnen. Ich betrete ein Warenhaus und staune ob der Fülle des Angebotenen. Alles ist so einladend präsentiert, dass sich in mir eine Kraft meldet, die am liebsten zugreifen möchte. Aber ich will diese Dinge doch gar nicht haben, sie würden mich nur von dem abhalten, was ich eigentlich will. Der Verdacht steigt auf, dass vieles nur wegen der suggestiven Werbung gekauft wird und nicht, weil es gebraucht wird. Wenn ich mich weiter umschaue in der heutigen Zivilisation, bemerke ich vielleicht am Wochenende den Verkehr auf einer Autobahn. Wie viel davon ist wirklich nötig, meinetwillen auch als Vergnügen, und wie viel ist sinnloser Zeitvertreib? Auch wenn es sinnlos ist, muss alles, was ich verbrauche, hergestellt werden und zwar immer auf Kosten der Natur und menschlicher Arbeit.

Diese Form von Freizeitkonsum hat viele Ursachen, aber eine der wichtigsten besteht sicher darin, dass die heutige Wirtschaft grundsätzlich auf den Erwerb ausgerichtet ist und nicht auf den Bedarf. Diese Unterscheidung ist grundlegend. Die Lehre der Erwerbswirtschaft behauptet, dass alle Menschen nach Gewinn streben und nur arbeiten, weil sie dafür Lohn bekommen. Produziert werde etwas, was gebraucht wird, nur deshalb, weil etwas anderes nicht verkauft werden könnte. Rudolf Steiner empfiehlt, das ganze wirtschaftliche Denken umzukrempeln und die Erwerbswirtschaft in eine Bedarfswirtschaft umzuwandeln. Diese Veränderung ist so grundlegend, dass ein großer Teil der Vorgänge ganz anders angeschaut werden muss. Der Bedarf soll der Wirtschaft Richtung und Impuls geben. Er kommt aus dem Kulturzustand der Menschen und ist für die Wirtschaft etwas Gegebenes. Er darf nicht von der Wirtschaft hervorgerufen werden. Das bedeutet, dass alle wirtschaftlichen Unternehmen (nicht nur gemeinnützige Einrichtungen) ein ideelles Ziel brauchen. Ihr oberstes Ziel muss sein, einen realen Bedarf zu decken. Niemand sollte eine Arbeit leisten müssen, die nicht dieser Bedarfsdeckung dient. Arbeitsbeschaffung durch Wirtschaftswachstum, die von vielen als politisches Ziel erstrebt wird, ist wirtschaftlich sinnlos und sozial verfehlt, weil es besser wäre, wenn die dafür aufgewendete Arbeit auf den sozialen und kulturellen Bereich verlegt würde, wo sie dringend notwendig ist.

Die vorliegende Schrift versucht zu zeigen, wie viele Einzelheiten und Zusammenhänge im wirtschaftlichen Denken geändert werden müssen, wenn man die Wirtschaft konsequent vom Bedarf her anschaut.

2.4. Produktionsfaktoren und Produkte

Arbeit, Boden und Kapital werden in der Wirtschaftstheorie als Produktionsfaktoren bezeichnet, und das mit Recht. Die Arbeit, der Boden mit all seinen naturgegebenen Möglichkeiten und das Kapital sind die Voraussetzungen wirtschaftlicher Produktion. Ohne Boden (Natur), Arbeit und Kapital können keine Waren und Leistungen hervorgebracht werden. Selber sind sie jedoch keine fertigen Produkte und Leistungen. Erst wenn wir an irgendeinem Ort der Erde unsere Arbeit auf irdische Dinge anwenden und dabei oft auch Arbeitshilfsmittel (Kapital) einsetzen, entstehen brauchbare Waren und Leistungen, die «auf dem Markt» angeboten und, wenn ein Bedarf danach besteht, verkauft werden können.

Auch Boden, Arbeit und Kapital sind wertvoll, aber auf ganz andere Weise als die Waren. In unserem Alltagsdenken sind wir durchaus nicht gewohnt, diesen fundamentalen Unterschied zwischen Produktionsfaktoren und fertigen Produkten scharf ins Auge zu fassen. Boden, Arbeit und Kapital werden wirtschaftlich erst dann wertvoll, wenn wir sie in produktiver Tätigkeit anwenden. Arbeit allein ist, auch wenn wir uns, wie im Sport, in höchstem Maße anstrengen, wirtschaftlich unproduktiv. Sie wird wertvoll, wenn sie Dinge der Natur in sinnvoller Art verändert. Auch die Natur (der Boden mit all seinen Nutzungsmöglichkeiten und verborgenen Bodenschätzen) hat allein keinen wirtschaftlichen Wert. Sie bekommt erst einen Wert, wenn wir sie durch Arbeit so verändern, dass wir sie gebrauchen und verbrauchen können.[40] Wirtschaftliche Werte müssen in ihrem Entstehen und Vergehen beobachtet werden, wie man fließende Formen und Kräfte in einem strömenden Gewässer beobachtet.[41]

---

40 Siehe zur Bestimmbarkeit dieses Wertes die Ausführungen über die Bodenrente im 3. Kapitel.

41 Als Prozesse und Funktionen sind auch die Begriffe «Wert 1» und «Wert 2» in Steiners «Nationalökonomischem Kurs» aufzufassen. Der erste Wert ist eine Funktion von Natur und Arbeit. Tausend Löffel sind mehr wert als zehn, weil mehr Natur-

In der arbeitsteiligen Wirtschaft werden Waren und Leistungen so getauscht, dass sie von denjenigen, die sie benötigen, verbraucht werden können. Das Geld ermöglicht als Tauschmittel komplizierte und verschlungene Handelsbeziehungen. Es kommt beim Tauschen ja immer darauf an, dass die Werte miteinander verglichen werden können. Das Geld ermöglicht diesen Vergleich durch exakte Zahlen. Geld macht wirtschaftliche Werte messbar, indem es ihnen einen Preis gibt. Der Markt ist der Ort, wo die Preise durch Wertvergleiche zustande kommen.

Produktionsfaktoren	→ **Produktion**	→ **Markt**
Boden (Natur) Arbeit Kapital }	→ Güterwerte	→ Preisverhältnisse

---

Ein Kilo Weizen ist zunächst dadurch wertvoll, dass Menschen sich davon ernähren können. Immer wenn Dinge hergestellt werden, erhalten sie einen Wert als brauchbare

---

materialien und mehr Arbeit dafür aufgewendet werden müssen. Der zweite «Wert» besteht darin, dass mit intelligenten Überlegungen die notwendige Arbeit verringert werden kann; der Geist der Menschen erhöht die Produktivität der Arbeit. Das ist bei jeder Arbeit so, besonders ausgeprägt aber in der arbeitsteiligen Produktion großer Stückzahlen. Im Verkauf (in dem noch andere Faktoren mitspielen) kann es sich dann zeigen, dass der einzelne Löffel billiger wird. Der zweite «Wert» ist gegenüber dem positiven ersten ein negativer.

Güter. Es ist wichtig, dass wir diesen Wertbegriff klar erfassen und ihn nicht mit dem Preis verwechseln. Das fällt uns nicht leicht, weil wir am liebsten nur das anerkennen, was wir messen und zählen können. Der Nährwert eines Kilos Weizen ist etwas Konkretes. Wenn wir dann sagen, der Weizen kostet den Geldbetrag x, erhalten wir einen abstrakten Wertbegriff. Der gleiche Betrag x kann für die verschiedensten anderen Werte stehen und ist für alle gleich. Die Marktpreise drücken nicht die reale Brauchbarkeit der einzelnen Güter aus, sondern immer nur die Wertverhältnisse zwischen den verschiedenen Waren. Die Preise sagen z. B.: Ein Paar Schuhe ist gleich viel wert wie hundert Liter Milch usw. Jeder einzelne Preis sagt aus, in welchem Verhältnis er zu allen anderen Preisen steht. Wir können also sagen: Wirtschaftliche Werte sind das Ergebnis von Produktionsvorgängen. Wir können sie beschreiben und qualitativ bewerten, indem wir sie in den wirtschaftlichen Zusammenhang hineinstellen. Der Preis ist dagegen eine Abstraktion dieser konkreten wirtschaftlichen Werte und macht sie vergleichbar. Er bewertet die Waren und Leistungen nur quantitativ.

Der Boden und die Arbeit können nicht wie Waren und Leistungen hergestellt werden. Wenn wir ihnen heute trotzdem einen Preis zuschreiben und sie auf Märkten gegen Geld tauschen (auf dem Bodenmarkt und dem Arbeitsmarkt), tauschen wir Produktionsfaktoren gegen fertige Produkte. Wir machen Boden, Arbeit und Kapital zu käuflichen Waren. Wir müssen jedoch drei Kategorien von Werten unterscheiden: 1. Werte von Produktionsfaktoren, 2. Werte von Produkten und 3. Preise von Waren.

Nur die Preise können wir in Zahlen berechnen. Die anderen beiden Werte sind dagegen als Funktionen zu erfassen, die wir beschreiben, nicht aber berechnen können.

Obwohl sich die Preise durch die Marktvorgänge ergeben und der Einzelne sie nicht «machen» kann, können wir sie beurteilen. Wir können sagen, ob sie zu hoch oder zu niedrig oder gerade richtig sind, und haben dafür einen exakten Maßstab. Die Preise erreichen nämlich ihre richtige Höhe, wenn die Hersteller und Verkäufer einer Ware oder Leistung davon so lange leben können, bis sie wieder eine entsprechende Ware oder Leistung hervorbringen und verkaufen können. Es ist nicht an einen minimalen Lebensstandard, ein «Existenzminimum» zu denken, sondern an einen Lebensstandard, der dem allgemeinen Stand der Kultur entspricht. Rudolf Steiner gab dieser Beurteilungsformel einen wichtigen Rang in der Wirtschaftstheorie, indem er sie als *«wirtschaftliche Urzelle»* bezeichnete.[42] Eine Beurteilung nach dieser Formel ist beim Boden nicht möglich, weil der Boden nicht hergestellt werden kann. Wenn man Boden kauft oder pachtet, erwirbt man nicht eine Ware, sondern ein Nutzungsrecht. Der Besitzer des Bodens hat das Recht, alle anderen Menschen von dieser Nutzung auszuschließen. Rudolf Steiner wurde in diesem Zusammenhang nicht müde, darauf hinzuweisen,

---

42 Unter anderem in GA 79 S. 261, GA 337 b S. 226. In dem Buch «Die Kernpunkte der sozialen Frage» wird die gleiche Formel für den richtigen Preis in einer Anmerkung beschrieben, ohne das Wort «wirtschaftliche Urzelle». GA 23 S. 131 f. Siehe dazu auch Kapitel 2.10.

dass Rechte nicht gegen Waren getauscht, also nicht gekauft werden dürfen.

2.5. Begrenzung der Marktwirtschaft

Mit dem Begriff Markt bezeichnen wir den Kernbereich des Wirtschaftens, wo Waren und Leistungen getauscht werden. Durch die Technik wird die Arbeit der Menschen in komplizierter Weise geteilt und effizient gemacht. Das ist nur möglich, weil die Arbeitsprodukte auf ebenso komplizierte Weise getauscht werden können, so dass nicht jeder alles selber machen muss. Die Gültigkeit der Marktwirtschaft muss aber auf diesen Kernbereich der Wirtschaft begrenzt werden. Der Markt grenzt auf der einen Seite an den Bereich der Produktion, in der die Produktionsfaktoren so zur Anwendung gebracht werden, dass Leistungen zustande kommen. Auf der anderen Seite des Marktgebietes ist das Gebiet der Ertragsverteilung und des Verbrauchs. *«Im reinen Wirtschaften hat man es nur zu tun mit Produktion, Konsumtion und mit der Zirkulation zwischen Produktion und Konsumtion. Das heißt aber nichts anderes als: man hat es im reinen Wirtschaftsleben bloß mit der Zirkulation der erzeugten Güter, die, indem sie zirkulieren, zur Ware werden, man hat es mit der Zirkulation von Waren zu tun. Ein Gut, das innerhalb des sozialen Organismus dadurch, dass es gebraucht wird, einen bestimmten Wert erhält, der dann auf seinen Preis wirkt, ein solches Gut ist eben … eine Ware.»*[43]

43 GA 79 S. 246f.

Die Marktwirtschaft in der Gesamtwirtschaft

Produktion	Markt	Ertrag
Güter und Dienstleistungen werden hergestellt, indem 1. Boden (Natur) genutzt wird, 2. Arbeit geleistet wird, 3. durch Kapital die Arbeit produktiv gemacht wird.	Waren und Leistungen werden durch Tausch bewertet.	Verteilung des Gewinns (nach Abzug der betrieblichen Rückstellungen) 1. private Einkommen, 2. soziale Fürsorge, 3. Spenden für Kultur
Bereich des Leistens	Bereich des Kaufens	Bereich des Verbrauchens

Im mittleren Bereich, wo gleichwertige Waren und Leistungen gegeneinander getauscht werden, besteht Gegenseitigkeit. Diese ist ein Grundprinzip des Wirtschaftens. Rudolf Steiner hat darauf aufmerksam gemacht, dass bei jedem Tausch oder Kauf (wenn nicht ungesunde Machtverhältnisse hineinwirken) beide Partner für sich einen Vorteil, einen Gewinn erreichen. Ich kaufe eine Ware, weil ich mit ihr mehr anfangen kann als mit dem Geld, das ich dafür hingeben muss. Beim Verkäufer ist es umgekehrt: Er will die Waren loswerden, benötigt aber Geld.[44] Das ist das Ziel jedes Verkaufsgesprächs: Die Verhandlungspartner streben an, dass sie am Ende beide «ein Geschäft machen».

Vor und nach dem Markt geht es um einseitig gerichtete Vorgänge. Heute bringen wir Arbeit und Lohn künstlich in eine direkte marktwirtschaftliche Verbindung. Das tun wir, weil wir meinen, die Menschen wären nicht bereit,

44 Rudolf Steiner: Nationalökonomischer Kurs, 10. Vortrag, GA 340 S. 141 f.

etwas zu leisten, wenn sie nicht dafür bezahlt würden. Im konkreten Vollzug der Arbeit ist das aber zunächst gar nicht der Fall. Der Busfahrer hält an der Haltestelle, damit Menschen ein- und aussteigen können, die Arbeiterin schließt die Kabel so an, dass die Geräte funktionieren usw. Wir wollen unsere Arbeit leisten, weil sie für die Menschheit notwendig ist. Wenn wir vermuten oder gar erkennen, dass das nicht der Fall ist, wird uns die Arbeit seelisch zur Last. Dieser reale wirtschaftliche Wert der Arbeit ist nicht in Zahlen fassbar. Zahlen, nämlich Preise, treten erst auf, wenn wir Abnehmer unserer Produkte finden und sie ihnen verkaufen können. Der Preis ist nicht nur durch die Herstellung bedingt, sondern auch dadurch, wie begehrt die Waren sind. Das zeigt sich erst im Markt, wo die Werte verschiedener Waren aneinander gemessen werden mit Hilfe einer Geldeinheit, die auf alle Waren anwendbar ist. Wenn ich höre oder lese, dass eine Uhr tausend Euro kostet, ist das für mich keine isolierte Feststellung. Ich sehe den Preis der Uhr im Zusammenhang mit meinen eigenen finanziellen Möglichkeiten oder mit den Möglichkeiten anderer Menschen, und diese Möglichkeiten stammen aus anderen Wirtschaftsbereichen als die Uhr. Durch den Markt und die Preise wird die Wirtschaft ein Ganzes.

Der Produktionsertrag wird in der üblichen Wirtschaftstheorie aufgeteilt zwischen den drei Produktionsfaktoren. Man spricht von Arbeitsertrag, Kapitalertrag und Bodenrente.[45] Dieses Zurückrechnen des Ertrags zu

45 Vergleiche dazu Kapitel 3.6.

den Faktoren ist aber nur theoretisch möglich und entspricht nicht den realen Vorgängen. Das private Einkommen kann nicht als Preis für die Arbeitsleistung angesehen werden, denn es gehört nicht zur Produktion der Waren und Dienstleistungen, sondern zu deren Verbrauch. Es steht auf der anderen Seite der Wirtschaft und muss aus einer vertraglich geregelten Verteilung des Unternehmensertrags hervorgehen. Durch diese Art der Betrachtung erkennt man, dass Arbeit und Einkommen insofern getrennt sind, als beide einseitig gerichtete Akte sind und den Charakter von Leistungen ohne Gegenleistung haben. Es gibt in der Wirtschaft durchaus auch Leistungen ohne Gegenleistung und sie haben eine große Bedeutung.

Die Werte der Arbeit, des Bodens und des Kapitals, die sich nicht an einer Gegenleistung messen lassen, kann man Produktivitätswerte nennen, um sie vom Warenwert zu unterscheiden. Diese Produktivitätswerte kann man nicht in Geld beziffern, sondern man muss sie zunächst etwa in folgender Weise beschreiben: Der Boden eignet sich für die Produktion von so und so viel Tonnen Roggen oder Weizen pro Hektar, und es sind je nach Standort dafür so und so viele Arbeitsstunden notwendig. So entsteht ein konkreter, anschaulicher Wertbegriff, der für uns so gut fassbar werden muss wie die Zahlenwerte.

2.6. Das Arbeitsrecht

Der Begriff der Arbeit kann viel Verwirrung stiften, wenn man nicht die rechtlichen und die wirtschaftlichen Bedeutungen des Wortes genau unterscheidet. Im Arbeitsrecht geht es nicht um die Leistung, die durch Arbeit hervorgebracht wird, sondern um den arbeitenden Menschen. Man kann von Arbeitskraft im Gegensatz zur Arbeitsleistung sprechen. Wenn ich eine Stelle annehme und einen Arbeitsvertrag unterschreibe, erkläre ich mich bereit, im Rahmen der Tätigkeitsbeschreibung und des Stellenprofils die Arbeiten auszuführen, die der Arbeitgeber mir zuweisen wird. Ich stelle ihm meine Arbeitskraft zur Verfügung. Für ein solches Arbeitsverhältnis gilt grundsätzlich die persönliche Abhängigkeit des Arbeitnehmers vom Arbeitgeber. Der Arbeitnehmer wird aber durch zahlreiche gesetzliche Bestimmungen in seinen Rechten geschützt (Arbeitszeit, Mutterschutz, Jugendschutz, Kündigungsschutz, Schutz am Arbeitsplatz, Sozialversicherungsrecht usw.). Das geltende Recht auferlegt den Arbeitgebern wie auch den Arbeitnehmern Pflichten.

In dem folgenden Zitat aus einem Vortrag vor Arbeitern der Daimler-Werke, Stuttgart-Untertürkheim am 25. April 1919 sieht man, wie genau Steiner zwischen Arbeitsrecht und Arbeitsleistung unterscheidet: «*Wenn nicht das Wirtschaftsleben bestimmt die Arbeitskraft, sondern wenn umgekehrt das Wirtschaftsleben sich richten muss nach dem, was der Arbeiter aus sich selber heraus in der staatlichen Demokratie über seine Arbeit bestimmt, dann ist eine wichtige Forderung erfüllt. Nun ja, man wird einwenden können: Dann wird das Wirtschaftsleben abhängig von dem Gesetz und Recht über Arbeitskraft. Sehr wohl, aber das wird eine gesunde Abhängigkeit sein, eine ebenso naturgemäße Abhängigkeit sein, wie die Abhängigkeit von der Natur. Der Arbeiter wird, bevor er in die Fabrik geht, wissen, wie viel und wie lange er zu arbeiten hat; er wird überhaupt gar nichts mehr zu regeln haben mit irgendeinem Arbeitsleiter über das Maß und die Art seiner Arbeit. Er wird nur zu reden haben über dasjenige, was als Verteilung zu existieren hat des gemeinsam mit dem Arbeitsleiter Hervorgebrachten. Das wird ein möglicher Arbeitsvertrag sein. Es wird Verträge geben bloß über die Verteilung des Geleisteten, nicht über die Arbeitskraft.*[46]

Die Arbeitskraft ist eine Eigenschaft des Menschen, ein Teil seines Wesens. Wenn ein Mensch feststellt, dass andere über seine Arbeitskraft verfügen und ihn zwingen können, etwas zu tun, was er gar nicht will, zum Beispiel Waffen oder Gift herzustellen, dann fühlt er sich in seinem Recht verletzt. Dieses Recht darf nicht durch die Wirtschaftsmacht außer Kraft gesetzt werden.[47] Die Macht muss in umfassender Weise durch Recht ersetzt werden. Das geltende Recht ist noch ergänzungsbedürftig. Die gesetzliche Arbeitszeit ist heute viel zu lang. Die Hälfte würde genügen, um das herzustellen und zu leisten, was wirklich gebraucht wird.[48] Auch die begründete Ablehnung eines Arbeitsangebotes ist ein Recht.

---

46 GA 330 S. 96

47 Vergleiche dazu die Schilderungen von Zuständen in Afrika, Südamerika und Südasien z. B. in den Büchern von Jean Ziegler. Aber auch in den zivilisierten Ländern Europas kommt es vor, dass arbeitende Menschen wie Sklaven ausgenützt werden.

48 Das ist sicher eine sehr vorsichtige Annahme. Rudolf Steiner sprach darüber viel drastischer: *«Dann würde auf der ganzen Erde, wenn jeder – nun, jeder wird es nicht sein können, aber*

Es gibt außerdem ein Recht auf Arbeit. Wir fühlen uns in unserem Recht verletzt, wenn wir entlassen werden und danach arbeitslos bleiben. Ein Unternehmer sollte Arbeiter nicht entlassen, ohne sich darum zu kümmern, dass sie wieder eine Stelle finden. Der einzelne Unternehmer ist dazu allein nicht in der Lage, daher muss er den Zusammenschluss mit andern suchen, indem er sich an einer vertraglichen Organisation in der Gesamtwirtschaft beteiligt.

Andererseits gibt es eine rechtliche Pflicht zur Arbeitsleistung. Wir empfinden es als Unrecht, wenn jemand von der Allgemeinheit erhalten wird und nichts für die Allgemeinheit tut, obwohl er dazu in der Lage wäre. Das Recht und die Pflicht zur Arbeit sind nicht in den Gesetzen aufgeschrieben; das muss auch nicht sein. Wenn wir aber unser Rechtsgefühl beachten, werden wir uns doch danach richten, und zwar im wirtschaftlichen Verhalten. Konkret: Der Faulpelz und Schmarotzer sollte nicht zu einer Arbeitsleistung gezwungen werden, sondern er sollte sie freiwillig tun. Er wäre dazu eher bereit, wenn er gelernt hätte,

---

eine gewisse Annäherung an das Ideal kann stattfinden – seinen Teil Handarbeit verrichten würde, kein Mensch mehr als höchstens drei bis vier Stunden am Tag handzuarbeiten brauchen … Was über drei bis vier Stunden hinaus handgearbeitet wird, das bewirken nicht die in der Menschheitsentwickelung liegenden Notwendigkeiten, das bewirken – das kann man ohne Emotion, ohne alle Aufregung heute sagen als vollständig objektive Tatsache –, das bewirken die unzählig unter uns wandelnden Faulenzer und Rentengenießer. Aber diesen Dingen muss eben ganz notwendig ehrlich und aufrichtig ins Auge geschaut werden.» 1919: GA 192 S. 140f.

auf das eigene Rechtsgefühl zu achten, und wenn es nicht als normal gälte, dass man nur das tut, wozu die Gesetze einen zwingen.

Nicht nur die Rechte, sondern auch die Pflichten sind allgemein anerkannte Inhalte des Rechtslebens. Wenn man etwas verspricht, muss man es erfüllen. In dem, was man versprechen will, ist man frei. Man kann Pflichten freiwillig übernehmen, es sind aber Pflichten. Dieses im Privatrecht bekannte Verhältnis ist Urbild. Es gibt aber auch Rechte und Pflichten, in denen alle Menschen gleich sind und die uns deutlich werden, wenn wir den Anderen wie uns selbst als Menschen erkennen. Jedes Recht begründet Pflichten. Wenn wir einem Menschen ein Recht zubilligen, auferlegen wir uns die Pflicht, dieses Recht zu respektieren.[49]

Für Rudolf Steiner war die Arbeitspflicht in Freiheit eine Selbstverständlichkeit. Sie kommt aber nur dann zum Tragen, wenn wir im konkreten Zusammenleben von Mensch zu Mensch das Rechtsgefühl, den Sinn für Recht

---

49 Über das Verhältnis von Recht und Pflicht kam Rudolf Steiner zu einer weit in die Zukunft weisenden Aussage: «*Wir leben allerdings in einer Epoche, wo die Menschen lieber von ihren Rechten sprechen als von ihren Pflichten … Pflicht ist der entgegengesetzte Begriff des Rechtes. Unsere Zeit wird abgelöst werden von einer solchen Zeit, in welcher geltend gemacht werden gerade unter dem Einfluss der anthroposophisch spirituellen Weltanschauung die Pflichten. Und erst in der Zukunft, allerdings mehr in einer späteren Zukunft, wird man Bewegungen haben, wo immer weniger betont werden wird die Rechtsforderung, sondern viel mehr die Pflichtforderung.*» GA 158 S. 143

und Pflicht entwickeln. «*Kein Diktat-Recht wird jemals den Sinn für die Pflicht entwickeln. Nur dasjenige Recht, welches zwischen Gleichen, zwischen dem einen mündig gewordenen Menschen und dem anderen mündig gewordenen Menschen im lebendigen Verkehr entsteht, nur dieses Recht wird auch arbeitsfreudig machen, und dieses Recht wird die Arbeit in sich aufnehmen müssen.*» Die Arbeits-Pflicht ist eine Sache des Rechtsgefühls. «*Und nur aus dem Gefühl für Arbeits-Pflicht in Freiheit kann hervorgehen der Aufschwung in unserem Leben, nicht aus der Forderung nach Kasernierung und Pflicht, die jedes Rechtsgefühl im Menschen ersticken muss.*»[50] Dieses Gefühl entsteht dadurch, dass wir erkennen und verstehen lernen, was die Menschheit braucht. Steiner war gegen eine Einführung der Arbeitspflicht durch Gesetz. Es soll ja überhaupt nur das in den Gesetzen stehen, was im Rechtsempfinden aller Menschen, wenn sie es nicht unterdrücken, lebendig ist. Wenn man sich unter Recht nur das gesetzte Recht vorstellt – die Normen, die von der gesetzgebenden Gewalt des Staates ausgehen –, dann kann sich dieses Rechtsgefühl nicht entwickeln. Zu angehenden Priestern sagte Rudolf Steiner: «*In meiner ‹Philosophie der Freiheit› baut auch das Rechtsleben auf den völlig aus sich heraus wirkenden individuellen Menschen. Einer der ersten, und zwar der geistvollsten Kritiker, die über meine ‹Philosophie der Freiheit› geschrieben haben …, schrieb einfach, diese ganze Anschauung führe hinein in einen theoretischen Anarchismus. – Dieses ist selbstverständlich der*

50 1920: GA 335 S. 266 f.

Glaube der heutigen Menschen. Warum? Weil dem heutigen Menschen jedes wirkliche durchgöttlichte soziale Vertrauen eigentlich fehlt, weil die Menschen das Folgende, für unsere Zeit Allerwichtigste nicht begreifen können, und das ist das: Wenn man den Menschen wirklich dazu bringt, dass er aus seinem Innersten heraus spricht, dann kommt nicht durch seinen Willen, sondern durch die göttliche Welteinrichtung die Harmonie unter den Menschen. Die Disharmonie rührt davon her, dass eben die Menschen nicht aus ihrem Inneren heraus sprechen …»[51]

2.7. Überwindung des Arbeitsmarkts

Wenn Steiner sich energisch für die Abschaffung der Lohnabhängigkeit einsetzt, die uns in die Arbeit hineinzwingt, geht es nicht nur um den rechtlichen Schutz der arbeitenden Menschen, sondern auch um die *wirtschaftliche Arbeitsleistung*. In der Marktwirtschaft herrscht strenge Gegenseitigkeit, indem Leistungen und Gegenleistungen gegeneinander getauscht werden. Diese marktwirtschaftliche Verbindung darf zwischen der Arbeitsleistung des Einzelnen und seinem Einkommen nicht bestehen. Nur in der Gesamtstatistik sind die beiden gleich groß, nämlich als Sozialprodukt und als Volkseinkommen.

Der Lohn als Verbindung zwischen Arbeit und Einkommen ist etwas Künstliches, an das wir uns ganz und gar gewöhnt haben. Der Lohn gilt als Gegenleistung für

---

51 1921: GA 342 S. 49

die Arbeitsleistung, gewissermaßen als ihr Kaufpreis. Wir sprechen vom «Arbeitsmarkt»; jeden Tag liest man dieses Wort in den Zeitungen. Wie in jedem Markt findet zwischen Angebot und Nachfrage ein Kräftemessen statt, aus dem die Höhe des Preises, also hier des Lohnes, hervorgehen soll. Diese Strukturen und Handlungsweisen verhindern aber, dass wir lernen, sozial zu denken und zu empfinden. In den «Arbeitsmarkt» ist der Mensch wie ein Rädchen in einen Mechanismus eingebaut. Dieses mechanische Denkmodell ist so lange gültig, als der Mensch auf den bloßen Egoismus reduziert wird, denn als Egoisten sind die Menschen berechenbar, und mit diesem menschlichen Zerrbild rechnet die heute herrschende Wirtschaftstheorie, wie man in jedem Lehrbuch nachlesen kann. Wir sind aber doch auch zu Mutter- und Vaterliebe fähig, und Hilfsbereitschaft ist eine «normale» menschliche Eigenschaft. Bekanntlich ist die unbezahlte Arbeitsleistung in der Wirtschaft etwa gleich groß wie die Summe aller entlöhnten Arbeit. In der Schweiz z. B. macht nur schon die unbezahlte Arbeit im Haushalt 40 Prozent der gesamten Wertschöpfung der Volkswirtschaft aus.[52] Auch in der entlöhnten Arbeit ist der Egoismus bei weitem nicht die einzige Triebfeder. Es gehört zu jeder Arbeit ein hohes Maß an Selbstlosigkeit, nämlich Interesse, Konzentration, Auf-

---

52 Dazu kommen die freiwillige Arbeit in Organisationen und Vereinen sowie alle Arten von Hilfeleistungen für Verwandte und Bekannte, für die jeder Erwachsene im Durchschnitt 7 Stunden pro Woche einsetzt (nach den Zahlen des schweizerischen Bundesamtes für Statistik für das Jahr 2010).

merksamkeit, Genauigkeit, Sorgfalt, Ausdauer, Überwindung der Bequemlichkeit usw. Viele Menschen, vielleicht sogar die meisten, wählen ihren Beruf nicht nach der Verdienstmöglichkeit, sondern danach, ob die Arbeit ihnen gefällt und ob sie sie sinnvoll finden und gern machen.

Heute gibt es für einen Teil der wenig verdienenden Arbeiterinnen und Arbeiter Mindestlöhne und Gesamtarbeitsverträge, die die Marktgesetze mildern. Es ist aber interessant, dass der «Arbeitsmarkt» gerade für die Rechtfertigung von Spitzenlöhnen herhalten muss. Viele dieser Spitzenlöhne sind sicher keine Leistungslöhne. Ein Manager, der jedes Jahr mehrere Millionen verdient, hat zwar viel Verantwortung, und von ihm hängt der Erfolg des Unternehmens in hohem Maße ab, er leistet aber nicht entsprechend mehr als ein Angestellter, der 100 000.– verdient. Warum aber muss der Manager mehrere Millionen bekommen? – Weil er (so sagt man) sonst zur Konkurrenz gehen würde, z.B. nach Amerika, wo ihm dieser Lohn angeboten wird. Man sagt, die Managerlöhne seien «marktüblich». Gerade das Ärgernis der hohen Managerlöhne könnte uns zur Einsicht bringen, wie unbrauchbar und lebensfremd der Begriff des Arbeitsmarktes ist.

Wir wissen genau, dass wir mit der Idee des Leistungslohnes im Leben überhaupt nicht zurechtkommen. Im Sozialstaat geben wir auch denen ein Einkommen, die nichts leisten können. Immer wieder tritt die Sehnsucht auf, Arbeitsleistung und Einkommen zu trennen. Louis Blanc formulierte sie (nicht als Erster) 1839 in seiner Schrift «Organisation der Arbeit». Die Formel «Jeder nach seinen Fähigkeiten, jedem nach seinen Bedürfnissen!» wurde zum Ziel des Sozialismus, auch bei Karl Marx, der sie in seiner Kritik des Gothaer Programms 1875 als Endzustand des Kommunismus beschrieb. Diese Idee ist ein Paradebeispiel einer Utopie, eines ausgedachten, erwünschten Zustandes. Rudolf Steiner lehnte utopisches Denken immer ab und ging auch an die Frage nach der Trennung von Arbeit und Einkommen ganz anders heran. Deshalb sprach er, wenn er das «soziale Hauptgesetz» beschrieb, nicht von einem sozialen oder gar moralischen Ideal, sondern von einem Gesetz, das wie ein Naturgesetz gilt und aus den Realitäten abgelesen werden muss.

Die Kommunisten versuchten, ihr utopisches Ziel durch gewaltsame Verstaatlichung der Wirtschaft zu erreichen. Die marktwirtschaftliche Theorie geht dagegen von der Meinung aus, dass sich in der Wirtschaft der Egoismus der Menschen frei entfalten solle, weil nur durch ihn Leistungen zustande kommen. Die sozialen Aufgaben aber, die vom Egoismus nicht bewältigt werden können, werden auch in der «sozialen Marktwirtschaft» dem Staate zugeschoben. Es ist doch bemerkenswert, dass beide Konzepte versuchen, das Einkommen von den Leistungen ganz oder teilweise zu trennen, und dafür den Staat zu Hilfe nehmen. Ist aber der Staat das einzig richtige Mittel?

Arbeitsleistung und Einkommen gehören zur Wirtschaft und stehen sich dort wie Pole gegenüber, die Leistung bei der Produktion und das Einkommen beim Verbrauch. Die Arbeitsleistung fließt in die Wirtschaft hinein, und das Einkommen entstammt der Wirtschaft. Wenn wir die beiden trennen wollen, muss dies im wirtschaftlichen Prozess erfolgen. Das ist die Aufgabe, die in unserer Zeit so zu lösen ist, dass sie dem Wesen beider Teile gerecht wird und dass das Ergebnis zugleich wirtschaftlich und sozial ist. Das Soziale, die Sorge für das Gemeinwohl gehört zur Wirtschaft! Statt diese Sorge an den Staat abzuschieben, müssen wir lernen, das Soziale als wirtschaftende Menschen selbst zu tun. Wenn dafür auch ein langer Prozess nötig sein wird, so ist es doch der einzige Weg, der in eine menschliche Zukunft führt.

2.8. Änderungen in der Buchführung

Die Buchführung hilft uns, wirtschaftliche Vorgänge, soweit sie in Zahlen fassbar sind, bewusst zu machen. Für unser Zusammenleben ist es ungemein hilfreich, dass wir unsere wirtschaftlichen Beziehungen in Zahlen objektiv vor uns hinstellen können. Wenn wir uns feindlich gesinnt sind, halten wir die Buchführung möglichst geheim. Das ist heute in vielen menschlichen Beziehungen der Normalfall. Wenn aber diejenigen, die wirtschaftlich miteinander zu tun haben, Gelegenheit bekommen, ihre Buchführung gemeinsam anzuschauen, haben sie eine Grundlage, die ihnen hilft, sozial zusammenzuwirken.[53] Buch-

---

53 Dieser Zusammenhang wird herausgearbeitet in Marc Desaules: «Une réponse humaine à la mondialisation, découvrir une économie associative», Canterbury et Neuchâtel 2003, ISBN 0 948229 03 9. Desaules ist erfolgreicher Unternehmer und schreibt aus seiner praktischen Erfahrung. Eine gründliche Untersuchung des Themas gibt das Buch von Christopher Houghton Budd: Finance at the Threshold. Rethinking the

führung kann wirtschaftliche Vorgänge transparent machen; das ist ihre einzige Aufgabe, auch wenn sie oft dazu missbraucht wird, die Wirklichkeit zu verschleiern. Die Steuerbehörden haben das schon immer gewusst und deshalb von den Unternehmen verlangt, dass sie Buchführungsabschlüsse nach gesetzlich vorgeschriebenen Regeln vorlegen. Für die wirtschaftliche Zusammenarbeit, die die Gegenwart und die Zukunft von uns verlangen, ist die transparente Buchführung der erste Schritt.

Heute ist es üblich, die Löhne (auch die Managerlöhne) als Personalkosten zu verbuchen. Durch diese Darstellung erscheint das Einkommen, von dem die Menschen leben, im Unternehmen als Kostenfaktor. In Wahrheit ist aber die Existenz der Menschen das Ziel der Wirtschaft. Die Wirtschaft hat ja zum Ziel, die Bedürfnisse der Menschen zu befriedigen – das ist die allgemein anerkannte Definition der Volkswirtschaft. In der Betriebswirtschaft gilt dagegen der *Gewinn* als Ziel des Unternehmens. Diese beiden Zielbegriffe, Bedarf und Gewinn, widersprechen sich in der heutigen Denkweise, weil man in Bezug auf die Produktionsfaktoren Boden, Arbeit und Kapital von «Faktorkosten» spricht. Für den Faktor Arbeit soll dies nun noch genauer untersucht werden.

Gehen wir vom Einzelunternehmer aus: Ihm als Eigentümer seines Unternehmens ist es selbstverständlich, dass er vom Gewinn oder Reinertrag lebt, den er mit seiner Arbeitsleistung zustande bringt. Bei ihm sind Leistung und

---

Real and Financial Economies, Gower Publishing, Farnham Surrey 2011, insbesondere das 11. Kapitel «Deep Accounting».

Einkommen unmittelbar verknüpft. Er verbucht seine Entnahmen nicht als Personalkosten und betrachtet sich selbst auch nicht als Kostenfaktor seines Unternehmens. Seine Erfolgsrechnung hat folgenden Aufbau, wobei die Flächen die Größenverhältnisse der Zahlen abbilden.

Erfolgsrechnung eines Einzelunternehmers

Aufwendungen: • Sachkosten	Erträge: • Verkauf von Waren und Leistungen
Gewinn: • Privatverbrauch • Rückstellungen • Eigenkapitalvermehrung	

In Unternehmen mit Angestellten werden heute in der Regel die Löhne, auch die Gehälter der Unternehmensleiter, als Personalkosten verbucht. Der Gewinn dagegen gehört den Eigentümern des Unternehmens, das sind in der Aktiengesellschaft die Aktionäre.

Erfolgsrechnung in der üblichen Form

Aufwendungen: • Sachkosten • Personalkosten	Erträge: • Verkauf von Waren und Leistungen
Gewinn	

Wenn auch in großen Betrieben mit vielen Mitarbeitern die Menschen nicht als Kostenfaktoren gerechnet werden sollen, bedeutet das für die Buchhaltung, dass die Einkommen der Mitarbeiter aus dem Aufwand in die Gewinnverteilung umgebucht werden müssen. Es ist hier allerdings anders als beim Einzelunternehmer, denn die Leistung des Unternehmens ist durch die Zusammenarbeit aller Mitarbeiter zustande gekommen. Die Arbeitsteilung, durch welche die moderne Wirtschaft immer leistungsfähiger wird, ist nicht zu denken ohne Zusammenarbeit. Einer allein, ob er nun Manager, Konstrukteur oder Handlanger ist, bringt hier nichts zustande. Dadurch sind beim einzelnen Mitarbeiter die Arbeitsleistung und

Neue Darstellung der Erfolgsrechnung für Unternehmen mit mehreren oder vielen Mitarbeitern

Aufwendungen: • Sachkosten – Material – Energie – Verwaltung – Mietzins – Abschreibungen – Rückstellungen – Rückzahlung von Krediten – usw.	Erträge: • Verkauf von Waren und Leistungen
Gewinn: • Anteil der Mitarbeiter • Spenden an das Geistesleben / die Kultur • Spenden an soziale Fürsorge	

das Einkommen nicht mehr direkt aneinander gekoppelt. Wegen der Zusammenarbeit muss im größeren Betrieb die Trennung von Leistung und Einkommen auch in der Buchführung zum Ausdruck gebracht werden.

Diese Änderung der Darstellung des Abschlusses ist eine erste praktische Maßnahme, die in jedem einzelnen Unternehmen durchgeführt werden kann, wenn man das will. Der Treuhänder oder Wirtschaftsprüfer und das Finanzamt werden natürlich den Kopf schütteln. Für sie muss man den Abschluss so darstellen wie bisher. Aber für die interne Betrachtung in der Unternehmensleitung und in der ganzen Mitarbeiterschaft könnte man den Abschluss in dieser neuen Art darstellen und sich dadurch bewusst machen, dass sie die Realität zum Ausdruck bringt. Man würde damit für das Umdenken viel bewirken. Man würde lernen, betriebswirtschaftlich nicht mehr zu fragen: Was kostet eine Arbeit? sondern zu fragen: Kann durch eine Arbeit so viel Ertrag erwirtschaftet werden, dass alle, die etwas dazu beitragen, davon leben können? Die Arbeit wird vom Kostenfaktor zur Bedingung des Ertrags. Nicht die Arbeit kann mit Geld bewertet werden, sondern nur der Ertrag.

2.9. Die Gewinnverteilung

Die Begriffe Gewinn und Profit haben durch Missbräuche einen üblen Beigeschmack bekommen. Der Gewinn ist aber einfach der Überschuss der Erträge über die Aufwendungen, also das Ergebnis der Produktion. Dieses gehört nicht mehr zum Bereich der Produktion, sondern es zeigt an, wie viel verbraucht werden kann. Den Gewinn verteilen heißt, ihn in Verbrauch überführen. Hier soll beschrieben werden, wie der Gewinn verteilt werden kann, wenn die Einkommen aller Mitarbeiter in ihm enthalten sind. Dabei werden Möglichkeiten genannt, nicht Rezepte, denn es kommt in jedem Fall darauf an, was die beteiligten Menschen wollen. Hier kann es nur darum gehen, Gesichtspunkte und Urteilshilfen zu erarbeiten, an denen den Menschen klarer werden kann, was sie eigentlich wollen.

Heute ist die Gewinnverteilung eine Sache der Eigentümer, z. B. der Aktionäre in der Aktiengesellschaft. Ihr Ziel ist meistens nicht der Verbrauch, sondern die Vermögensanhäufung. Die Ausschüttung von Dividenden an außenstehende «Eigentümer» des Unternehmens ist grundsätzlich zu überwinden. Aktiengesellschaften, in denen die Aktionäre über die Verwendung des Gewinns verfügen, sind eine schlechte Ausgangsbasis für solche neue Formen, wie sie hier beschrieben werden. Da es heute unter Kapitaleignern üblich ist, sich durch Aktienmehrheiten wirtschaftliche Macht anzueignen, sind von dieser Seite die größten Widerstände gegen die hier beschriebene Auffassung zu erwarten.

2.9.1. Erster Schritt: Abgrenzung des privaten Verbrauchs

Der Reinertrag oder Gewinn enthält nicht nur die privaten Einkommen der Mitarbeitenden. Daher besteht der erste Schritt darin, folgende Gewinnanteile gegeneinander abzugrenzen:

a) Private Einkommen
b) Spenden an Institutionen des Geisteslebens
c) Soziale Fürsorge für Menschen, die durch die staatlichen Sozialwerke eine zu geringe Unterstützung bekommen, z. B. ergänzendes Einkommen für alleinstehende Mütter
d) Rückstellungen für die Verbesserung des Betriebes
e) Rückzahlung von Schulden

Diese Aufteilung des Gewinns ist Sache der gesamten Mitarbeiterschaft, die das Unternehmensergebnis gemeinsam erwirtschaftet hat. In dieser Frage sind auch alle Mitarbeiter urteilsfähig. Der Beschluss kann sogar, wenn die Versammlung gut vorbereitet ist, so gefasst werden, dass die weit überwiegende Mehrheit dafür ist und alle anderen sich bereit erklären, den Beschluss mitzutragen. Dann gibt es nur zustimmende Stimmen und Stimmenthaltungen. Diejenigen, die sich der Stimme enthalten, drücken damit aus, dass sie zwar etwas anderes vorgezogen hätten, aber auch mit diesem Beschluss leben können. Diese Beschlussform kann man, im Gegensatz zur Einstimmigkeit, als Einmütigkeit bezeichnen. Sie kommt im Leben oft vor, auch dort, wo man äußerlich gesehen Mehrheitsbeschlüsse fasst. Im Gegensatz zur Kampfabstimmung verzichtet die Einmütigkeit auf Zwang und erfordert einen sorgfältigen Stil im menschlichen Umgang, der Vertrauen gedeihen lässt. In einem Klima von Streit und Missgunst ist Einmütigkeit nicht möglich. Wo sie aber gelingt, ist dieses Verfahren eine wunderbare Übung dafür, dass jeder nicht nur an sich denkt.

2.9.2. Zweiter Schritt: allgemeine Regeln für die Aufteilung des Privatverbrauchs

Bei jeder sozialen Maßnahme ist zu unterscheiden zwischen dem Aufstellen von Regeln und der Anwendung dieser Regeln im Einzelfall. Bei der Gewinnverteilung, die menschlich heikel ist, sind Regeln besonders hilfreich. Wenn es sich um Regeln handelt, die für alle in gleicher Weise gelten, ist jeder beteiligte Mensch mitsprachefähig, so dass auch hier die Entscheidungsmethode der Einmütigkeit angewendet werden kann. Jede Gemeinschaft bestimmt ihre Regeln selbst. Im Folgenden werden Beispiele gegeben, damit man sich etwas Konkretes vorstellen kann. Dann ist es leichter, auch andere Lösungen anzusteuern. Es heißt daher im Folgenden immer wieder: Man kann es so machen.

Der Bedarf jedes Mitarbeiters und seiner Familie muss gedeckt werden. Es ist dabei nicht an ein Existenzminimum oder Grundeinkommen gedacht, sondern an ein Einkommen, das allen genügend Geld zur Verfügung stellt, so dass sie z. B. auch für Bildung oder für Spenden Geld ausgeben können. Ein gerechtes Einkommen für alle müsste so hoch sein, dass jeder Mensch selber Schule, Forschung, Soziales nach seiner individuellen Einsicht finanzieren kann. Gegenwärtig werden wir bevormundet, indem der Staat Steuern erhebt und diese auf Grund von allgemeingültigen Gesetzen durch Verwaltungsbeamte verteilen lässt.

Die Einkommen müssen nicht gleich sein, sondern gerecht. Unterschiede müssen einsehbare Gründe haben, z. B. die Berufserfahrung oder die Verantwortung, die leitende Mitarbeiter für den Betrieb übernehmen. Wenn sie Fehler machen, ist der Schaden für das ganze Unternehmen groß, ihnen ist das Unternehmenskapital anvertraut, und sie tragen, wenn sie Darlehen als Personalkredit aufgenommen haben, ein persönliches Risiko. Sie sind nicht nur angestellte Manager, sondern Unternehmer.[54] Ähnlich wie bei Personen, die im freien Geistesleben tätig sind, kommt es auch bei ihnen darauf an, ob sie für ihre geistige Leistung Verständnis und Anerkennung finden. Ohne die intelligente Unternehmensleitung wäre viel Arbeit, die im Betrieb geleistet wird, unnütz und verschwendet. Zwar setzt man grundsätzlich seine Fähigkeiten frei ein. Trotzdem können unterschiedliche Fähigkeiten, zum Beispiel die Erfahrung nach langjähriger Mitarbeit, die Weiterbildung, die Übernahme von Verantwortung und persönliches Risiko bei der Gewinnverteilung berücksichtigt werden. Tüchtige Leute müssen willkommen sein. Die Regeln lassen einen Spielraum für individuelle Entscheidungen offen. Es handelt sich aber immer um die Verteilung des Gesamtertrags, nicht um eine Bezahlung der Leistung des Einzelnen.

Es kann ein Maximaleinkommen festgelegt werden, das z. B. um einen bestimmten Betrag über dem Grundbedarf

---

54 Siehe dazu das 4. Kapitel.

pro Person liegt, damit die Einkommensunterschiede nicht zu sehr ins Kraut schießen. Wenn ein weiterer Überschuss zu verteilen ist, kann dies proportional zum bereits verteilten Einkommen oder zum Grundbedarf geschehen. Bei so genannter Teilzeitarbeit wird die Arbeitszeit des einzelnen Mitarbeiters proportional berücksichtigt. Wenn z. B. jemand auf Grund freier Vereinbarung nur 50 Prozent der normalen Arbeitszeit mitarbeitet, hat er auch nur Anspruch auf 50 Prozent seines Bedarfs und des Bedarfs seiner Angehörigen.

Durch solche vertraglich vereinbarten generellen Regeln entsteht für den einzelnen Mitarbeiter und seine ganze Familie ein Rechtsanspruch. Schon beim Aufstellen der Regeln geht es darum, anzuerkennen, dass es Unterschiede gibt und dass nicht alle gleich viel «verdienen». Mit diesen Regeln können die Mitarbeiter z. B. sagen: Wir wollen, dass die Leiter und die erfahrenen Mitarbeiter mehr bekommen, und zwar nach den von uns einmütig beschlossenen Regeln.

2.9.3. Dritter Schritt: Anwendung dieser Regeln im einzelnen Fall

Die individuelle Situation kann meistens nicht von allen gemeinsam beurteilt werden. Deshalb ist dafür ein anderes Verfahren nötig. Es ist denkbar, dass eine Gruppe von Vertrauensleuten gebildet wird. Die Gruppe muss aus Leuten zusammengesetzt sein, die etwas von ihrer Tätigkeit verstehen und die dadurch auch das Vertrauen der

Mitarbeiterschaft haben. Es können langjährige Mitarbeiter sein, auch solche, die Einblick in die Unternehmensleitung haben. Diese Vertrauensleute verhandeln mit jedem einzelnen Mitarbeiter über das individuelle Einkommen. Dabei machen sie sich ein Bild von der einzelnen Situation, wenden aber in jedem Fall die gleichen Regeln an. Diese Gleichbehandlung ist ein wichtiges Element für das Vertrauen, das diese Gruppe genießt. Regeln müssen ja immer interpretiert werden, ähnlich wie Gesetze, die von den Richtern interpretiert und angewendet werden. Die Tätigkeit der Vertrauensleute ist mit dieser Tätigkeit von Richtern vergleichbar. Rudolf Steiner hat die Richter nicht dem demokratischen Staat zugeordnet, sondern dem Geistesleben. Das muss auch für die genannten Vertrauensleute gelten.[55] In kleinen Betrieben, wo sich alle Mitarbeitenden gut kennen, kann es sein, dass alle Einkommen für alle offengelegt und gemeinsam angeschaut werden. In großen Betrieben werden die Menschen damit überfordert, weil sie ja nicht die individuelle Situation jedes Einzelnen so sorgfältig anschauen können, wie es nötig ist. Hier wird die Arbeit der Vertrauensleute vertraulich bleiben. Es können externe Kontrollen und Rekursmöglichkeiten vorgesehen werden. Auch Mischformen sind denkbar und haben sich auch schon bewährt, zum Beispiel so: Die Vertrauensleute beurteilen zuerst die Einzelfälle und legen dann das Ergebnis allen vor.

Wenn die Einkommen vorher einigermaßen vernünftig waren, sollte es keine großen Anpassungen nach unten

---

55 Die Kernpunkte der sozialen Frage, GA 23 S. 138f.

geben. Wo es doch nötig ist, kann es schrittweise geschehen, so dass die Menschen Zeit haben, ihre Lebensführung zu ändern. Es muss das Ziel jedes Unternehmens sein, dass alle Mitarbeiter gut leben können. Wenn das nicht der Fall ist, müssen betriebliche oder überbetriebliche Maßnahmen ergriffen werden, die im Kapitel 2.10. behandelt werden. Der angestrebte Mindestgewinn muss jedes Jahr im Budget formuliert werden, so dass die Mitarbeiter wissen, mit welchem Einkommen sie rechnen können, und dass im Laufe des Jahres private Entnahmen möglich sind, die so regelmäßig ausbezahlt werden wie vorher die Löhne.

Allgemeine, demokratisch beschlossene Regeln und ihre nicht demokratische Anwendung durch Vertrauensleute haben sich in manchen Rudolf-Steiner-Schulen sowohl bei den Elternbeiträgen wie bei den Mitarbeitereinkommen bewährt. Hier liegt vor allem auch die Erfahrung vor, dass es wichtig ist, die Regeln und Organisationsstrukturen mit größter Sorgfalt auszuarbeiten. In den Rudolf-Steiner-Schulen funktionieren solche Strukturen, wenn sie gut gepflegt werden, obwohl das Geld knapp ist und Lehrer wie Eltern viel Verzicht auf sich nehmen müssen. In Mitteleuropa ist aber genug Geld vorhanden, so dass ausreichende Einkommen für alle möglich wären. Es kommt nur darauf an, dass wir das wollen. Nicht die Umverteilung der heutigen Einkommen ist die Hauptsache, wenn sie auch in vielen Fällen nicht unwichtig ist. Die Hauptsache ist das neue Verfahren, durch das wir lernen können, nicht nur unsere eigenen Interessen, sondern auch die der anderen Menschen zu erkennen und zu vertreten. Nur dies führt auf die Dauer aus der sozialen Misere heraus.

Im Bereich geistiger Berufe war diese Denkweise früher ganz normal. Es war in einem Dorf allen klar, dass der Pfarrer und der Lehrer genug zum Leben brauchen, und man gab es ihnen freiwillig, weil man das so wollte. Heute sind wir so tief in den Egoismus abgesunken, dass wir für die Entwicklung eines neuen Denkens unablässig große Anstrengungen machen müssen. Dieses neue Denken müsste auch in einer Bildungsarbeit innerhalb der Unternehmen gepflegt werden, sonst werden die Menschen sagen: «Da mache ich nicht mit.» Der Übergang von Anspruchslöhnen zu Bedarfseinkommen wird nicht ohne Rückschläge vonstattengehen. Das ist aber kein Grund, es nicht immer wieder zu versuchen.

Ein naheliegendes Argument wird sein: «Wenn das Einkommen von der Leistung abgekoppelt wird, verlieren die Menschen das Interesse.» Auch dafür ist Bildungsarbeit nötig, damit die Menschen erkennen, dass ihre Leistung sinnvoll ist, gebraucht wird und einem Bedürfnis entspricht – allerdings nicht ihrem eigenen. Das ist ja die Realität, dass wir in der arbeitsteiligen Wirtschaft immer für andere arbeiten.

Die Trennung von Arbeitsleistung und Erwerb hat zur Folge, dass alle Menschen ein großes Stück Selbständigkeit erlangen, die ihnen heute durch die Lohnabhängigkeit verwehrt ist. Dies ist dadurch zu erreichen, dass alle Mitarbeiter genau so vom Gewinn leben, wie es bei selbständig erwerbenden Einzelunternehmern heute üblich ist. *Vom Gewinn leben heißt selbständig werden im Erwerb.*

In der Arbeitsleistung dagegen ist Unselbständigkeit etwas Normales und Richtiges. Hier kommt es auf die Leistung an, und da hat jeder Mensch seine Stellung entsprechend seinen Fähigkeiten. Der eine ist selbständiger und leitet die Arbeit, der andere ist weniger selbständig und führt die Arbeit aus. Zwischen Arbeitsleitung und Arbeitsleistung gibt es Zwischenstufen und Mischsituationen. Bei der Einkommensverteilung ist für die Aufstellung von Regeln die gleiche Mitbestimmung aller richtig. In der Unternehmensführung dagegen kann keine gleiche Mitbestimmung sein, sondern nur eine Mitbestimmung entsprechend den Fähigkeiten und der Sachkenntnis des Einzelnen.

Heute sind im Anstellungsvertrag Leistung und Lohn aneinander gekoppelt. Künftig müssen sie klar getrennt sein, möglicherweise sogar in zwei getrennten Verträgen. Dafür kann das Unternehmen als Vertragspartner durch zwei Gremien auftreten. Die Unternehmensleitung schließt einen Vertrag ab über den Auftrag und die zu erbringende Leistung. Sie wählt den neuen Mitarbeiter nach seinen Fähigkeiten und nach den Notwendigkeiten des Betriebes aus. Die Vertrauensleute prüfen den Einkommensbedarf und vereinbaren mit dem neuen Mitarbeiter vertraglich den ihm zustehenden Anteil am Gewinn. Damit ist jeder Mitarbeiter in einer doppelten, klar getrennten Weise mit dem Unternehmen verbunden.

2.10. Überbetriebliche Maßnahmen durch «Assoziationen»

Durch eine einzige Maßnahme, sozusagen auf einen Streich könnte die «gerechte» Einkommensverteilung nur dann eingeführt werden, wenn sie durch umfassende Eingriffe des Staates erzwungen würde. Wenn wir aber das Zusammenleben der Menschen auf Autonomie und Freiheit aufbauen wollen, müssen wir diese Aufgabe Schritt für Schritt und von verschiedenen Seiten her angehen. Eine von mehreren Maßnahmen, die im Sinne des Sozialen Hauptgesetzes notwendig sind, haben wir als Gewinnverteilung im einzelnen Unternehmen beschrieben. Für weitere Vorkehrungen ist die zwischenbetriebliche Zusammenarbeit nötig, durch welche auf die Entstehung gesunder Preise am Markt hingearbeitet werden kann.

Die Preise, die beim Verkauf von Waren und Leistungen erzielt werden, haben den größten Einfluss auf die Einkommen der Menschen. Sie bilden sich am Markt und lassen sich nicht durch die Preiskalkulation des verkaufenden Unternehmens einseitig bestimmen. Man kann sie aber, wenn sie sich gebildet haben, beurteilen, wenn man einen Wertmaßstab hat. Beeinflussen kann man nur das, was hinter der Preisbildung steht, insbesondere den Umfang der Produktion und damit die Größe des Angebots. Die Preise selbst müssen nicht direkt festgelegt, sondern beobachtet werden. Gegenstand dieser Beobachtung ist die «wirtschaftliche Urzelle». Rudolf Steiner beschrieb, wie schon im Kapitel 2.4. erwähnt, den im Sinne dieser

Urzelle «richtigen Preis» folgendermaßen: *«Ich habe einmal versucht, in eine Formel zu bringen, wie ein solcher gerechter Preis sich ausnehmen werde. Gemeint ist natürlich nicht, dass er abstrakt bestimmt werden soll. Bestimmt wird er, wie ich angedeutet habe, aus dem wirklichen Leben heraus. Aber ich habe gesagt: Ein solcher Preis für irgendein Erzeugnis im sozialen Leben, also für eine Ware, ist der, der dem Menschen die Möglichkeit gibt, für sich und seine Familie den Lebensunterhalt und alle seine Bedürfnisse zu besorgen, bis er wiederum ein gleiches Produkt hervorgebracht hat.»*[56]

Diese Formulierung zeigt, dass die Zeit, die wir benötigen, um eine Leistung hervorzubringen, eine Hauptrolle spielt. Man denkt sicher mit Recht an die Arbeitszeit, die ein Teil der Lebenszeit des Menschen ist. Neben der Arbeit sind aber auch die Natur und das Kapital an der Hervorbringung von Leistungen beteiligt. Wenn das Kapital und die intelligenten Erfindungen fehlen, bleiben die Waren teuer, zu teuer. Die Preise müssen es möglich machen, dass das Geistesleben ausreichend gefördert wird. Auch die Natur muss durch Pflege, schonende Nutzung und Rückführung der Abfälle zu ihrem Recht kommen. Damit ergänzen wir Steiners Preisformel durch den Bedarf des Geisteslebens und der Natur. Das ist ganz im Sinne seiner Denkweise und unterstreicht die Bedeutung gesunder Preise für den Reinertrag der Wirtschaft und damit für die Einkommensverteilung. In der Landwirtschaft haben wir heute ein Beispiel für ungesunde Preise, und die

56 GA 79 S. 261 f.

staatlichen Direktzahlungen werden auf die Dauer kein brauchbarer Ersatz für ein gesundes Preisverhältnis sein. Was wir mit Rudolf Steiner als wirtschaftliche Urzelle bezeichnen, ist heute nicht mehr etwas so Fernliegendes, weil es ja den fairen Handel gibt, der genau aus diesem Grunde angestrebt wird, weil man weiß, dass die Preise maßgeblich sind für das Einkommen der arbeitenden Menschen und ihrer Angehörigen. Mit dem Wort fair wird ausgedrückt, dass man beim Kaufen und Verkaufen die Interessen der Andern ebenso berücksichtigen will wie die eigenen.

Rudolf Steiner spricht nicht vom fairen Preis, sondern vom gerechten oder auch objektiven Preis, den man als solchen nicht festlegen und auch nicht wissenschaftlich erkennen kann. *«Und so handelt es sich ganz besonders im wirtschaftlichen Gebiete darum, dass die Dinge nicht gefunden werden sollen durch irgendwelche Festsetzungen, sagen wir, durch Studium der Statistik und dergleichen, sondern aus dem unmittelbaren Leben heraus. Ich will an ein Beispiel anknüpfen. Nicht wahr, jedermann weiß, dass ein Artikel, eine Ware im wirtschaftlichen Kreislauf zu billig wird, wenn eine zu große Anzahl von Menschen dasselbe produzieren, wenn eben zuviel produziert wird, und jeder Mensch weiß, dass eine Ware zu teuer wird, wenn zu wenige Menschen sie produzieren. Daran haben wir eine Richtschnur dafür, wo jene Mitte doch objektiv liegt, von der ich gesprochen habe. Diese Mitte, dieser objektive Wert, dieser objektive Preis, der kann nicht als solcher fixiert werden. Wenn aber Assoziationen entstehen, welche ihre Beschäftigung darinnen sehen, das wirtschaftliche Leben praktisch kennen zu lernen, praktisch in jedem Augenblicke, in jeder Gegenwart zu studieren, dann kann die Hauptbeobachtung darin bestehen, wie Preise steigen, wie Preise fallen. Und es kann dadurch, dass Assoziationen sich mit diesem Steigen und Fallen der Preise befassen, durch Verhandlungen das erreicht werden, dass eine genügend große Anzahl von Menschen für eine wirtschaftliche Zusammengehörigkeit gebildet werde, eine genügend große Anzahl von Menschen sich mit einem Produktionszweig beschäftigt, dass man gewissermaßen durch Verhandlungen die rechte Anzahl von Menschen in einen Produktionszweig hineinbringt. Das lässt sich nicht theoretisch bestimmen, das lässt sich nur dadurch bestimmen, dass die Menschen an ihre richtige Stelle gestellt sind, dass also aus menschlichem Erleben heraus diese Dinge bestimmt werden. Daher kann man auch nicht sagen: Dies oder jenes ist der objektive Wert. Wenn aber Assoziationen in dieser Richtung im Wirtschaftsleben so arbeiten werden, dass sie es zu einer ihrer Obliegenheiten machen werden, Betriebe, die die Preise zu stark verbilligen ..., allmählich abzubauen, andere dafür einzurichten, die anderes produzieren, dann werden sich genügend viele Menschen an den einzelnen Produktionszweigen beteiligen. Das kann nur durch ein wirkliches assoziatives Leben geschehen. Und dann wird sich das, was als Preis auftritt für irgendeine Ware, dem objektiven Preise nähern. So dass wir niemals sagen können: Aus diesen oder jenen Bedingungen heraus muss der objektive Preis so oder so sein, sondern nur sagen können: Wenn die richtige menschliche Assoziation entsteht, so kann durch ihre Arbeit im unmit-*

telbaren Leben des sozialen Organismus der richtige Preis allmählich herauskommen.»[57]

Heute rechnen wir den sozialen Ausgleich zu den Aufgaben des Staates, nach dem Motto: In der Wirtschaft soll jeder nach seinem Profit streben, und wenn es Verluste und soziale Lasten gibt, soll sich der Staat darum kümmern. Auch die Aufgabe der Preisüberwachung gilt heute als staatliche Aufgabe. In Wirklichkeit ist sie eine besonders wichtige Aufgabe der Wirtschaft, die zwar der einzelne Betrieb nicht allein erfüllen kann, jedoch sehr wohl in einer Organisation der zwischenbetrieblichen Zusammenarbeit, in der sich Unternehmen verschiedener Wirtschaftsbranchen miteinander vernetzen. In dem obigen Zitat ist ausführlich beschrieben, dass die assoziative Zusammenarbeit der Unternehmen darin besteht, ihre gegenseitigen Preisverhältnisse zu beobachten und zu überprüfen und dann zu besprechen, mit welchen Maßnahmen ungesunde Preisverhältnisse korrigiert werden können.

Preise drücken immer Wertverhältnisse aus, z. B. zwischen Lebensmitteln, Kleidern, Fahrrädern, Uhren, Pflegeleistungen, Verwaltungs- und Beratungsleistungen usw., die mit Geld gemessen werden. Deshalb geht es bei der Preisüberwachung um das Zusammenwirken der verschiedenen Wirtschaftszweige. Die Menschen, die in einem Wirtschaftszweig arbeiten, sind Abnehmer und Verbraucher für die Produkte der anderen. Deshalb legte Rudolf Steiner, als er nach dem Ersten Weltkrieg eine

---

57 GA 79 S. 259f.

sachgemäße Dreigliederung der gesellschaftlichen Ordnung propagierte, Wert darauf, dass in den «Assoziationen» die verschiedenen Branchen vertreten sind, insbesondere die Landwirtschaft und die Industrie. Dadurch entsteht ein Kontakt zwischen den Interessen der Produktion, des Handels und des Konsums. Die Interessen der einzelnen Verbraucher können, wenn es um die Preisüberwachung und die sich daraus ergebenden Maßnahmen geht, am wirksamsten von den Unternehmensvertretern wahrgenommen werden. Der Industrieunternehmer wird daran interessiert sein, dass die landwirtschaftlichen Produkte für seine Mitarbeiter nicht zu teuer sind. Er ist aber gleichzeitig auch daran interessiert, dass die Landwirtschaft in der Lage ist, seine Industrieprodukte zu kaufen.

Angebot und Nachfrage sind reale Kräfte des Marktes und bestimmen die Preise. Nun sagt man in der marktwirtschaftlichen Theorie, dass auch in der umgekehrten Richtung die Preise das Angebot und die Nachfrage beeinflussen und regeln. Das sieht in der Theorie ganz schön aus. Wenn wir aber die täglichen Wirtschaftsnachrichten anschauen, sehen wir, dass diese Art von Regelung mit wirtschaftlichen und sozialen Schäden, Konkursen, Betriebsschließungen und Arbeitslosigkeit einhergeht. Große produktive Kräfte gehen dadurch verloren. Für die Anpassung der Produktion an den Bedarf ist der Markt keine zuverlässige oberste Instanz, der wir uns blind anvertrauen können. Oberste Instanz sind die wirtschaftenden Menschen. Die Assoziationen haben die Aufgabe, die Produktion so an den Bedarf anzupassen, dass Preise entstehen können, die den «richtigen Preisen» möglichst nahe kommen. Wenn eine Produktion verringert oder ausgeweitet werden soll, müssen Arbeitskräfte von einer Branche in eine andere vermittelt werden. Die Stellenvermittlung ist nicht eine Aufgabe staatlicher Ämter. Wenn in einem Unternehmen Arbeitskräfte entlassen werden müssen, ist es Aufgabe der zwischenbetrieblichen Zusammenarbeit, sie dahin zu vermitteln, wo sie gebraucht werden, und zwar auch in kulturelle und soziale Tätigkeiten.

Für die Beurteilung der Preise reicht die Vernunft des Einzelnen nicht aus, weil es nie um einen isolierten Preis geht, sondern immer um das ganze Gefüge von Preisverhältnissen. In der Wirtschaft sind Einzelinteressen etwas Notwendiges. Diese auszugleichen ist Aufgabe der Assoziationen. Der Egoismus muss in der Wirtschaft nicht ausgeschlossen, sondern ausgeglichen werden. Was ein Mensch braucht, kann nur er wissen, aber die anderen müssen es verstehen wollen. Alle Menschen sind, insofern sie produzierend oder verbrauchend wirtschaften, an der assoziativen Organisation beteiligt. Das hat bereits das 1. Kapitel für die Geldverwaltung deutlich gezeigt.

Assoziationen machen keine Planwirtschaft von oben, sondern vertragliche Regelungen zwischen Gleichberechtigten. Eine Familienausgleichskasse mit Kindergeld könnte ohne weiteres auch eine Einrichtung der zwischenbetrieblichen Zusammenarbeit sein. Ein weiterer Aufgabenbereich der zwischenbetrieblichen Zusammenarbeit ist der Ausgleich von Vor- und Nachteilen des Standorts. Dieser spielt in vielen Wirtschaftszweigen eine große

Rolle, ganz deutlich auch in der Landwirtschaft. Man kann ja den Bergbauern nicht vorschlagen, einen günstigeren Standort aufzusuchen. Wenn Tal- und Bergbetriebe, Betriebe auf fruchtbaren Löss- und mageren Sandböden usw. eine Organisation der Zusammenarbeit haben, können sie eine Standort-Ausgleichskasse einrichten, deren Aufgabe es ist, die Einkommensunterschiede auszugleichen.

Es ist interessant, dass es auch bei den staatlichen Direktzahlungen für die Landwirtschaft darum geht, die Einkommen zu korrigieren. Wenn jedoch so, wie es heute der Fall ist, das Niveau der landwirtschaftlichen Preise generell zu niedrig ist, auch in Betrieben in fruchtbaren, klimatisch begünstigten Gegenden, sind Einkommens-Direktzahlungen der falsche Weg. Sie verfälschen die gesamten Wirtschaftsverhältnisse, indem sie das Grundübel, die Preisdisparität zwischen Industrie und Landwirtschaft, nur verwischen und damit zementieren. Diese hat ihre Ursache in den grundlegenden Fehlern der wirtschaftlichen und politischen Ordnung und muss dort behoben werden. Der direkte Einkommensausgleich darf nur in Wirtschaftsbereichen, in denen sich unterschiedliche Standorte und Familiengrößen belastend auswirken, angewendet werden. Wenn dieser Ausgleich durch Assoziationen, das heißt vertraglich, privatrechtlich geregelt wird, kann sich der Staat nach und nach immer mehr aus der Wirtschaft zurückziehen, und die Wirtschaftsverwaltung wird immer autonomer in dem Maße, wie sie ihre sozialen Aufgaben wahrnimmt. Sie hat dafür die besten Voraussetzungen, weil sie über die konkrete Einsicht in die individuellen Situationen verfügt.

Der Einkommensausgleich kann nach oben oder nach unten vorgenommen werden. Wenn die landwirtschaftlichen Produkte knapp sind, so dass auch die ungünstigsten Standorte ausgenützt werden müssen, richtet sich der Marktpreis nach den schlechtesten Produktionsbedingungen. Dann können Betriebe an günstigen Standorten von ihrem zu großen finanziellen Ertrag etwas abgeben. Wenn dagegen ein Überangebot besteht, wie das heute auf Grund politischer Manipulationen in reichen Ländern der Fall ist, sind die Marktpreise niedrig und ermöglichen den Bauern an schlechten Standorten kein ausreichendes Einkommen.

Assoziationen können für Leistungen, die alle benötigen, Unternehmen ins Leben rufen, z. B. für Einrichtungen des Verkehrs. Im Verkehr für Personen und Güter gibt es Kostenunterschiede zwischen zentralen und abgelegenen Gebieten. Auch hier ist ein vertraglich geregelter Ausgleich durch die Assoziationen notwendig. Zu den Aufgaben der «Assoziationen» gehört es auch, darüber zu wachen, dass die Institutionen der Bildung, Forschung, Kunst und der sozialen Fürsorge genügend Geldmittel bekommen. Obwohl der Staat heute auf diesen Gebieten tätig ist, gibt es viele Bereiche, wo zu wenig getan wird oder aus denen der Staat sich aus Geldmangel mehr und mehr zurückzieht. Hier könnte ein Unternehmensverbund sofort mit einer segensreichen Arbeit einsetzen.

2.11. Die Rolle von Recht und Staat in der Einkommensgestaltung

In den Werken Rudolf Steiners finden wir Äußerungen über die Aufgaben des Rechtsstaates, die dem hier Ausgeführten zu widersprechen scheinen. Schon in dem Buch «Die Kernpunkte der sozialen Frage» heißt es: *«Das Wesentliche bei allem diesem ist, dass die Feststellung desjenigen, was ein nicht selbst Verdienender als Einkommen bezieht, nicht aus dem Wirtschaftsleben sich ergeben soll, sondern dass umgekehrt das Wirtschaftsleben abhängig wird von dem, was in dieser Beziehung aus dem Rechtsbewusstsein sich ergibt. … Durch den vom Wirtschaftsleben abgesonderten Rechtsstaat wird, was eine allgemeine Angelegenheit der Menschheit ist, Erziehung und Unterhalt nicht Arbeitsfähiger, auch wirklich zu einer solchen Angelegenheit gemacht, denn im Gebiet der Rechtsorganisation wirkt dasjenige, worinnen alle mündig gewordenen Menschen mitzusprechen haben.»*[58]

Steiner sagt, die Einkommen nicht selbst Verdienender sollen sich nicht aus dem Wirtschaftsleben ergeben. Das heißt, es dürfen nicht die Kräfte des Wirtschaftens sein, welche diese Einkommen festlegen, sondern das Rechtsbewusstsein. Im Rechtsstaat wird das Rechtsbewusstsein seinen Ausdruck finden, wenn dieser dereinst das Wirtschaftsleben in seine Selbständigkeit entlassen hat und wenn er dadurch ein *«vom Wirtschaftsleben abgesonderter Rechtsstaat»* sein wird. Heute gibt es viele Gesetze, die

58 GA 23 S. 128f.

nicht Ausdruck des Rechtsbewusstseins sind, weil sie aus dem demokratischen Machtkampf der Interessenverbände und Parteien hervorgehen. Die Wirtschaftsinteressen wirken mit Machtmitteln (mit Lobby und Propaganda) in die Entscheidungen der Parlamente und der Volksabstimmungen hinein, gerade wenn es um die Verteilung des Wirtschaftsertrages geht, so dass hier heute keine rein rechtlichen Entscheidungen möglich sind. Der Staat in der heutigen demokratischen Form ist nicht in der Lage, für das gerechte Einkommen zu sorgen. Das Recht ist eigentlich dazu da, die Anwendung von Macht in allen menschlichen Handlungen zu überwinden. Heute werden aber vielfach durch das Gesetzesrecht Machtpositionen geradezu geschaffen und verstärkt.

Solange das so ist, müssen wir auf anderen Wegen dem Rechtsbewusstsein Geltung verschaffen. Rechte können auch auf nicht-staatlichem Wege begründet werden. Man nennt sie dann «privatrechtlich». Eine Personengemeinschaft kann sich durch Verträge, Satzungen und Statuten allgemeingültige Regeln geben. Beim Abschluss eines Vertrages ist jeder Mensch frei, so dass hier grundsätzlich Einstimmigkeit notwendig ist. Sind die Regeln einmal beschlossen, so begründen sie Rechte, die im Zivilprozess vom Richter geschützt werden. Wir müssen lernen, ein Rechtsleben immer mehr von unten aufzubauen und diese Aufgabe nicht dem obrigkeitlichen Staat zu überlassen. Auf politischem Weg müssen wir nichts weiter tun, als Gesetze so zu ändern, dass sie uns die Selbstverwaltung nicht verbieten. In dem angeführten Zitat sagt Steiner nicht, der Staat solle die Einkommen verteilen, sondern er sagt, für die Einkommensverteilung müsse das Wirtschaftsleben abhängig werden von der Rechtsordnung, die sich aus dem Rechtsbewusstsein ergibt. In dem öffentlichen Vortrag vom 2. März 1908 in Hamburg über «Geisteswissenschaft und soziale Frage», in dem es auch um die Trennung von Arbeitsleistung und Einkommen ging, sagte er: *«Nun könnte leicht jemand sagen: ‹Wenn du forderst, dass des Menschen Existenz unabhängig sein soll von seiner Leistung, dann ist das Ideal am schönsten erfüllt beim Beamten. Der heutige Beamte ist unabhängig; das Maß seiner Existenz ist nicht abhängig von dem Produkte, das er hervorbringt, sondern von dem, was man für seine Existenz für notwendig hält.› – Gewiss, nur hat ein solcher Einwand wirklich seinen sehr großen Fehler. Es kommt darauf an, dass jeder einzelne in voller Freiheit imstande ist, dieses Prinzip zu respektieren und in das Leben umzusetzen. Nicht kommt es darauf an, dass dieses Prinzip durch allgemeine Gewalt durchgeführt wird.»*[59] Es war also gar nicht Steiners Ideal, alle Menschen wie Beamte zu behandeln, die von den Steuereinnahmen des Staates leben. Er war überzeugt, dass das Wirtschaftsleben selber sozial werden kann. In dem Buch «Die Kernpunkte der sozialen Frage» heißt es: *«Den Schwachen gegenüber dem Starken schützen, kann ein Wirtschaftsleben, das nur aus seinen eigenen Kräften heraus gestaltet ist.»*[60] Die staatlichen Steuern als «Zwangsschenkungen» passen gut zu

---

59 GA 54 S. 100, Zeichensetzung geändert
60 GA 23 S. 19f.

den Zwangsaufgaben des Staates, aber die Einkommensverteilung sollte keine solche sein.

Das vom Staat verteilte «bedingungslose Grundeinkommen», das gegenwärtig als Beitrag zur Trennung von Arbeit und Einkommen angepriesen wird, steht im Gegensatz zu diesen Überlegungen und stellt sich den Bemühungen um eine sachgemäße Dreigliederung direkt entgegen. Nicht die Staatsverwaltung hat das Einkommen zu verteilen, sondern das sollten wir in unserer wirtschaftlichen Zusammenarbeit selbst bewerkstelligen, durch menschliche Aktivität an Stelle des Automatismus staatlicher Verwaltung. Das Recht hat in die wirtschaftliche Tätigkeit der Einkommensverteilung insofern hineinzuwirken, als es die *Regeln* festlegt, nach denen das zur Verfügung stehende Einkommen gerecht zu verteilen ist. In den Argumenten für das «bedingungslose Grundeinkommen» wird gesagt, jedem Menschen stehe von Rechts wegen nur ein Grundeinkommen zu. Um das darüber hinaus gehende Einkommen müsste sich wie bisher jeder selbst kümmern, im wirtschaftlichen Konkurrenzkampf, ohne Rücksicht auf ein gerechtes Recht, das heißt ohne dass «*das Wirtschaftsleben abhängig wird von dem, was in dieser Beziehung aus dem Rechtsbewusstsein sich ergibt*», wie Steiner in den «Kernpunkten ...» sehr genau formuliert hat.[61]

---

61 Weitere Ausführungen über Recht und Staat in den folgenden Kapiteln

2.12. Lebendige Dreigliederung

Die in den Kapiteln 2.9. und 2.10. beschriebenen Methoden und Strukturen zeigen eine klare Dreigliederung des sozialen Lebens, aber nicht so, dass drei säuberlich voneinander getrennte Bereiche nebeneinander stehen. Es geht in der Dreigliederung darum, das Zusammenwirken von drei Systemen, an denen jeder Mensch beteiligt ist, sachgemäß zu verstehen. Das kann in der Frage der Einkommensverteilung sehr gut geübt werden. Mit der gerechten Einkommensverteilung können wir auf drei Gebieten praktisch beginnen. Unternehmen, die sich auf neue Art betätigen wollen, können darüber Erfahrungen sammeln und diese untereinander austauschen. Das Wichtigste ist die Ausarbeitung und Erprobung einer neuen Methodik und neuer Strukturen.

Die Regeln für die Einkommensverteilung gehören zum **Rechtsleben.** Rechte können grundsätzlich von allen betroffenen Menschen mit ihrem gesunden Menschenverstand selbst gestaltet werden. Das ist nicht nur im demokratischen Staat der Fall, sondern auch in privatrechtlichen Vereinbarungen, soweit sie Regeln zum Inhalt haben. Privatrechtliche Vereinbarungen kommen grundsätzlich nur dann zustande, wenn alle Beteiligten zustimmen. Insofern hat das Privatrecht eine im besten Sinne demokratische Grundlage. Die Einkommensverteilung wird im Rechtsleben geregelt, aber nicht durch eine staatliche Verwaltung vollzogen. Durch den privatrechtlichen Verteilungsvertrag entsteht ein Rechtsanspruch. Die Teilung des Gewinns ist nicht ein Wirtschaftsakt im Sinne eines Kaufes, sondern eine Rechtsanwendung in der Wirtschaft.

Die Anwendung der Regeln im individuellen Fall gehört zum **Geistesleben.** Die Vertrauensleute haben ihre Stellung nicht, weil sie von irgendeiner übergeordneten Instanz eingesetzt werden, sondern sie werden in ihrem Amt anerkannt, weil sie fachlich qualifiziert sind und über Lebenserfahrung verfügen.

Die assoziative Zusammenarbeit der verschiedenartigen Unternehmen schafft im **Wirtschaftsleben** durch die Anpassung der Produktion an den Bedarf die Voraussetzungen für die gerechte Einkommensgestaltung. Die Marktpreise spielen dabei eine ähnliche Rolle wie der Barometer, an dem man die Entwicklung des Wetters ablesen kann, in dem man aber nicht die Zeiger zu verstellen hat, weil er dadurch unbrauchbar würde.

Diese Zusammenfassung zeigt, dass in der sozialen Ordnung drei funktionale Systeme, ähnlich wie die Organsysteme in einem lebendigen Organismus, auf komplizierte Weise ineinander wirken. Ihre Unterscheidung setzt in jedem einzelnen Bereich genaue Detailkenntnisse voraus. Das Ineinandergreifen von Geistesleben, Staat und Wirtschaft zu erkennen fällt uns schwer, weil es sich um lebendige Prozesse und Funktionen handelt. Deshalb muss die Praxis immer durch fortschreitende Erkenntnisbemühungen begleitet werden.

Leistung und Einkommen sind innerhalb der Wirtschaft zu trennen. Indem dabei vertraglich vereinbarte rechtliche Regeln eine Rolle spielen, wirkt in die Gewinnverteilung das Recht hinein, wie es ja auch in die Marktwirtschaft hineinwirkt und für einen geregelten Tausch sorgt an Stelle von Diebstahl und Raub. Dagegen ist die Anwendung der Regeln auf den einzelnen Fall eine Tätigkeit, die individuelle Fähigkeiten voraussetzt und damit zum Bereich des geistigen Lebens gehört. So lernen wir, in unserem alltäglichen wirtschaftlichen Handeln ein unabhängiges Rechtsleben und Geistesleben zu respektieren. Jeder Wirtschaftsbetrieb kann mit der Trennung von Arbeit und Einkommen beginnen und dadurch daran arbeiten, dass sie in der Wirtschaft mehr und mehr üblich wird.

2.13. Das Schenken als wirtschaftliche Kategorie und die Bedeutung des Schenkungsgeldes

Wenn wir im Unternehmen und auch in der Gesamtwirtschaft die Unterscheidung von Kaufgeld, Leihgeld und Schenkungsgeld auf die Einkommensverteilung anwenden, sehen wir sofort, dass das Einkommen kein Kaufgeld sein darf. Leihgeld ist es sicher auch nicht. Ist es also Schenkungsgeld? Was sagen uns die heutigen Realitäten zu dieser Frage?

Das Schenkungsgeld hat in unseren Geldbeziehungen einen sehr großen Umfang, und der größte Teil davon wird heute vom Staat verwaltet. Ihm ist es zugedacht, für die Bedürftigen zu sorgen, das Bildungswesen zu finanzieren und die Entfaltung von Forschung und Kunst zu fördern. Das dafür nötige Geld zieht er nach den gesetzlich vorgeschriebenen Regeln durch Steuern ein. Rudolf Steiner hat die Steuern als Zwangsschenkungen bezeichnet –

ein in sich widersprüchlicher, aber sehr treffender Ausdruck. Steuern sind kein Kaufgeld, weil wir nicht direkt etwas dafür bekommen. Wir haben nur indirekt etwas davon, weil Steuern der Allgemeinheit dienen und weil wir der Allgemeinheit angehören. Steuern sind auch kein Leihgeld, denn wir können sie nicht zurückverlangen. Damit ist der Tatbestand des «Schenkens» im weiteren Sinn erfüllt.

Grundsätzlich sollte Schenken etwas ganz Freies sein. Dieses freie Schenken gibt es zwar, aber es lebt in einem Schattendasein und wird an vielen Orten, wo es auftritt, nicht beachtet. Es besteht darin, dass wir allein aus dem Grunde etwas hingeben, weil wir das so wollen und weil wir erkennen, dass es benötigt wird. Der Empfangende ist zu keiner Gegenleistung verpflichtet, aber er wird dafür dankbar sein. Echte Schenkungen müssen so gestaltet sein, dass die seelischen Qualitäten des Schenkens und Empfangens aufblühen können. In der Wirtschaft hat sich das Tauschen und Kaufen in den Mittelpunkt gesetzt, und von hier aus dehnt es sich über angrenzende Gebiete so sehr aus, dass die Bedeutung des Schenkens meistens zu wenig gesehen wird. Es gibt aber Persönlichkeiten, die sie sehen. Eine von ihnen ist Geneviève Vaughan, die 1939 in Texas geboren wurde und einen Teil ihres Lebens in Italien verbracht hat. Für diese bedeutende Denkerin ist das Schenken eine Grundgeste der Mütterlichkeit, die sie als Gegensatz zum männlichen, patriarchalen Prinzip des Tauschens auffasst. Wenn wir tauschen, geben wir etwas nur dann, wenn wir etwas anderes dafür erhalten. Beim Tauschen, so sagt sie, denke jeder nur an sich selbst, die Marktwirtschaft sei von Grund auf egoistisch. Wenn man die Geschichte betrachtet, ist daran sicher viel Wahres. Geneviève Vaughan sagt: *«Für das System des Tauschs ist, auch wenn es nicht so scheinen mag, die Alternative einer Ökonomie des Schenkens eine ständige Bedrohung. In einer Gesellschaft des Überflusses wäre das Schenken in der Tat einfach und eine Freude. Die Menschen wären nicht gezwungen, in hierarchischen Machtstrukturen zu arbeiten, wir könnten einfach füreinander sorgen nach einem an der mütterlichen Fürsorge orientierten, auf Erwachsene zugeschnittenen Modell. Genau das gab es in vielen indigenen Kulturen, und das war einer der Gründe, warum das kapitalistische Europa diese Kulturen zerstört oder kolonisiert hat.»*[62]

Auch wenn das Tauschen, Kaufen und Handeln oft diese hässliche Form annimmt, ist doch die Gegenseitigkeit, die darin zum Ausdruck kommt, etwas durchaus Positives. Wenn ich tausche und kaufe, will ich meinen Bedarf decken; ich will aber auch, dass mein Gegenüber zu seinem Recht kommt und dass ich seinen Bedarf decke. Damit gehört die Gegenseitigkeit des Tauschens zu dem großen Bereich der Brüderlichkeit und Solidarität. Der Schritt vom Schenken zum Kaufen, der sich in der Geschichte abgespielt hat und zur Entwicklung jedes Men-

---

62 «Da hilft nur Schenken», herausgegeben von der GLS Treuhand e.V., Bochum/Frankfurt 2011, S. 15. Diese Schrift, die wertvolle Beiträge verschiedener Autoren enthält, kann im Internet heruntergeladen werden unter www.gls-treuhand.de/50-jahre-gls-treuhand/jubilaeumsbuch/. Schriften von Geneviève Vaughan, auch auf Deutsch, findet man in ihrer Homepage www.gift-economy.com/

schen von der Kindheit zur Selbständigkeit gehört, ermöglicht uns ein wichtiges Stück Freiheit. Wir wählen selbst, was wir kaufen wollen. Wenn dagegen die Mutter ihr Kind versorgt, muss *sie* fühlen und erkennen, was das Kind braucht. Später im Leben kommt es vor, dass wir uns etwas wünschen dürfen, wir wissen aber nie, ob wir dann genau das Gewünschte geschenkt bekommen. Statt das Schenken und Kaufen gegeneinander auszuspielen, sollten wir erkennen, wo das Eine und wo das Andere richtig ist. Diese Unterscheidung ist grundlegend für eine dem modernen Menschen entsprechende wirtschaftliche Ordnung.

Nun wird also heute das Schenken in großem Umfang als Aufgabe dem Staat zugewiesen. Damit ist viel Unfreiheit in Bereichen verbunden, wo sie nicht nötig wäre und unsere Entwicklung zu modernen, freien Menschen stark behindert. Wenn wir zu einem Zusammenleben in Freiheit kommen wollen, müssen wir auch das Schenken immer mehr selbst in die Hand nehmen. Dazu gehört jener Teil der Einkommenszuteilung, den heute der Staat besorgt oder durch Gesetze vorschreibt: die Arbeitslosen-Unterstützung, die Sozialhilfe, das Kindergeld, die Kranken- und Invalidenversicherung, die Versorgung im Alter usw. Alle diese Leistungen können wir innerhalb der Wirtschaft den Betroffenen schenken, nicht nach Willkür und Beliebigkeit, sondern nach ihrem Bedarf und auf Grund von geregelten Ansprüchen.

Die Ausführungen dieses Kapitels wollen zeigen, dass alle Einkommensverteilung nicht ein Akt des Kaufens, sondern des Schenkens sein sollte. Das wird uns noch deutlicher, wenn wir die drei Geldarten in der Buchführung aufsuchen. In der Bilanz sind kurzfristige Forderungen (Guthaben) und Verbindlichkeiten (Schulden) *Liquidität*, das heißt *Kaufgeld*. Langfristige Guthaben und Schulden dagegen sind *Leihgeld*. In der Erfolgsrechnung sind Aufwand und Ertrag als *Kaufgeld* dargestellt. Der Gewinn dagegen ist weder Kaufgeld noch Leihgeld. Er ist das Unternehmensergebnis, das wir nach freien, von unserer eigenen Vernunft bestimmten Entschlüssen verwenden können, unabhängig von Gegenleistungen oder von Rückzahlungsverpflichtungen. Dadurch gehört er in die Kategorie des *Schenkungsgeldes*.

Die Geldarten in der Erfolgsrechnung

Kaufgeld Aufwendungen: • Sachkosten – Material – Energie – Verwaltung – Mietzins – Abschreibungen – Rückstellungen – Rückzahlung von Schulden – usw.	**Kaufgeld** Erträge: • Verkauf von Waren und Leistungen
Schenkungsgeld Gewinn: • Einkommen aller Mitarbeiter • Spenden an das Geistesleben • Soziale Fürsorge	

Wenn wir die Einkommen aller Mitarbeiter eines Unternehmens als Gewinnverteilung auffassen und nicht als Personalkosten, nehmen wir sie aus dem Kaufgeldbereich heraus. Wir geben jedem Mitarbeiter den Gewinnanteil, den er benötigt und den wir ihm aus freien Stücken geben wollen. Die Einkommensverteilung wird zur Geldbewegung ohne Gegenbewegung. Dadurch trennen wir die Arbeitsleistung des Einzelnen von seinem Einkommen. Das Einkommen ist insofern Schenkungsgeld, als der Einzelne es sich nicht selbst nimmt, sondern wir es uns gegenseitig zusprechen. Damit die Einkommensverteilung keine willkürliche Schenkung ist, muss sie vertraglich geregelt sein. Auch das Einkommen der Menschen, die keine wirtschaftliche Leistung erbringen, muss aus der Gewinnverteilung hervorgehen. Dazu gehören die Alters- und Invalidenrenten, die Waisenrenten, die Alimente für allein erziehende Mütter und ihre Kinder, Spenden an Schulen, an Forschungsinstitute und an frei schaffende Künstler. Alle diese Bedürfnisse können, statt durch Steuergelder, durch freiwillige, aber geregelte Schenkungen erfüllt werden. Die vertraglichen Regelungen bilden ein weites Feld mit einer großen und frei gestalteten Vielfalt. Sie können die Gewinnverteilung in den Unternehmen betreffen oder, wenn es um regelmäßige Spenden geht, zwischen einzelnen Personen und Institutionen vereinbart werden. An verschiedenen Stellen kann im Geldverkehr Schenkungsgeld entstehen:

- im Gewinn der Unternehmen
- im Einkommen des Einzelnen
- in der Abschreibung alter Vermögen.

Das Schenkungsgeld ist ganz auf den Verbrauch ausgerichtet. Es ermöglicht, wenn es weit gefasst wird, allen Menschen den Lebensunterhalt, sowohl denen, die zur Produktion beitragen, als auch den *«reinen Verbrauchern»*. Als solche bezeichnete Rudolf Steiner die Kinder, alte und nicht leistungsfähige Menschen und auch diejenigen, die im freien Geistesleben arbeiten und die wir von der wirtschaftlichen Leistungspflicht freistellen wollen.

3. Die Verwaltung des Bodens durch das Geistesleben

3.1. Neue Bodenordnung durch freie Initiativen

Wenn wir durch die Geldordnung dafür sorgen, dass Geldvermögen nicht ins Maßlose vermehrt werden können, flüchten die Vermögen in Sachwerte, die sich weiterhin für spekulative Vermehrung bestens eignen. Auch heute spielen die Bodenpreise und die Aktienkurse im spekulativen Handel eine Hauptrolle. Diese allgemein bekannte Feststellung könnte uns ohne weiteres dazu veranlassen, den Handel mit Boden und Kapital grundsätzlich in Frage zu stellen. Wenn aber der Bodenmarkt und der Kapitalmarkt abgeschafft werden, wer verwaltet dann Boden und Kapital? Eine naheliegende Antwort lautet wieder: die Staatsverwaltung. Das kann man sich gut und bequem vorstellen; man braucht nur die Gesetze zu ändern und eine entsprechende Bürokratie einzurichten. Der Staatskommunismus hat aber gezeigt, dass die Folgen verheerend sind. Also zurück zum Boden- und Kapitalmarkt, wie es nach 1989 in Osteuropa geschehen ist, oder gibt es noch eine andere Lösung des Problems? Ist eine Verwaltung des Bodens durch das Geistesleben denkbar?

Über Bodenreform ist viel geschrieben worden, zahlreiche Theorien wurden ausgedacht. Die meisten sind Utopien und zeigen uns, wie ein erstrebenswerter Zukunftszustand aussehen könnte. Hier hingegen soll von ausgewählten praktischen Beispielen ausgegangen werden, die es bereits gibt und die durch individuelle Initiativen geschaffen wurden. Es sind Beispiele einer neuen Form des Bodeneigentums, die kaum bekannt sind und in der Fachliteratur, auch in der Dreigliederungs-Literatur, kaum je beschrieben werden, obwohl sie erfolgreich sind. Ihre Bedeutung haben die Beispiele aber nicht nur durch den Erfolg, sondern auch durch die Grundideen, auf denen sie beruhen. Diese sollen im Folgenden herausgearbeitet werden.

Die Verwaltung des Bodens ist zunächst eine Frage der Rechtsordnung, denn wer Boden besitzt, hat das Recht, darüber zu verfügen und andere von diesem Nutzungsrecht auszuschließen. Wem soll dieses Recht zustehen? Für die konkrete Zuteilung des Bodens gibt es drei Möglichkeiten.

1. Grund und Boden wird als eine wirtschaftliche Ware verwaltet. Das gilt heute geradezu als selbstverständlich. Man bekommt Boden entweder durch Kauf oder Pacht und bezahlt dafür ein Entgelt, im einen Fall den Kaufpreis, im anderen Fall den Pachtzins. Dadurch ist der Boden eine Ware.
2. Boden kann vom Staat verwaltet werden. Das war im kommunistischen System die Regel, spielt aber auch in den wirtschaftsliberalen Ländern eine Rolle. Man denke nur an die umfangreichen Verkehrsflächen.
3. Boden kann von Institutionen des Geisteslebens, z. B. von Schulen verwaltet werden. Das ist heute nur in kleinem Umfang der Fall. Weil heute Staaten, Gemein-

den und Unternehmen des Geisteslebens Boden kaufen und verkaufen können, ist er auch hier eine Ware.

Etwas anderes liegt vor, wenn Rudolf Steiner in seiner Beschreibung der «Dreigliederung des sozialen Organismus» die gesamte Bodenverteilung dem Geistesleben zugeordnet hat. Damit steht er in äußerstem Gegensatz zur herrschenden Auffassung, und wir haben Mühe, uns seine Forderung vorzustellen, weil das Geistesleben ein Schattendasein fristet und zum überwiegenden Teil vom Staat verwaltet wird. Wir haben deshalb kaum eine Vorstellung davon, wie eine selbständige Organisation des Geisteslebens aussehen könnte. Gerade dafür sind die folgenden Beispiele aufschlussreich.

3.2. Nicolaus Remer und Wilhelm-Ernst Barkhoff als geistige Väter

Das erste hier zu beschreibende Projekt ging aus einer jahrelangen geistigen Vorarbeit hervor, für welche sieben Jahre benötigt wurden. Eine Menschengruppe, die sich um den in Norddeutschland wirkenden landwirtschaftlichen Forscher und Berater Dr. Nicolaus Remer (1906–2001) zusammenfand, widmete sich einem vertieften Studium der «Landwirtschaftlichen Individualität», die Rudolf Steiner in seinem Kurs für Landwirte als umfassende Idee beschrieben hat, denn es geht in der Landwirtschaft darum, den Boden für die praktische Anwendung dieser Idee zur Verfügung zu stellen. Auch an die Idee der «pädagogischen Provinz», die Goethe in seinem «Wilhelm Meister» entfaltet hat, knüpften sie an.[63]

In den Sechzigerjahren des letzten Jahrhunderts kam es zu einer Begegnung dieser Gedankenrichtung mit einer zweiten, die in Bochum in einer Gruppe um den Rechtsanwalt Wilhelm-Ernst Barkhoff (1916 – 1994) gepflegt wurde und damals in Bochum zu bankähnlichen Instituten, 1974 dann zur Gründung der GLS-Gemeinschaftsbank führte[64]. Aus dem Studium der Dreigliederung, wie sie von Steiner beschrieben wird, war es Barkhoff klar, dass der Boden vom Kaufgeld-Kreislauf getrennt werden muss. Barkhoff fand nun auch eine geeignete Rechtsform für das beabsichtigte Neue. Es gehört ja zum beruflichen Alltag des Anwalts, im geltenden Recht Lösungen für das konkrete Leben zu finden. Diese seine Arbeit fasste Barkhoff so auf, dass die Interpretation des geltenden Rechts eine Weiterentwicklung dieses Rechts bedeutet. Er sagte damals gern, dass der Anwalt freier als der Richter die Möglichkeit und die Aufgabe habe, aus dem geltenden Recht neue Lösungen für seine Mandanten zu entwickeln. So benützte er die Rechtsform der gemeinnützigen GmbH

---

63 Die sozialgestalterischen Ideen Remers sind aus dem Nachlass in einem vervielfältigten Manuskript zusammengefasst worden: Nicolaus Remer: Sozialwissenschaft und soziale Praxis, herausgegeben vom Verein für Forschung, Fortbildung und soziale Fürsorge auf dem Lande, Amelinghausen 2006.

64 Wilhelm-Ernst Barkhoff: Wir können lieben, wen wir wollen, Stuttgart 1995. Eine schöne und authentische Beschreibung des Wirkens von W.-E. Barkhoff gibt das Buch von Rolf Kerler: Eine Bank *für* den Menschen, Dornach 2011.

als neuartigen Träger für das Eigentum am Boden. Als Barkhoff und Remer sich kennenlernten, fanden sie, dass sie übereinstimmend die Landwirtschaft als eine zugleich praktische und ideelle Tätigkeit auffassten. Daraus ergab sich eine fruchtbare Zusammenarbeit.

Nicolaus Remer, der auf dem Bauckhof in Amelinghausen wohnte, widmete sich dort seiner auf die Praxis ausgerichteten Forschungstätigkeit. Es war ihm wichtig, dass er seine Arbeit nicht in einem isolierten Institut, sondern auf der Grundlage konkreter bäuerlicher Betriebe durchführen konnte. Er orientierte sich dabei an der Idee von den «siamesischen Zwillingen», die Rudolf Steiner im Landwirtschaftlichen Kurs dargestellt hatte.[65] Steiner wollte, dass die Bauern nicht Rezeptempfänger der geisteswissenschaftlichen Forschung, sondern deren aktive Mitarbeiter seien, weil die Forschung auf den Beitrag aus der Praxis angewiesen sei. Der Kontakt mit Remer hat sicher dazu beigetragen, dass Barkhoff das Wort Forschung in den Namen der neu zu gründenden Gesellschaften einfügte und sie «Gemeinnützige Landbauforschungs-GmbH» nannte.[66]

---

65 1924: GA 327 S. 237 und 239.

66 Der hier verwendete Begriff der «Gemeinnützigkeit» ist steuerrechtlich definiert und hat dadurch eine eingeschränkte Geltung. Er bedeutet, dass ein als gemeinnützig anerkanntes Unternehmen keine Steuern bezahlen muss. Diese steuerliche Gemeinnützigkeit ist von der Gemeinnützigkeit im realen Leben durchaus zu unterscheiden. Auch ein Wirtschaftsunternehmen kann dem Nutzen der Allgemeinheit dienen; das sollte sogar bei jedem Wirtschaftsunternehmen der Fall sein. Je mehr

Das erste Projekt kam in dem kleinen holsteinischen Dorf Fuhlenhagen, 40 Kilometer östlich von Hamburg zustande. Der Landwirt Carl-August Loss übertrug seinen damals 83,6 Hektar großen Hof, den er seit 1954 biologisch-dynamisch bewirtschaftet hatte, durch notariellen Schenkungsvertrag auf eine dafür neu gegründete gemeinnützige Gesellschaft, deren Zweck es ist, den Hof langfristig für die biologisch-dynamische Bewirtschaftung zur Verfügung zu stellen.[67] Es war der landwirtschaftlichen Fachwelt unverständlich, dass ein Bauer auf sein Eigentum verzichten wollte. Daher musste zwei Jahre lang ein Prozess geführt werden, bis das Oberlandesgericht Schles-

---

wir den Egoismus im Wirtschaftsleben überwinden, desto mehr wird die Selbstlosigkeit zum Prinzip der ganzen Wirtschaft. Heute gilt die Staatstätigkeit generell als gemeinnützig und als Vorbild für alle gemeinnützigen Tätigkeiten. Wenn ein «privates» Unternehmen als gemeinnützig anerkannt wird, redet der Staat insoweit mit, als er die Bedingungen in den Steuergesetzen formuliert und die anerkannten Unternehmen regelmäßig durch die Finanzämter kontrollieren lässt. Die steuerliche Gemeinnützigkeit ist für das, was mit der neuen Bodenverwaltung erreicht werden soll, nicht wesentlich. Sie ist aber vorteilhaft, weil man damit Steuern sparen kann.

67 In den Zweckbestimmungen des Gesellschaftsvertrags heißt es: «Gegenstand der Forschung der Gesellschaft sind die sozialen, betriebs- und volkswirtschaftlichen Voraussetzungen der biologisch-dynamischen Landwirtschaftsweise sowie die Bedingungen dieser Wirtschaftsweise selbst. Die Gesellschaft arbeitet auf den Grundlagen der Geisteswissenschaft Rudolf Steiners. Zur Erfüllung dieser Zwecke erwirbt die Gesellschaft u. a. landwirtschaftlich nutzbare Grundstücke und Gebäude, die sie nach ihren Richtlinien von Dritten bewirtschaften lässt.»

wig am 18. Dezember 1970 den Schenkungsvertrag genehmigte. Zwei weitere Familien zogen auf den Hof, und Carl-August Loss bildete mit Trauger Groh und Christian Lehmann eine Betriebsgemeinschaft. Diese übernahm den Hof in der Form einer Pacht zur Bewirtschaftung. Der Hof wurde aus dem Dorf ausgesiedelt. Ein modernes Gebäude steht heute auf einer Anhöhe mitten in den dazugehörigen Feldern. Es erhielt den Namen Buschberghof. Heute bilden fünf Landwirte eine Betriebsgemeinschaft als Gesellschaft bürgerlichen Rechts (GbR). Wer Verantwortung übernehmen will, kann zwei Jahre lang angestellt sein, um sich einzuarbeiten. Dann muss er persönlich haftendes Mitglied der Betriebsgemeinschaft werden. Das Betriebskapital wurde auf die «Landbauforschungs-Gesellschaft Fuhlenhagen» übertragen, so dass es mit dem Boden verbunden bleibt, auch wenn die Menschen wechseln. Auch die Betriebsgemeinschaft gewährleistet eine Kontinuität der Betriebsführung, wenn immer nur einzelne Personen ein- und austreten, so dass ein abrupter Pächterwechsel vermieden wird.

Von Anfang an gehörte es zum Betriebskonzept, dass wieder mehr Menschen auf dem Lande leben sollten. Die Landwirtschaft kann heilsam und erzieherisch auf Menschen wirken. Diese Idee war schon in der Vorbereitungszeit wichtig. Unter anderem spielte eine Begegnung von Nicolaus Remer mit der Camphill-Bewegung von Karl König eine Rolle. Die sozialtherapeutische Arbeit begann auf dem Buschberghof 1973. Bis heute werden jeweils zwölf Menschen mit Behinderung betreut, und für die Betreuung werden Menschen benötigt, die sonst auf dem

Lande keine Arbeit hätten. Für die sozialtherapeutische Arbeit ist die Landbauforschungs-Gesellschaft der rechtliche Träger.

Zum heutigen Leben auf dem Buschberghof gehört ein organisierter Kreis von Abnehmern der Produkte. Das kam so: Trauger Groh verließ Fuhlenhagen in den Achtzigerjahren und zog in die USA. Dort gründete er 1986 die «Temple Wilton Community Farm» in New Hampshire als eine «Community Supported Agriculture», kurz CSA. Das Modell fand zahlreiche Nachahmer, in Amerika etwa 1500.[68] In Europa übernahm der Buschberghof als Erster schon 1988 das Modell und wurde Vorbild für andere. Die Produkte des Buschberghofes werden nicht verkauft. 92 Familien mit etwa 320 Menschen bilden eine Wirtschaftsgemeinschaft und verpflichten sich, je nach ihren Möglichkeiten so viel zu zahlen, dass die Kosten des Hofes für ein Jahr gedeckt sind. Die Mitarbeiter des Hofes wissen nicht, wie viel die einzelne Familie bezahlt. In einer Versammlung aller Familien, jedes Jahr im Juni, werden aus dem Gesamtbedarf des Hofes zuerst die Richtwerte ausgerechnet, z.B. 60 Euro pro Kind, 160 Euro für den ersten und 120 Euro für den zweiten Erwachsenen. Dann schreibt jede Familie auf einen Zettel, für welchen Beitrag sie sich verpflichten will. Der Schatzmeister der Wirtschaftsgemeinschaft rechnet die Summe aus. Wenn diese zu klein ist, wird der Vorgang so lange wiederholt, bis der notwendige Gesamtbetrag erreicht ist. Jede Woche holen die Fa-

---

68 http://de.wikipedia.org/wiki/Landwirtschaftsgemeinschaftshof

milien auf «ihrem» Hof die Produkte, die sie brauchen. Der Hof bemüht sich, das zu produzieren, was die Gemeinschaft der Familien benötigt, indem er ein vielseitiges Angebot von Lebensmitteln einschließlich Brot und Molkereiprodukte bereitstellt. Das Ganze ist eine moderne Form der Selbstversorgung. Die Menschen kümmern sich um das Wohlergehen ihres Hofes mit Boden, Pflanzen und Tieren und verteilen dann unter sich das, was der Hof hervorbringt. Von beiden Seiten ist es ein Akt der Schenkung und nicht des Kaufes; es wird nicht Leistung mit Gegenleistung verrechnet, sondern jeder bekommt das, was er braucht. Die Wirtschaftsgemeinschaft ist keine juristische Person. Die Menschen gelten als Hofmitglieder, die ihren Eigenbedarf beziehen. Der Buschberghof hat 2009 für dieses Modell den Förderpreis Ökologischer Landbau der Bundesrepublik Deutschland erhalten.[69]

---

69 In diesem Modell wird der Zusammenhang zwischen der Landwirtschaft und den Verbrauchern besonders eng gestaltet. Das ist in dieser Weise natürlich bei weitem nicht überall möglich, aber auch wenn Handels- und Verarbeitungsunternehmen dazwischen stehen, kommt es auf die möglichst enge und bewusste Verbindung zwischen der Landwirtschaft und ihren Endabnehmern an. In vorbildlicher Weise ist das z. B. beim schweizerischen Baumwoll-Handelsunternehmen Remei AG der Fall, das mit der bioRe-Produktionskette den Weg der Baumwolle von den Bauern in Indien und Tansania bis zum schweizerischen Großverteiler COOP-Genossenschaft für alle Beteiligten überschaubar und transparent macht. (www.remei.ch)

Die Umwandlung des Bodeneigentums zeigt hier drei wichtige Wirkungen:

- Die Entvölkerung des Landes wird aufgehalten.
- Ein großer Kreis von Menschen kann sich mit der Erde konkret verbinden.
- Die Landwirtschaft wird durch wirtschaftliche und pädagogisch-therapeutische Betriebszweige ergänzt und dadurch eigentlich vervollständigt.

Die gleiche Wirkung ergab sich auch auf den anderen hier zu beschreibenden Höfen, jedoch an jedem Ort auf andere, individuelle Weise. Fast gleichzeitig übernahm die Familie Bauck für ihre drei Höfe das neue Modell des Bodeneigentums. Eduard Bauck übertrug 1969 die Betriebsleitung auf seine vier Söhne und seine Tochter. Diese hatten beschlossen, die drei Höfe als *ein* Unternehmen zu bewirtschaften, und bildeten dafür eine GbR. Die Familie Bauck verzichtete auf das private Eigentum an Grund und Boden und übertrug dieses auf die «Gemeinnützige Landbauforschungs-Gesellschaft Sottorf GmbH». In der Satzung dieser Gesellschaft wurde festgelegt, dass die Landwirtschaft nach den Ideen bewirtschaftet werden muss, die Rudolf Steiner 1924 dargestellt hatte. Die Gesellschaft betreibt die Wirtschaft aber nicht selbst, sondern beauftragt damit die Betriebsgemeinschaft. Der Bauckhof wurde durch diese Neugestaltung attraktiv für einen wachsenden Kreis von Menschen. Zwei Höfe konnten seither dazugekauft werden, ein Verarbeitungs- und Handelsunternehmen wurde dazuerworben. Der Name Bauck ist durch die Produkte in ganz Deutschland und darüber hinaus bekannt. Die bereits bestehende Fremdenpension wurde vergrößert, und ein sozialtherapeutischer Betrieb für Jugendliche und Erwachsene wurde in Stütensen bei Rosche aufgebaut.

Auch die Familie Ehlers tat für ihren Hof in Hasenmoor bei Kaltenkirchen diesen Schritt der Umwandlung des Eigentums an Grund und Boden. Von Anfang an spielte auch bei diesem Projekt die Verbindung der Landwirtschaft mit sozialer Arbeit eine zentrale Rolle. In der Satzung der «Gemeinnützigen Landbauforschungs-Gesellschaft Hasenmoor» (Neufassung 1996) wird als Zweck sowohl die Erforschung als auch die Gestaltung der in sich geschlossenen bäuerlichen Betriebsindividualität genannt, und zwar als Lebensgrundlage für behinderte Menschen. Um 1970 wurde der Hof vor die Aufgabe gestellt, Menschen, die durch Drogen in existenzielle Schwierigkeiten gerieten, als «Mitarbeiter» aufzunehmen. Weder der Hof noch diese Menschen erhielten damals Geld dafür. Die Auffälligkeiten der Menschen nahmen ab, ihre Probleme verschwanden. Der Hof wurde dadurch als Hof mit therapeutischem Erfolg bekannt und konnte nach und nach seine sozialtherapeutische Tätigkeit mit 40 betreuten Menschen aufbauen. Heute ist der Hof kaum wiederzuerkennen: Schöne moderne Gebäude, ein großer Laden mit Café, viele Menschen, die ihrer Arbeit nachgehen. Hundert Menschen arbeiten auf dem Hof und 60 wohnen auch dort. Der Hof bewirtschaftet 160 Hektar in einer arrondierten Fläche.[70]

---

70 www.hofehlers.de

Zwei Höfe konnten dazugekauft werden, einer in Weide, der andere in Hardebek. Diese beiden Höfe sind selbständig mit ihrer eigenen «Landbauforschungs-GmbH Weide-Hardebek». Auch hier geht es um die zentrale Idee, für Menschen auf dem Lande Lebensraum zu schaffen. Heute leben und arbeiten in der Hofgemeinschaft Weide-Hardebek 65 betreute Menschen und 40 Mitarbeiter. Die Rechtsform ist ein wenig anders: Die Landbauforschungs-GmbH ist nicht nur Grundeigentümerin, sondern sie betreibt auch das ganze Unternehmen mit Landwirtschaft und Sozialtherapie. Diese Form wurde gewählt, damit die verantwortlichen Bewirtschafter selbst die Träger der Idee sind. Fünf Menschen, die sich in den Dienst der Idee stellen und sich ihre Aufgabe selber geben, bilden den «Leitungskreis» und arbeiten im Honorarverhältnis für die Landbauforschungs-Gesellschaft.[71]

Der Hof Dannwisch[72] in Horst nordöstlich von Hamburg wurde 1957 durch die Familie Scharmer auf die biologisch-dynamische Bewirtschaftung umgestellt. Heute umfasst er 149 Hektar landwirtschaftliche Fläche. Nach langem Studium der Ideen von Remer und Barkhoff wurde 1986 der Verein zur Förderung der Landwirtschaft gegründet. Familie Scharmer schenkte diesem Verein den Boden, die Gebäude und das landwirtschaftliche Inventar. Der Verein hat 26 Mitglieder; neue Mitglieder werden

---

71 www.weide-hardebek.de

72 www.dannwisch.de und Herbert H. Koepf, Bodo v. Plato: Die biologisch-dynamische Wirtschaftsweise im 20. Jahrhundert, Dornach 2001, S. 248 ff.

durch Ergänzungswahl (Kooptation) berufen, wie das sonst etwa für einen Stiftungsrat oder ein Kuratorium üblich ist. Der Betrieb wird von einer Betriebsgemeinschaft, bestehend aus fünf Familien, bewirtschaftet. Die verantwortlichen Betriebsleiter sind zugleich auch Mitglieder im Verein, der die dem betrieblichen Alltag übergeordnete Idee im Auge behalten soll. Hof Dannwisch hat einen großen Kunden- und Freundeskreis, der mit einem vielseitigen Sortiment von Produkten beliefert wird. Regelmäßig kommen Schulklassen der Rudolf Steiner Schule Hamburg-Nienstedten auf den Hof und werden in einem Haus mit vierzig Wohnplätzen untergebracht. Der Hof hat zwei Gebäude durch Feuer und eines durch Schneelast verloren und konnte sie alle neu errichten. Er ist in ständiger Entwicklung und zeigt, dass die neuen Rechtsformen seinen Bedürfnissen entsprechen. Als nicht befriedigend wird die Altersversorgung angesehen, die nur durch Vernetzung der Höfe untereinander und mit anderen Wirtschaftsunternehmen auf tragfähige Weise geregelt werden könnte. [73]

Zuletzt soll noch der «Bauernhof Falbringen» in Biel im Kanton Bern erwähnt werden, den der Verfasser von 1989 bis 2002 bewirtschaften konnte. Die Stadt Biel stellte als Eigentümerin den Hof einer privaten Stiftung im Baurecht (in Deutschland Erbpacht genannt) zur Verfügung.

---

73 Dem Verfasser wurde auf allen Höfen in offener, vertrauensvoller Weise ein tiefer Einblick gewährt. Dafür möchte er sich herzlich bedanken. Auf dem Bauckhof arbeitete er selber sieben Jahre lang mit (1972 – 1979).

Im Stiftungszweck wurde festgelegt, dass der Hof biologisch-dynamisch bewirtschaftet werden soll und dass er Schulklassen aus der Stadt Gelegenheit geben soll, die landwirtschaftliche Arbeit zu erleben und mitzutun. Als ein Bewirtschafterwechsel (Pächterwechsel) notwendig wurde, war es Aufgabe des Stiftungsrates zusammen mit dem alten Pächter, eine neue Pächterfamilie auszuwählen. Seit dem Beginn konnten mehrere hundert Schulklassen das Angebot des Hofes nutzen.

3.3. Die Verwaltung des Geisteslebens

Die beschriebenen Modelle weichen in Einzelheiten voneinander ab, zeigen aber das gleiche Grundmuster. Die neue soziale und rechtliche Lebensform wurde an jedem Ort nicht durch Anordnung von oben, sondern von der Basis aufgebaut. Als Eigentümerin des Bodens ist eine juristische Person eingesetzt, das heißt konkret eine Gruppe von Menschen, die eine landwirtschaftliche Betriebsgemeinschaft oder eine Pächterfamilie mit der Bewirtschaftung beauftragt. Kann da von einer Verwaltung des Bodens durch das Geistesleben gesprochen werden? Was ist unter Verwaltung des Geisteslebens zu verstehen?

Bei dem Wort *Verwaltung* haben wir zunächst das Bild der staatlichen Bürokratie vor uns, deren Aufgabe es ist, die Gesetze anzuwenden, die von den obersten Organen des Staates erlassen werden. Die Staatsordnung ist hierarchisch und deshalb für unser Denken gut verständlich, weil sie mit einer zentral gesteuerten Maschine vergleichbar ist. Das Geistesleben kann keine derartige Verwaltung haben, und auch in der Wirtschaft muss Verwaltung anders aussehen. Genau so, wie im menschlichen Organismus die ineinander wirkenden Prozesse der Funktionssysteme nicht leicht zu verstehen sind, steht unser Denkvermögen auch beim dreigliedrigen sozialen Organismus vor einer anspruchsvollen Herausforderung. Unser abstrakt-logisches Denken fällt immer wieder in zentralistische Vorstellungen zurück, wenn es nicht dazu kommt, bewegliche und lebendige Begriffe zu entwickeln.

Für das Geistesleben ist es charakteristisch, dass alles auf individueller Initiative beruhen muss. Rudolf Steiners Vorstellung vom Geistesleben ist durch und durch individualistisch: *«Geist kann unter den Menschen nur walten, wenn der Geist von nichts anderem als von sich selber abhängig ist und wenn alle Institutionen, die den Geist zu pflegen haben, von nichts anderem als von sich selber abhängig sind.»*[74] Im Geistesleben selbst muss fortwährend darum gekämpft werden, dass es frei und individualistisch bleibt. Sobald es sich selbst eine feste Organisation gibt, wird es über kurz oder lang tyrannisch. *«Das Geistesleben ist … ein Element, demgegenüber man fortwährend seine Freiheit bewahren muss, das deshalb nicht anders als auch in der Freiheit organisiert werden darf. Lassen Sie einmal eine Generation ihr Geistesleben freier entfalten und dann dieses Geistesleben organisieren, wie sie es will: es ist die reinste Sklaverei für die nächstfolgende Generation. Das Geistesleben muss wirklich, nicht etwa*

---

74 1920: GA 196 S. 286

bloß der Theorie nach, sondern dem Leben nach frei sein. Die Menschen, die darinnen leben, müssen die Freiheit erleben. Das Geistesleben wird zur großen Tyrannei, wenn es überhaupt auf der Erde sich ausbreitet, denn ohne dass eine Organisation eintritt, kann es sich nicht ausbreiten, und wenn eine Organisation eintritt, wird sogleich die Organisation zur Tyrannin. Daher muss fortwährend in Freiheit, in lebendiger Freiheit gekämpft werden gegen die Tyrannis, zu der das Geistesleben selber neigt.»[75] Historisch ist diese Darstellung gut belegt. Als vor der griechisch-römischen Antike das Geistesleben noch die absolute Vorherrschaft hatte, gab es nur theokratische, despotische Regierungsformen. Wenn wir heute dem Geistesleben, das ein kümmerliches Dasein fristet, seinen gebührenden Platz geben und die beschriebenen Gefahren vermeiden wollen, stehen wir vor einer gewaltigen Aufgabe.

Als Ergänzung zur stark ausgeprägten Freiheit des Einzelnen ist nicht eine feste, hierarchische Organisation nötig, sondern eine freie und zugleich intensive kollegiale Zusammenarbeit auf Grund eines immer wieder neuen, freien Entschlusses. Beispielhaft kann man das in Schulen erleben. Jede Lehrperson ist in ihrem Unterricht, wo sie allein vor der Klasse steht, auf sich selbst gestellt. Jedoch könnte keine Schule existieren, wenn die Lehrer nicht zusammenarbeiteten. In vielen Schulen gibt es einen Schulleiter oder eine Schulleiterin. Gute Schulleiter schränken aber die Freiheit der Lehrpersonen nicht ein,

---

75 1921: GA 339 S. 72

sondern unterstützen und koordinieren sie. Die Waldorfschule wurde von Rudolf Steiner so konzipiert, dass das Kollegium als Ganzes in wöchentlichen Konferenzen die oberste Schulleitung auszuüben hat. Dadurch geht die Leitungstätigkeit direkt aus der kollegialen Zusammenarbeit der selbständigen Lehrer und Lehrerinnen hervor.[76]

Die freie kollegiale Zusammenarbeit setzt voraus, dass alle Beteiligten sich der gemeinsamen ideellen Aufgabe verpflichtet fühlen und dass sie regelmäßig gemeinsam daran arbeiten, die geistigen Hintergründe dieser Aufgabe immer besser zu erkennen. Damit ist man nie fertig. Die kollegiale Selbstverwaltung muss davon ausgehen, dass jeder Beteiligte sich weiterentwickeln und verwandeln kann, dass er, mit anderen Worten, geistig produktiv ist und Neues schafft. Aus der persönlichen Beschränktheit mit ihren Gewohnheiten, Vorlieben und Abneigungen kann der Mensch heraustreten und sich immer besser mit der objektiven in der Welt wirkenden Weisheit verbinden. Gerade im Umgang mit dem Boden sind die neuen Modelle so weit von dem heute Üblichen entfernt, dass alle Mitwirkenden – die langjährigen ebenso wie die neu dazukommenden – eine ständige geistige Arbeit leisten müssen,

76 Wie das im Einzelnen zu denken ist und funktionieren kann, ist neuerdings gut beschrieben in Büchern von Karl-Martin Dietz, unter anderem in: Dialogische Schulführung an Waldorfschulen. Spiritueller Individualismus als Sozialprinzip, Heidelberg 2006. Derselbe: Produktivität und Empfänglichkeit. Das unbeachtete Prinzip des Geisteslebens, Heidelberg 2008

sonst fallen sie in die alten Bahnen zurück. Das geistige Leben muss viel stärker und lebendiger sein, als wir uns das gemeinhin vorstellen. Alles was wir tun, muss aus der Idee hervorgehen, mit der wir uns verbinden. Die Idee ist nicht etwas Einschränkendes, sondern eine produktive Kraft, die sich bis in die wirtschaftliche Produktivität auswirken kann.

Freies Geistesleben besteht im dreigliedrigen sozialen Organismus nicht einfach darin, die bereits vorhandenen Tätigkeiten im Bildungswesen, in der Forschung und in der Kunst als frei zu erklären. Vielmehr muss sich jede geistig-kulturelle Institution von innen heraus zu einer freien machen, nicht nur einmal, sondern immer wieder von neuem. An das Geistesleben werden hohe Anforderungen gestellt, wenn es als frei gelten will. Das aber ist notwendig, wenn es im sozialen Organismus heilsam wirken soll.

Die Verwaltung des Geisteslebens beginnt demnach bei jeder einzelnen freien Initiative, die sich nicht in Isolation abschließt, sondern mit anderen zu kollegialen Besprechungen, zu Erfahrungsaustausch, Koordination und Zusammenarbeit verbindet. Auch für die Bodenverwaltung ist an einen Aufbau von unten zu denken. Genau das ist das Beispielhafte der beschriebenen neuen Eigentumsformen, die aus individueller Initiative hervorgegangen sind.[77]

77 Weitere Ausführungen über das angewandte Geistesleben in der Wirtschaft in Kapitel 4.2.

3.4. «Der Boden muss an eine Idee gebunden werden.»

Diesen Leitsatz hat Nicolaus Remer mündlich immer wieder betont. Er hat damit den wichtigsten Punkt für eine wirkliche Lösung der Bodenfrage ausgesprochen. Wenn der Satz richtig verstanden wird, drückt er das erste Prinzip aus, das Bodeneigentümer beachten müssen, wenn sie auf die *Verkäuflichkeit und Vererbbarkeit* ihres Bodens verzichten wollen. Damit ist der einzige wirklich neue Weg zu einer dauerhaften Bodenreform aufgezeigt. Für jeden Ort auf der Erde, für jedes Grundstück ist eine individuell formulierte Zweckbestimmung notwendig. Die Formulierung allein genügt aber nicht, sondern der Boden muss mit *lebendigem* Geistesleben verbunden werden. Das heißt, dass sich die Menschen von innen heraus zu Trägern dieser Idee machen, indem sie diese für sich erarbeiten. Sie stellen sich selbst die Aufgabe, dafür zu sorgen, dass der Boden im Sinne dieser Idee genutzt wird. In unserer Rechtsordnung ist der Eigentumsbegriff, der auf dem Prinzip der Herrschaft (lateinisch Dominium)[78] beruht, eine Erschwernis für solche Neugestaltungen. Diese können aber heute formal dadurch veranlagt werden, dass das Bodeneigentum auf eine juristische Person übertragen wird. Die juristische Person ist dabei nicht das Wichtige, sondern auf die verantwortliche Menschengruppe kommt es an.

---

78 Hans Christoph Binswanger: Vorwärts zur Mäßigung. Perspektiven einer nachhaltigen Wirtschaft, Hamburg 2010, S. 179ff.

Die Gruppe kann die Nutzung des betreffenden Bodens auf eine oder mehrere geeignete Personen übertragen. Das ist für jede Art von Bodennutzung möglich. In der Landwirtschaft müssen es Menschen sein, die nicht nur fähig sind, einen Betrieb unternehmerisch zu führen, sondern es auch verstehen, wirkliche, menschengemäße Nahrung zu produzieren und die Landschaft lebensgemäß zu pflegen. Auch einen zu industriellen Zwecken genutzten Boden muss man mit einer Idee verbinden: Er soll dazu dienen, dass für die Menschen notwendige und förderliche Produkte hervorgebracht werden. Bei Wohngrundstücken geht es darum, gesunde und schöne Wohnungen zur Verfügung zu stellen. Die Besitzer einer Villa mit großem Garten könnten – es ist ein ausgedachtes Beispiel – ihr Eigentum auf eine Stiftung übertragen und bestimmen, dass die Liegenschaft Familien mit Kindern zugutekommen soll. Luxus wird entfernt, zweckmäßige Wohnungen werden eingerichtet, und der Park kann für eine Selbstversorgung mit Gemüse und Obst und für eine einfache Tierhaltung genutzt werden. Denn für Kinder gibt es nichts Besseres als eine Umgebung, in der sie miterleben und mittun, wenn Menschen sinnvoll in der Natur tätig sind.[79]

---

79 Jobst von Heynitz, ein Mitarbeiter des seit 1957 bestehenden Seminars für freiheitliche Ordnung, ist der Meinung, diese Verwaltung des Bodens durch das geistige Glied des sozialen Organismus könne «nur für den Boden als Produktionsmittel der Unternehmen, nicht aber für Boden in privater Nutzung als Wohn- oder Freizeitfläche gelten.» Von Heinitz führt Rudolf Steiners Vortrag vom 16.6.1920 (GA 337a S. 195 ff.) an, wo

Die Idee muss so stark zur Wirksamkeit gebracht werden, dass auch die wirtschaftlichen Leiter des Betriebs sich zu Trägern der Idee machen. In der Landwirtschaft ist das besonders wichtig, weil niemand sich so mit dem Hof als Betriebswesen verbinden kann wie sie. Die Betriebsleiter müssen sogar, wenn sie es vielleicht nicht von Anfang an sind, doch mit der Zeit zu den wichtigsten Vertretern der Idee werden. Dann werden sie auch, wenn einmal Nachfolger bestimmt werden müssen, das maßgebliche Wort mitzureden haben. In der Betriebsgemeinschaft ist diese Kontinuität ja auch formal gegeben, weil in der Regel nur einzelne Mitglieder aus ihr austreten und neue dazukommen. Die übergeordnete Gesellschaft hat dann eine unterstützende Funktion und muss nur in der Not die Möglichkeit haben einzugreifen. Das Leben verlangt heute mehr denn je von den Betriebsleitern immer wieder neue unter-

---

«vom Boden für die menschliche Arbeit» die Rede sei (Jobst von Heinitz in «Eigentum, die Frage nach der Sozialbindung des Eigentums an Boden und Unternehmen», Sozialwissenschaftliches Forum Band 5, Stuttgart 2000, S. 75). Steiner sagte jedoch in der Diskussion nach diesem Vortrag: «Da kriegt der Mensch ..., wie er sein Gehalt kriegt, auch eine Wohnung, und das unterliegt eben dem, was aus der Organisation des geistigen Lebens kommt» (GA 337a S. 226). Wenn es so wäre, wie Jobst von Heynitz denkt und wohl viele mit ihm, dann würde für das privat genutzte Bodeneigentum alles beim Alten bleiben. Tatsächlich gibt es aber gerade beim Wohneigentum sehr viele Projekte mit neuartigen Rechtsformen im Sinne einer solidarischen Wirtschaft (Elisabeth Voss: Wegweiser Solidarische Ökonomie. Anders wirtschaften ist möglich! Neu-Ulm 2010, ISBN 978-3-930830-50-3).

nehmerische Entscheidungen. Dabei kann eine Idee nur dann wirken, wenn sie von den Menschen als Impuls aufgenommen und verinnerlicht wird. Es nützt nichts, die in der Satzung formulierte Idee als eine Vorschrift, als einen von außen gegebenen Auftrag zu behandeln. Auf allen Höfen zeigt die Entwicklung, wie wichtig es ist, bei den Betriebsleitern die Idee, unter die man die Arbeit einmal gestellt hat, lebendig zu erhalten, auch dann wenn neue Leute kommen und wenn die Generationen wechseln.

Die Verwaltung des Geisteslebens hat überhaupt nichts Zentralistisches und lebt von der Einsicht und Initiative der jeweils tätigen Menschen. Das gilt in gleicher Weise für Schulen, Hochschulen, Forschungsstätten und Einrichtungen des künstlerischen Schaffens und der Pflege des religiösen Lebens. Rudolf Steiner hat, wie im 2. Kapitel erwähnt, auch die Richter für strafrechtliche und privatrechtliche Prozesse dem Geistesleben zugeordnet. Sie sollen nicht Staatsorgane sein und auch nicht durch Staatsorgane bestimmt oder gewählt werden. Die Institutionen des Geisteslebens können und sollen untereinander kollegial zusammenarbeiten, indem sie Erfahrungen austauschen und sich gegenseitige Unterstützung anbieten. Das alles muss man sich so vorstellen, dass Geistesleben etwas viel Lebendigeres ist als heute, nämlich etwas, das ganz auf die freie, selbständige Entwicklungsfähigkeit und Erkenntniskraft der einzelnen Menschen gestellt ist. Die Bodenverwaltung muss eine Sache dieses lebendigen Geisteslebens werden. Wir können damit überall sofort beginnen, wenn wir nur wollen.

3.5. Boden in öffentlicher Nutzung

Wenn man bei der Verwaltung des Bodens ins Konkrete geht, taucht die Frage auf, wie die Zuteilung von Grundstücken zur so genannten öffentlichen Nutzung vor sich gehen soll. Nehmen wir als Beispiel die Parkanlagen in den Städten. Wenn in der Bevölkerung weitgehende Einigkeit darüber besteht, dass 20 Prozent der Bodenfläche einer Stadt nicht überbaut werden dürfen, sondern als Parkanlagen der Erholung dienen sollen, kann diese Regel als Gesetz demokratisch beschlossen werden. Die städtische Verwaltung muss die Parkanlagen nicht selber pflegen, sondern kann die einzelnen Grundstücke durch Schenkung auf gemeinnützige Organisationen übertragen, die sich dieser Pflege widmen wollen und damit einen Unternehmer beauftragen können. Diese Pflege ist eine soziale und kulturelle Aufgabe, die in jedem einzelnen Fall von Menschen aus freier Initiative, unternehmerisch ergriffen werden muss. Die finanziellen Mittel müssen als freie Spenden zur Verfügung gestellt werden. Das wird so nur dann gelingen, wenn sich die Bevölkerung der Stadt, eines Stadtteils viel persönlicher mit dem öffentlichen Gut der Parkanlagen verbindet als heute, wo die Stadt Steuern erhebt und der einzelne Bürger eventuell im Haushaltsbudget der Stadt nachschauen kann, welcher Anteil seiner Steuern für die Stadtgärtnerei ausgegeben wird. Dieses Beispiel der Parkanlagen ist relativ einfach. Die Einteilung und Verwaltung der Verkehrsflächen kann, obwohl sie komplizierter ist, nach dem gleichen Prinzip geregelt werden, sobald wir ein wenig gelernt haben, mit diesen Methoden umzugehen. Es wird dann allerdings nicht mehr möglich sein, dass auf der geographischen Karte eine Straße oder Eisenbahnlinie eingezeichnet wird und dann durch das Parlament durchgepaukt wird, ohne dass die betroffenen Menschen damit einverstanden sind. Wenn man sich das heute vorzustellen versucht, ruft man schnell: «Viel zu kompliziert, undurchführbar!» Weil wir so denken, geben wir zentralistischen Methoden, die wir uns leichter vorstellen können, immer wieder den Vorzug. Deshalb zweifeln heute nur so wenige daran, dass öffentliche Güter vom Staat bereitgestellt werden müssen und dass der Staat für das Gemeinwohl zu sorgen hat.

3.6. Der wirtschaftliche Wert des Bodens: Was ist Bodenrente?

Der Begriff der Bodenrente oder Grundrente[80] hat für die Bodenfrage herausragende Bedeutung. Man sagt, der wirtschaftliche Wert des Grund und Bodens könne mit der Bodenrente gemessen werden. Dass der Eigentümer einen Pachtzins verlangen kann, wird darauf zurückgeführt, dass es diese Bodenrente gibt. Die Bodenrente wird als Verzinsung eines Kapitalwertes aufgefasst. Indem man Boden kauft, legt man Geldvermögen im Boden an

80 Das Wort Grundrente wird auch für das bedingungslose Grundeinkommen verwendet. Um Verwechslungen vorzubeugen, verwenden wir hier den Ausdruck Bodenrente.

und erwartet eine Verzinsung, welche gleich groß sein soll wie bei anderen Kapitalanlagen. Der Boden hat dadurch einen Kaufpreis. Je stärker dieser Preis schwankt, desto besser eignet sich der Boden als Spekulationsobjekt im Bodenmarkt.

Rudolf Steiner fasste die Bodenrente und den wirtschaftlichen Wert des Bodens anders auf. Er sagte, der Boden dürfe keinen Preis haben, weil er keine Ware sei und nicht gegen Geld oder andere wirtschaftliche Gegenwerte eingetauscht werden dürfe. Das bedeutet, dass der Boden- oder Grundstücksmarkt ganz verschwindet. So klar und umfassend hat dies zu seiner Zeit kein Bodenreformer ausgesprochen. Seither wird es zwar von Schülern Rudolf Steiners oft wiederholt. Wenn man aber nachschaut, was sie im Einzelnen daraus machen, dann bleibt in ihren Konzepten und Empfehlungen immer ein kleinerer oder größerer Rest von Markt. Es erhebt sich daher die Frage, ob man den wirtschaftlichen Wert des Bodens so fassen kann, dass gar nichts von Preis und Markt damit verbunden bleibt.

Viele Wirtschaftstheoretiker wollen den Warencharakter des Bodens nicht aufgeben, weil der Boden im Kreditwesen eine große Rolle spielt. Das enorme Kreditvolumen, das die neuere Wirtschaft für Investitionen benötigt, wird mit Vorliebe gegen Verpfändung des Bodens gegeben. Der Boden kann als Sicherheit dienen, weil er im Notfall verkauft werden kann. Im Regelfall bietet aber eigentlich der Erfolg der Unternehmer die reale Sicherheit, weil doch immer erwartet wird, dass die Unternehmer die Kredite mit Zinsen zurückzahlen werden. Die Hypotheken bieten nur eine Scheinsicherheit, die im Bankgeschäft durch andere Methoden ersetzt werden kann.[81]

Auch wenn der Boden keinen Preis hat, so hat er doch einen wirtschaftlichen Wert. Fruchtbarer Boden in günstigem Klima ist für die landwirtschaftliche Produktion wertvoller als eine steile, magere Bergweide. Es geht darum, in der Bodenrente diesen *realen Wert* darzustellen und den Begriff der Bodenrente dementsprechend zu umschreiben. Rudolf Steiner bemängelte in diesem Zusammenhang die allgemeine Schulbildung: *«Es dürfte heute schon bald den Menschen klar werden, dass man nicht bloß wissen soll, um ein halbwegs gebildeter Mensch zu sein, dass drei mal neun siebenundzwanzig ist, sondern dass man auch wissen sollte, was denn eigentlich zum Beispiel das Ding ist, das man ‹Grundrente› nennt. Nun frage ich Sie, wie viele Menschen heute eine deutliche Vorstellung haben von dem, was Grundrente ist.»*[82]

In wirtschaftswissenschaftlichen Lehrbüchern wird die Bodenrente meistens mit marktwirtschaftlichen Überlegungen definiert, z. B.: «Als Rente bezeichnet man Zahlungen, die für die Nutzung von Produktionsfaktoren mit vollkommen unelastischer (fixer) Angebotsmenge zu leisten sind.»[83] Es ist natürlich richtig, dass der Boden ein Pro-

---

81 Näheres dazu in den Kapiteln 4 und 5

82 Rudolf Steiner: Die soziale Frage als Bewusstseinsfrage, 1919: GA 189 S. 36. Vgl. 1919: GA 328 S. 123

83 Paul A. Samuelson, William D. Nordhaus: Volkswirtschaft. Übersetzung der 15. Auflage aus dem Amerikanischen, Wien 1998

duktionsfaktor und die angebotene Menge unelastisch ist, denn Boden lässt sich nicht herstellen und vermehren. Je mehr Pächter oder Käufer Boden suchen, desto knapper wird dieser und desto höher kann der Pachtzins oder der Kaufpreis angesetzt werden, sofern der Staat nicht eingreift. Es findet ja in jedem Markt eine Art Kräftemessen statt zwischen den Anbietern und den Nachfragern. Die Anbieter sind beim Boden in der stärkeren Position, weil die vielen Nachfrager sich den knappen Boden gegenseitig streitig machen. Die Nachfrager werden die Preissteigerung so lange akzeptieren, als sie den Pachtzins noch für finanzierbar halten. Eine ähnliche Gesetzmäßigkeit gilt für den Kaufpreis: Die Käufer überlegen sich, ob die Bodenrente (z.B. der Pachtzins) und allfällige Preissteigerungen eine mindestens ebenso hohe Verzinsung des eingesetzten Kapitals ermöglichen werden wie bei anderen Kapitalanlagen.

Wenn die Bodenrente so definiert wird, ist sie ein Ergebnis der Auseinandersetzungen am Markt, also ein Preis. Liegt diesem Preis auch ein solcher Wert zu Grunde wie bei den Waren und Leistungen? Ein neueres Lehrbuch meint: «Boden für sich allein hat noch keinen wirtschaftlichen Wert.»[84] Der Autor fährt dann aber fort: «Je besser der Boden geeignet ist für die Produktion und den Verkauf von Gütern, für den Tourismus, zur Vermietung von Büros und Wohnungen usw., desto höher ist die Bodenrente.» Das heißt doch nichts anderes als: Der Boden wird

---

84 Bernhard Beck: Volkswirtschaft verstehen, 4. Auflage Zürich 2005

wertvoll, wenn etwas damit gemacht wird. Erst dann erbringt er eine Bodenrente.

Kann man die Höhe dieser Bodenrente ermitteln? Wenn auf zwei verschiedenen Böden, in verschiedener Lage, genau gleich viel Arbeit und gleich viel Kapital eingesetzt werden, kann der Ertrag ganz unterschiedlich sein, und zwar nicht nur bei landwirtschaftlicher Nutzung, sondern auch bei jeder anderen. Dieser Unterschied ist dem Boden, dem Standort, der Verkehrslage usw. zuzuschreiben. Der Gesamtertrag, der auf einem Stück Boden erwirtschaftet werden kann, besteht daher aus drei Teilen, einem Teil, der aus der Arbeit hervorgeht, einem Teil, der dem Kapital zuzuschreiben ist, und einem Teil, den der Boden selbst hervorbringt, eben der Bodenrente. Nun wird gefragt: Wie hoch sind diese Teile, wie hoch ist insbesondere die Bodenrente und wo erscheint sie? Rechnerisch geht man in der Theorie oft so vor, dass man vom Gesamtertrag die Arbeitskosten und die Kapitalkosten abzieht. Die Arbeitskosten sind durch die Löhne, also durch den «Arbeitsmarkt» bestimmt, die Kapitalkosten durch den Kapitalmarkt. Die Bodenrente wird indirekt ermittelt als Rest, der übrig bleibt und den Gewinn darstellt, der auf diesem Boden erwirtschaftet werden kann. Man sagt dann, dieser Gewinn, diese Bodenrente gehöre dem Eigentümer des Bodens. Anderseits hat der unbearbeitete Boden selber einen Preis, dessen Höhe sich aus dem Zusammenspiel von Angebot und Nachfrage ergibt. Die beiden Werte passen rechnerisch nicht zusammen. Beide sind aber darauf zurückzuführen, dass wir den Wert des Bodens und die Bodenrente in Geld beziffern wollen. Das scheint der grundlegende Fehler zu sein. Es gibt ja Böden, die keine in Geld bezifferbare Bodenrente erbringen, obwohl sie durchaus nicht nutzlos sind. Wenn nämlich auf einem Boden die Menschen so viel und so erfindungsreich wie nur möglich arbeiten und dabei gerade noch existieren können, dann ist die als Kapitalverzinsung aufgefasste Bodenrente gleich Null, ein Pachtzins ist nicht herauszuwirtschaften und das Grundstück kommt als Kapitalanlage nicht in Betracht. Trotzdem ist dieser Boden nicht «wertlos», denn in einem geringen Maße ist er durchaus produktiv.

In der Fortsetzung des bereits zitierten Vortrages erläuterte Steiner den Begriff des Bodenwertes mit einer Formulierung, die man als kompliziert und umständlich empfinden kann: *«Der Boden ist nach seiner Produktivität, das heißt nach der Art oder nach dem Grad der rationellen Ausnützung gegenüber der Gesamtwirtschaft so und so viel wert. Für die Menschen ist es heute sehr schwierig, diesen einfachen Bodenwert in klaren Begriffen zu denken, weil sich im heutigen Wirtschaftsleben der Kapitalzins oder das Kapital überhaupt konfundiert hat mit der Bodenrente, weil der wirkliche volkswirtschaftliche Wert der Bodenrente zu einem Truggebilde gemacht worden ist durch das Hypothekenrecht, durch das Pfandbriefwesen, durch das Obligationenwesen und dergleichen. Dadurch ist alles im Grunde genommen in unmögliche, unwahre Vorstellungen hineingetrieben worden. Es ist natürlich nicht möglich, im Handumdrehen eine reale Vorstellung von der Grundrente zu bekommen. Aber denken Sie sich einfach als Grundrente den volkwirtschaftlichen Wert des*

Grund und Bodens eines Territoriums mit Bezug auf seine Produktivität.» Hier ist deutlich gesagt, dass es sich nicht um den Wert eines Produkts handelt, sondern um den Produktivitätswert eines Produktionsfaktors.

3.7. Werte ohne Zahlen

Steiner fordert damit für den Boden den Begriff eines wirtschaftlichen Wertes, der sich nicht in Geld ausdrücken lässt. Wir haben diesen Wertbegriff bereits im Kapitel über Arbeit und Erwerb charakterisiert. Wir sind aber so sehr daran gewöhnt, wirtschaftliche Werte als Preise zu denken, dass es schwierig bleibt, sich das abzugewöhnen. Man glaubt, man verlasse den sicheren Grund, wenn man etwas nicht in Zahlen fassen kann. Wir denken uns den Ertrag des Bodens als Zins für das beim Kauf in den Boden hineingesteckte Kapital. Solange wir von dieser Idee nicht loskommen, werden wir den Boden immer als eine käufliche Ware definieren. Kapitalzins, Pachtzins, Mietzins – alle haben den gleichen Namen, und wir denken uns jeden Zins als Preis, dessen Höhe sich durch marktwirtschaftliche Vorgänge ergibt. Im 2. Kapitel haben wir gezeigt, dass der Boden wie die Arbeit und das Kapital als Produktionsfaktoren außerhalb der Marktwirtschaft stehen und ihr zeitlich vorangehen. Bei den Produktionsfaktoren geht es nicht um Tauschvorgänge zwischen fertiger Leistung und Gegenleistung, sondern darum, den einseitig gerichteten *Vorgang* der Produktion und Leistung zu ermöglichen.

Der Wert des Bodens ist nicht in Geld zu beziffern. Trotzdem kann man ihn klar erfassen, wenn man ihn beschreibt. Das ist beim Boden durchaus naheliegend. Der Wert eines Grundstücks besteht z. B. darin, dass man darauf landwirtschaftliche Produktion betreiben und genau bestimmbare Erträge erreichen kann. Bei einem anderen Grundstück liegt der Wert darin, dass es sich wegen der Verkehrslage für den Bau von Industrieanlagen oder Wohnungen eignet. Diese Wertbeschreibungen machen deutlich, dass die Produktionsmittel für die Wirtschaft Möglichkeiten bieten und nicht fertige Produkte.

3.8. Reformideen im 19. Jahrhundert

Zur Zeit Rudolf Steiners lagen mehrere bodenreformerische Ideen vor. Ich greife zwei wichtige heraus; ihre Grundgedanken traten später immer wieder auf:

Der Amerikaner *Henry George (1839 – 1897)* sah im privaten Einkommen, das man aus dem Bodeneigentum ziehen kann, das Grundübel aller sozialen Ungerechtigkeit überhaupt. Er untersuchte, wie sich der Wirtschaftsertrag auf die drei Produktionsfaktoren Arbeit, Boden und Kapital verteilt. Den Einkommensanteil der Arbeit und des Kapitals hielt er für berechtigt, die private Aneignung der Bodenrente dagegen für ein Unrecht. Er schlug vor, diese durch eine staatliche Steuer vollständig abzuschöpfen, und er glaubte, durch diese Steuer als «Single Tax» könnten alle anderen Steuern ersetzt werden. Sein Buch «Progress and Poverty» (Fortschritt und Armut,

1879) wurde am Ende des 19. Jahrhunderts in Amerika viel gelesen. Die Ein-Steuer-Bewegung konnte sich aber nirgends durchsetzen. In Europa wurde sie durch den marxistischen Sozialismus verdrängt. Dieser verlangte, dass der Boden entschädigungslos durch den Staat enteignet werden müsse.[85]

Silvio Gesell (1862 – 1930) wollte mit seinen Vorschlägen für eine «Natürliche Wirtschaftsordnung» die Kapitalspekulation und die Bodenspekulation gleichzeitig beseitigen. Er schlug vor, der Staat solle den gesamten Boden gegen Entschädigung enteignen und dann meistbietend wieder verpachten. Die Gesetze des Marktes würden dazu führen, dass die Pachtzinse sich auf der Höhe der Bodenrente einpendeln. Gesell empfahl aber auch eine regelmäßig wiederkehrende Bodenrentenschätzung alle drei, fünf oder zehn Jahre. Es war sein Anliegen, dass in jedem Fall die gesamte Bodenrente dem Staat zufließe, auch bei der Übertragung von Bauland durch Erbbaurechtsverträge, bei denen der Baurechtsnehmer Eigentümer der Gebäude ist und diese, wenn er das Land weitergibt, verkauft. Aus den Pachteinnahmen könnte der Staat die Entschädigung für die Enteignungen finanzieren. Der Staat würde auf diese Weise nach und nach den gesamten Boden freikaufen. Wenn die Entschädigungen einmal abbezahlt sind, ist aus der Bodenrente den Müttern Geld zu geben, damit sie ihre Kinder ernähren und erziehen können, ohne von ih-

---

85 Werner Onken: Henry George – ein Sozialreformer des Gedankens und der Tat, Fragen der Freiheit Heft 245, Dezember 1997, auch zu finden in www.geldreform.de

ren Männern abhängig zu sein. Gesell hat seine Ideen in vielfältige Zusammenhänge hineingestellt, die er sorgfältig untersuchte und in lebendiger Sprache beschrieb. Es lohnt sich auch heute, seine Originaltexte zu lesen.[86]

Bei George und bei Gesell bleibt die Bodenrente als solche bestehen, sie wird aber nicht mehr von privaten Bodeneigentümern vereinnahmt, sondern vom Staat.

3.9. Wurde Rudolf Steiner verstanden?

An diesem Punkt setzte *Rudolf Steiner (1861 – 1925)* mit seinen viel umwälzenderen Gedanken ein. Er stellte den Boden in sein Konzept der Dreigliederung des sozialen Organismus hinein. Der Boden darf nicht im Wirtschaftsleben verwaltet werden, weil die Wirtschaft für alles einen Markt einrichtet. Der Markt ist das natürliche und richtige Verteilprinzip der Wirtschaft. Diese macht alles zur Ware und gibt allem einen Preis. Weil der Besitz von Boden aber keine Ware ist, sondern ein Nutzungsrecht, müssen die Grundlagen der Bodenverwaltung im Rechtsleben geschaffen werden. Der Boden gehört zunächst allen Menschen, weil sie alle die gleiche Daseinsberechtigung auf der Erde haben. Weil aber nicht alle den Boden in gleicher Weise nutzen können und wollen, müssen von allen betroffenen Menschen rechtliche Regeln für die Zuteilung

86 Silvio Gesell: Gesammelte Werke, 18 Bände, insbesondere Band 9: Die natürliche Wirtschaftsordnung durch Freiland und Freigeld, Lütjenburg 1991

des Bodens gemeinsam vereinbart werden. Das Festlegen dieser Regeln ist eine Rechtsfrage. Aber bei der konkreten Zuteilung des Bodens in jedem Einzelfall müssen individuelle Fähigkeiten und Bedürfnisse beurteilt werden, und dies ist eine Aufgabe des Geisteslebens. In jedem Einzelfall muss der Boden im Rahmen der rechtlichen Regeln so verteilt werden, dass er denjenigen zugutekommt, die ihn als Produktionsfaktor für die Wirtschaft sinnvoll verwenden. Zwei Voraussetzungen müssen bei den Benützern des Bodens vorhanden sein: die im Einzelfall nötigen fachlichen Fähigkeiten und der Wille, diese für das Wohl der Menschheit einzusetzen.

Die Schüler und Nachfolger von Steiner haben viele seiner Gedanken übernommen und aktualisiert. Besonders gründlich befasst sich *Udo Herrmannstorfer* damit.[87] Wir fassen seine Überlegungen, soweit sie für unseren Zusammenhang wichtig sind, zusammen: Herrmannstorfer geht davon aus, dass die Neuordnung des Bodenrechtes durch eine Gesetzesänderung vorgenommen werden soll. Sie gilt vom Tage der Gültigkeit des neuen Gesetzes an für den gesamten Boden eines Staates. Grund und Boden werden unverkäuflich. Sie «werden ... in Gesellschaftseigentum überführt» (S. 81). Man könnte auch sagen: die Käuflichkeit des Bodens als heute gültige Eigenschaft des Eigentumsrechts verschwindet, denn auch die Gesellschaft darf Boden nicht mehr verkaufen. Das Bodeneigentum

87 Udo Herrmannstorfer: Scheinmarktwirtschaft. Die Unverkäuflichkeit von Arbeit, Boden und Kapital, Stuttgart 1991, S. 69 ff.

wird nicht abgeschafft, bedeutet aber von jetzt an etwas anderes, nämlich ein umfassendes, aber zeitlich begrenztes Nutzungsrecht. Die allgemeine Enteignung wird so gestaltet, dass der bisherige Eigentümer automatisch Eigentümer im neuen Sinne wird. «Die weitere Eigentumsübertragung kann jeweils durch den bisherigen Eigentümer selbst erfolgen. Eine gesellschaftliche Einrichtung, die den Boden verwaltet, greift nur ein, wo noch kein Erstnutzer bestellt ist (unbebautes Land), oder wo der bisherige Eigentümer selbst keinen Nachfolger gestellt hat, oder wo übergeordnete gesellschaftliche Gesichtspunkte geltend gemacht werden müssen.» Häuser können im Gegensatz zum Boden, auf dem sie stehen, verkauft werden. «Das Nutzungseigentum am Boden folgt automatisch dem Eigentum der Bebauungen» (S. 82). Bei der Entschädigung für Enteignungen handelt es sich um die Rückerstattung von tatsächlich geleisteten Aufwendungen, die nach gültiger Rechtsordnung erlaubt waren. Nur diese Aufwendungen sind zu entschädigen, nicht etwa der gegenwärtige Verkehrswert des Bodens.

Auch Herrmannstorfer befürwortet eine Nutzungsabgabe, die derjenige zu bezahlen hat, der ein Grundstück nutzen darf. Die Höhe der Abgabe soll aber nicht, wie bei Gesell, durch Gesetzmäßigkeiten des Marktes, sondern nach vernünftigen sozialen Gesichtspunkten festgelegt werden. Dadurch kann und wird sie stark in die sozialen Verhältnisse eingreifen. Landwirtschaft, Mehrfamilienhäuser und gemeinnützige Einrichtungen können begünstigt werden. Sparsamer Umgang mit dem Boden soll belohnt werden. Unbebautes Bauland wird nicht über lange Zeiträume gehortet, weil die Abgabe entrichtet werden muss; das ungenutzte Land kostet. «In besonderen Situationen wäre es sogar möglich, die Höhe der Nutzungsabgabe im Sinne einer öffentlichen Ausschreibung meistbietend zu bestimmen» (S. 84). Mit diesem Satz schließt sich Herrmannstorfer für diese besonderen Fälle an die Vorschläge von Silvio Gesell an, wonach die Bodenverteilung durch Marktkräfte bestimmt wird. Es könnte sich um Grundstücke handeln, die bisher keinen Nutzer hatten.

Die Nutzungsabgabe sollte, nach Herrmannstorfer, den Menschen zugutekommen, die durch Sozialhilfe etc. unterstützt werden müssen. Dies kann aus der Überlegung abgeleitet werden, dass der Boden allen Menschen gehört, dass ihn aber nicht alle in gleicher Weise nutzen können. Durch diese Zweckbestimmung ersetzt die Boden-Nutzungsabgabe einen Teil der für soziale Aufgaben notwendigen Steuereinnahmen.

Wer soll die Verteilung des Bodens verwalten? Herrmannstorfer schlägt dafür öffentlich-rechtliche Körperschaften vor, deren Bürger-Vertreter in gesonderten Wahlen demokratisch legitimiert werden. Diese Körperschaften würden in den Gemeinden den Gemeindeverwaltungen als Institutionen der Bürger-Selbstverwaltung gegenüberstehen.

Christoph Strawe, der sich an die Vorschläge von Herrmannstorfer anschließt, argumentiert: «Da aber jede Nutzung zugleich andere von der Nutzung eben dieses bestimmten Stücks Erde ausschließt, erfordert die Gleichheitsforderung eine Kompensation, einen gerecht bemessenen Nutzungsausgleich.»[88] Damit wird die Bodennutzung immer noch mit Geld abgegolten und hat für die Nutzer einen Preis.

Als die DDR 1989 zu existieren aufhörte, schickte das «*Seminar für freiheitliche Ordnung*»[89] im Frühling 1991 Vorschläge an 6000 Gemeinden in der DDR. Es wurde darin vorgeschlagen, den Boden nicht zu verkaufen, sondern im Erbbaurecht zu vergeben. Durch den Erbbaurechtszins sollte die Bodenrente in voller Höhe abgeschöpft werden. Für bereits bestehendes Privateigentum an Grund und Boden machte das Seminar zu Händen des Bundestages den Vorschlag, die Bodenrente durch Grundsteuern ebenfalls in vollem Umfang abzuschöpfen. Wenn der Boden keinen Zins mehr bringt, sinkt auch der Kapitalwert gegen Null, so dass man ihn praktisch nicht mehr verkaufen kann. Auch diese Vorschläge gehen von der marktwirtschaftlichen Definition der Bodenrente aus und empfehlen, durch eine Änderung der Gesetze den privaten Nutzern die Bodenrente zu entziehen.

In den genannten Reformvorschlägen sind zwar die Details unterschiedlich und bemerkenswert. Es ist aber allen, auch denen von Schülern und Nachfolgern Rudolf

---

88 in der Zeitschrift «Sozialimpulse. Rundbrief Dreigliederung des sozialen Organismus» Nr. 2/07 S. 8

89 www.sffo.de. Das Konzept des Seminars zur Reform der Bodenordnung ist abgedruckt in «Eigentum. Die Frage nach der Sozialbindung des Eigentums an Boden und Unternehmen», Sozialwissenschaftliches Forum Band 5, Stuttgart 2000. Diesbezügliche Aufsätze von Jobst von Heynitz und Roland Geitmann sind in dem gleichen Band.

Steiners gemeinsam, dass sie den Bodeneigentümern die Bodenrente im Voraus wegnehmen wollen und dass dafür staatliche Gesetze geschaffen werden sollen. Wer Boden nutzen will, muss dann mit einer Nutzungsabgabe oder Nutzungsgebühr rechnen, ganz ähnlich wie der Pächter mit dem Pachtzins rechnen muss. Damit ist der Preis des Bodens nicht abgeschafft, sondern er wird so gut wie möglich abgeschöpft und der Allgemeinheit zugeführt.

3.10. Das Freikaufen des Bodens mit Hilfe von Nutzungsgebühren

Dieses Vorgehen bietet zunächst einen Vorteil. Es kommt Kapital zusammen, mit dem immer weiter Boden freigekauft werden kann. Nicht nur der Staat, sondern auch private Institutionen können das tun. Ich erwähne die in der Schweiz, in Deutschland und in anderen Ländern tätige Stiftung Edith Maryon.[90] Sie wurde 1990 gegründet und ist Eigentümerin vieler landwirtschaftlicher, gewerblicher und Wohnliegenschaften, die sie an Menschengruppen verpachtet, welche sich möglichst weitgehend selbst verwalten. In Basel sind sechs Vollzeit-Mitarbeiter tätig; Geschäftsführer ist Christoph Langscheid, einer der Begrün-

90 Edith Maryon (1872 – 1924) war eine englische Bildhauerin, die mit Rudolf Steiner auf künstlerischem und sozialem Gebiet eng zusammenarbeitete. 1919 übersetzte sie das Buch «Die Kernpunkte der sozialen Frage» im Jahr des Erscheinens ins Englische.

der dieser Stiftung. In Berlin hat die Stiftung sechs Liegenschaften, die durch die Allmendia GmbH verpachtet werden. Bei Wohnhäusern vermietet die Stiftung die Wohnungen nicht in der üblichen Weise, sondern die Mieter übernehmen Eigentumsrechte und -pflichten. Dafür müssen sie sich organisieren, indem sie einen Hausverein gründen. Sie kümmern sich um Reparaturen und Renovationen und schlagen nach Möglichkeit neue Mieter vor, die sie selbst auswählen. Für die Höhe des Mietzinses ist nicht einfach der Wohnungsmarkt maßgeblich, sondern es wird von realen Kosten ausgegangen. Dazu kommt noch eine «Nutzungsgebühr», die in die Miete eingerechnet wird, damit Kapital für neue Projekte gebildet werden kann. Die Mieter sind bereit, diese Nutzungsgebühr zu bezahlen, solange die Miete im Rahmen des Wohnungsmarktes bleibt. Die Stiftung Edith Maryon ist ein Beispiel für andere, ähnliche Bestrebungen.

Das Freikaufen von Land hat theoretisch so lange Bedeutung, bis aller Boden freigekauft oder geschenkt ist. Durch das Freikaufen von Boden ist für die betreffenden Grundstücke und für die Menschen, die sie nutzen, etwas Gutes getan. Die Landverkäufer jedoch kommen zu Geldvermögen, das besser in kulturelle und soziale Werke geschenkt würde. Anders ist es, wenn der Boden geschenkt und das unsachgemäße Eigentum freiwillig aufgegeben wird, so dass neuartige Rechtsbeziehungen möglich werden. Dieses Vorgehen setzt persönliche, uneigennützige Entschlüsse voraus.

Für das durch ein neues gesetzliches Bodenrecht eingeführte Nutzungseigentum wird mit Recht angeführt, dass es in der Umsetzung durchaus einfach wäre. Die besten Unternehmer kämen zum Zuge. Für ihre Auswahl gäbe es eine marktwirtschaftliche Variante: Die Nutzungsgebühr wird so hoch angesetzt, dass die ganze betriebswirtschaftlich erreichbare Bodenrente abgeschöpft wird. Das ist der Fall, wenn man es so macht, dass der Boden meistbietend verpachtet wird, wie es schon Silvio Gesell vorschlug. Die Anwendung des marktwirtschaftlichen Prinzips kann aber auch eingeschränkt werden, indem die Bewerber zum Beispiel von der Gemeinde nach anderen Gesichtspunkten ausgewählt werden. Solange es jedoch eine Nutzungsgebühr gibt, bleibt ein Rest von Marktwirtschaft wirksam. Die Nutzungsgebühr ist für den Nutzer ein Kostenfaktor, durch den die Bodenrente vorweg abgeschöpft wird.

Autoren, die den Boden im Sinne Rudolf Steiners unverkäuflich machen wollen, sehen in der Nutzungsgebühr eine dauerhafte Lösung der Bodenfrage. So schreibt der dem Seminar für freiheitliche Ordnung nahestehende Jurist *Eckhard Behrens*: «Es ist wirtschaftlich möglich, dem Boden den Kapitalwert vollständig zu nehmen, indem man den Bodeneigentümern die Bodenrente entzieht ... Der Zugang zum Boden würde erleichtert, wenn dazu kein Kapitalaufwand mehr erforderlich ist. Wohl aber bedürfte es der Fähigkeit des Erwerbers, eine Abgabe in Höhe der Bodenrente zu erwirtschaften. Warum? Nun, niemand soll künftig den Boden horten, deshalb muss die Rente auch dann abgeliefert werden, wenn man den Boden gar nicht oder unzureichend nutzt. Wer aber den Boden gut nutzt, hat die notwendigen Erträge, die Rente zu bezahlen. So wandert der Boden zum besten Wirt; das ist gesamtwirtschaftlich wünschenswert. Und so wird auch dem Allgemeininteresse gedient, denn wegen der Knappheit des Bodens soll die bestmögliche Bewirtschaftung erreicht werden.»[91] Auch diese Argumentation ist durchaus marktwirtschaftlich, so wie man auch bei der heutigen Käuflichkeit des Bodens sagt, der Markt sorge dafür, dass der Boden zum besten Wirt wandert.

3.11. Die Bodenrente in der Verteilung des Wirtschaftsertrags

Das Bodeneigentum spielt für viele Menschen eine Rolle in der Altersvorsorge. So gehen z. B. Bauern, die einen Hof besitzen, davon aus, dass sie diesen im Alter verkaufen und von dem Erlös leben werden. Wenn ein Bauer seinen Hof verschenkt, muss seine Versorgung im Alter auf andere Weise gesichert werden. Dabei muss man sich ganz von dem Gedanken lösen, die Altersversorgung könne ein Geltendmachen von Eigentumsansprüchen sein. Vermögen anzusammeln für das Alter ist nur eine Fiktion. Man kann überhaupt nicht für sein eigenes Alter vorsorgen, so wenig wie man für die eigene Krankheit oder für den eigenen Schaden vorsorgen kann. Wer heute in der Wirtschaft etwas leistet, muss für die heute nicht Leistungsfähigen mit sorgen. Wer alt ist und eine Rente bekommt, wird von denen ernährt und gepflegt, die dann dazu in der Lage sind. Es ist kein direkt verbundenes Geben und Nehmen,

---

91 in der Zeitschrift «Das Goetheanum» Nr. 9/2008 S. 8f.

sondern ein einseitiges wohlwollendes Geben und ein ebenso einseitiges dankbares Bekommen; es sind also eigentlich Schenkungsakte. Das heutige Versicherungswesen verdeckt die Tatsache, dass man mit den Versicherungsbeiträgen nicht für den eigenen Schaden vorsorgen kann, sondern nur für den Schaden, der in der Gegenwart eintritt. Alle Versicherungen müssen neu als rechtlich geordnete Schenkungswirtschaft formuliert werden.

Was hat die Bodenrente damit zu tun? Steiner betonte wiederholt, dass Bodenrente immer entstehe und durch keine Maßnahmen, wie Steuern und dergleichen, zum Verschwinden gebracht werden könne. Wenn das so ist, kommt es darauf an, wie und wozu die Rente verwendet wird. Wozu ist die Rente da? Können aus ihr die nicht arbeitsfähigen Menschen erhalten werden? Zunächst ist klar, dass für diese Menschen der Teil des wirtschaftlichen Reinertrags, der nicht von den arbeitenden Menschen und ihren Angehörigen verbraucht wird, zur Verfügung steht. Dieser überschüssige Teil des Ertrags hat Rentencharakter und ermöglicht das Schenken. Es ist also hier nicht von der Herkunft der Rente die Rede, wie z. B. in den Begriffen Bodenrente oder Kapitalrendite, sondern von der Verwendung der Rente, die Schenkungscharakter hat. Heute finanziert der Staat große Teile der genannten Bedürfnisse durch Steuern und Abgaben, also durch gesetzlich erzwungene «Schenkungen».

Jede Rente hat als einseitig verlaufender Wertfluss die Eigenschaft einer Schenkung. Das ergibt sich schon aus dem Begriff. Herrmannstorfer umschreibt ihn so: «Volkswirtschaftlich nennt man einen Ertrag, der ohne Gegenleistung erzielt wird, eine Rente.»[92] Nun kann man bei allen Renten entweder auf die Herkunft und Entstehung oder auf die Empfänger schauen. Die Bodenrente und die Rentenpapiere (Anleihen) sagen, *woher* das Einkommen stammt, das ohne Gegenleistung in Anspruch genommen werden kann. Die Alters- und Invalidenrenten dagegen sagen, *für wen* sie bestimmt sind, nämlich für eine definierte Gruppe von Menschen. Bei jeder Rente sind Herkunft und Ziel logisch getrennt und nicht verbunden. So muss man auch bei der Bodenrente die Herkunft von dem Zweck, für den sie da ist, unterscheiden.

- Die Herkunft erfasst man mit der Umschreibung: Bodenrente ist der Ertrag des Bodens als Produktionsfaktor, den man nicht in Geld berechnen kann.
- Für die Verwendung kann man sagen: Die Bodenrente ist im Ertrag der Wirtschaft enthalten und hilft mit, die Finanzierung aller Einkommen zu ermöglichen, insbesondere der Einkommen von Menschen, die reine Verbraucher sind, das sind Kinder, alleinstehende Mütter, Kranke, Alte und Invalide und alle, die im freien Geistesleben arbeiten.

Nahrung, Kleidung, Wohnung usw. gibt der Boden aber auch diesen Menschen nur dann, wenn er bearbeitet wird. Weil die Erde allen Menschen gehört, haben alle einen Anspruch auf ihren Ertrag, denn im Gewinn ist die Bodenrente ununterscheidbar mit dem Ertrag der Arbeit und des Kapitals vermischt. Die Verteilung des Gewinns ist, wie

92 Scheinmarktwirtschaft, S. 78

im 2. Kapitel gezeigt, kein Kauf mit Leistung und Gegenleistung, sondern ein einseitig gerichteter Vorgang. Die Aufteilung des Gewinns erfolgt nach anderen Kriterien als seine Entstehung und erfordert einen neuen Willensakt. Dieser kann frei und doch ohne Willkür sein, wenn zuerst detaillierte Regeln ausgearbeitet und dann in jedem Einzelfall angewendet werden. So kann die Bodenrente restlos in den Gewinn verschwinden und bei der Gewinnverteilung allen Verbrauchern nach Gesichtspunkten des Bedarfs zugeführt werden. Durch diese Art der Gewinnverteilung verliert die Unterstützung derer, die nicht mitarbeiten können, den Almosencharakter. Ihr Bedarf wird als Rechtsanspruch genau so ernst genommen wie derjenige aller wirtschaftlich Tätigen.

Hier ist an die Ausführungen über die Verwaltung des Bodens durch das Geistesleben anzuknüpfen. Ein wirklich soziales Leben erreichen wir, wenn der Boden mit ideellen Zielen und Aufgaben verbunden wird. Dann muss der Nutzer nicht durch Abgaben dazu gezwungen werden, die Bodenrente an die Allgemeinheit abzuliefern, sondern die ganze Mitarbeiterschaft wird in die Lage versetzt, freiwillig sinnvolle soziale Regeln bei der Gewinnverteilung anzuwenden.

In der Übergangszeit kann man durchaus die Abschöpfung der Bodenrente durch den Staat als taktisches Mittel einsetzen, weil die Menschen in großem Umfang lernen müssen umzudenken und ihre Ziele oft nicht auf dem direkten Weg erreichen. Diese Maßnahme kann aber allein keine dauerhafte Lösung der Bodenfrage sein. Sie muss dadurch ergänzt werden, dass von unten herauf eine Bodenverwaltung durch das Geistesleben Stück für Stück aufgebaut wird. Wenn man eine Bodenreform durch nichts weiter als eine Abschöpfung der Bodenrente bewerkstelligen will, wählt man einen Weg ohne geistige Grundlage und Anstrengung. Der andere Weg, der den Boden an eine Idee bindet, fängt mit der geistigen Anstrengung an. Die staatliche Gesetzgebung und die Politik können diese Entwicklung niemals zustande bringen. Ihre Hauptaufgabe ist es, auch auf diesem Gebiet die freien Initiativen nicht zu behindern. Heute muss man mit allen Neuerungen und Fortschritten bei sich selber anfangen. Für Dinge, die nicht Aufgaben des Staates sind, müssen wir selber die Verantwortung übernehmen und im Wirtschaftsleben und im Geistesleben außerhalb des Staates neue, sachgemäße Strukturen schaffen. Das ist ein zeitgemäßer Weg zur Dreigliederung des sozialen Organismus. Dieser Weg beginnt im Geistesleben und führt von da aus in den Bereich, den man heute als Privatwirtschaft bezeichnet.

4. Kapital und Produktionsmittel

4.1. Natürliche und juristische Personen

Es gibt heute noch vor allem kleine Unternehmen, in denen natürliche Personen als Inhaber die selbständige unternehmerische Verantwortung tragen. Sie erhalten Kredite als persönliche Darlehen und haften mit ihrem privaten Vermögen für die Schulden ihres Unternehmens. Das gilt nicht nur für Einzelunternehmer, sondern auch für Personengesellschaften, wie z.B. die Einfache Gesellschaft oder Gesellschaft des Bürgerlichen Rechts. Jedoch die meisten, vor allem die größeren Unternehmen haben heute die Rechtsform juristischer Personen (Aktiengesellschaft, GmbH, Genossenschaft, Stiftung, Verein). In diesen besteht die Unternehmensleitung aus Angestellten des Unternehmens, die nicht für Verluste und Schulden des Unternehmens haften. Nur für persönliches Verschulden können sie zur Rechenschaft gezogen werden. Die Manager, der Verwaltungsrat usw. sind von den Eigentümern des Unternehmens abhängig (in der AG von den Aktionären), von denen sie gewählt und auch abgesetzt werden. In der Aktiengesellschaft ist der Geldgeber nicht Gläubiger, sondern Eigentümer und Teilhaber, und er bekommt keine Zinsen, sondern einen Teil des Gewinns. Als Eigentümer bestimmt er die «Strategie» des Unternehmens, und wenn er seinen Interessen folgt, will er in erster Linie dafür sorgen, dass der Gewinn möglichst hoch ist. Das alles wurde möglich durch die Erfindung der juristischen Person.

Der Begriff der juristischen Person hat sich erst im 19. Jahrhundert entwickelt. Noch in der Französischen Revolution wurde die wirtschaftliche Handlungsfähigkeit nur natürlichen Personen zuerkannt. Aktiengesellschaften erhielten im Laufe des 19. Jahrhunderts zuerst in Amerika, dann auch in Europa die Gleichstellung mit natürlichen Personen, so dass sie Eigentümer von Produktionsmitteln und Kapital sein können, Verträge schließen und für deren Einhaltung haften. Im deutschen Bürgerlichen Gesetzbuch von 1900 und im 1907 verfassten schweizerischen Zivilgesetzbuch sind sie neben den natürlichen Personen gesetzlich definiert. Seither haben wir uns so sehr an diesen Begriff der juristischen Person gewöhnt, dass es schwerfällt, eine Rechts- und Wirtschaftsordnung ohne diese Fiktion vorzustellen.

Rudolf Steiner war jedoch der Meinung: *«Ein Begriff wird in der Zukunft ganz verschwinden müssen, der Begriff der juristischen Persönlichkeit, auch der wirtschaftlich-juristischen Persönlichkeit»*[93], denn es gehe im Juristischen, im Recht um die Beziehungen der Menschen zueinander, insofern sie Menschen sind. Das ist nur bei natürlichen Personen möglich, seien es einzelne oder auch Personengruppen. Produktionsmittel und Kapital können diesen Menschen persönlich zur Verfügung gestellt werden, wenn sie die entsprechenden Fähigkeiten haben. Stei-

93 GA 331 S. 79

ner betonte immer wieder, dass es nur Personalkredite geben dürfe. Durch ein Nutzungsrecht sollten die Unternehmer in größter Freiheit über das produktive Kapital verfügen. *«Den gesamten Kapitalbesitz so zu verwalten, dass der einzelne in besonderer Richtung begabte Mensch oder dass zu Besonderem befähigte Menschengruppen zu einer solchen Verfügung über Kapital kommen, die lediglich aus ihrer ureigenen Initiative entspringt, daran muss jedermann innerhalb eines sozialen Organismus ein wahrhaftes Interesse haben. Vom Geistesarbeiter bis zum handwerklich Schaffenden muss ein jeder Mensch, wenn er vorurteilslos dem eigenen Interesse dienen will, sagen: Ich möchte, dass eine genügend große Anzahl befähigter Personen oder Personengruppen völlig frei über Kapital nicht nur verfügen können, sondern dass sie auch aus der eigenen Initiative heraus zu dem Kapitale gelangen können; denn nur sie allein können ein Urteil darüber haben, wie durch die Vermittlung des Kapitals ihre individuellen Fähigkeiten dem sozialen Organismus zweckmäßig Güter erzeugen werden.»*[94]

Die freie Verfügung über Kapital und Produktionsmittel wird heute durch das Eigentumsrecht gewährleistet. In «kapitalistischen» Theorien wird gern betont, es sei die Hauptaufgabe des Staates, das Privateigentum zu schützen. Diese Theorien unterscheiden in der Regel nicht, ob es sich um die unternehmerische Verfügung über die Produktionsmittel oder um deren Verkauf und Vererbung handelt. Hier ist eine Überprüfung des Eigentumsbegriffs

---

94 «Die Kernpunkte …» GA 23 S. 106

notwendig (siehe Abschnitt 4.5.). Die heute herrschende kapitalistische Theorie vereinigt im Eigentumsbegriff Richtiges und Falsches. Die freie Verfügung der Unternehmensleitung über das Kapital ist notwendig und heilsam, Vererbung und Verkauf dagegen sind schädlich. Das Nutzungsrecht im Sinne der Dreigliederung will die freie Verfügung stärken, sie gilt jedoch im Gegensatz zum heutigen Eigentumsrecht nur so lange, als die Unternehmer das Recht selber nutzen.[95] Das kann, wie viele Beispiele beweisen, auch in der heutigen Rechtsordnung so gehandhabt werden. Dabei hat man meistens keine andere Wahl, als die in den Gesetzen vorgesehenen Gesellschaftsformen der Aktiengesellschaft, GmbH, Genossenschaft oder des Vereins etc. zu benützen und für den internen Gebrauch umzudeuten. Das ist nicht einfach, weil die gesetzlichen Gesellschaftsformen für bestimmte Zwecke gedacht sind und für neue Zwecke im Sinne solidarischer Wirtschaft nicht ganz passen. Juristen können in der Gestaltung solcher Gesellschaften schöpferisch tätig werden, wie es Wilhelm-Ernst Barkhoff meisterhaft gezeigt hat. Man tut heute so, wie wenn nicht Menschen, sondern Vereine, Stiftungen, Genossenschaften, Aktiengesellschaften als juristische Personen unternehmerisch tätig wären, repräsentiert und verwaltet durch angestellte Manager. Intern kann man aber diese Gesellschaften so auffassen, dass die hauptverantwortlichen Personen faktisch in die Position von selbständigen Unternehmern gehoben werden. Sogar in der Aktiengesellschaft ist es möglich, der Unterneh-

95 GA 23 S. 109

mensleitung völlige Autonomie zu gewähren, wenn die absolute Stimmenmehrheit der Aktionäre nicht bei privaten Eigentümern, sondern bei einem Verein oder einer Stiftung liegt und wenn der Verein oder die Stiftung so konzipiert sind, dass sie sich immer in der Hand der jeweiligen Unternehmensleitung befinden.[96]

4.2. Die Verwaltung des Kapitals durch das Geistesleben

Alle produktiven Unternehmen sind darauf angewiesen, dass sie Kapital investieren können. In kleinen Unternehmen stecken die Unternehmer oft ihr privates Vermögen als Eigenkapital in das Unternehmen. Die meisten Unternehmen haben aber seit der gewaltigen Entwicklung der Industrie im 19. Jahrhundert einen Kapitalbedarf, der mit dem Eigenkapital der Unternehmer nicht zu decken ist. Deshalb erhebt sich die Frage, wie eine Unternehmensleitung, wie sie oben beschrieben ist, zu dem nötigen Kapital kommt und wie dieses verwaltet wird. Heute wird das Kapital durch Aktienverkauf erworben oder gegen Zins geliehen, das heißt, es wird in der Wirtschaft verwaltet. Im Kapitalmarkt hat es einen Preis; wenn das Unternehmen

96 Dafür gibt es zahlreiche Beispiele, z.B. in der Schweiz das Unternehmen L'Aubier S. A., dargestellt in: Marc Desaules: «Une réponse humaine à la mondialisation, découvrir une économie associative», Canterbury et Neuchâtel 2003, ISBN 0 948 229 03 9; auch englisch: A Human Response to Globalisation, Discovering Associative Economics, ISBN 0 948 229 04 7

verspricht, den Zins oder die Dividende zu bezahlen, bekommt es das Kapital. Außerdem kann das Aktienkapital in den spekulativen Finanzmärkten Kursgewinne und -verluste bringen. Alle diese Gewinne sind nur dadurch möglich, dass das Kapital in die produktive Wirtschaft investiert wird, und darauf ist die Wirtschaft angewiesen in dem Maße, wie sie Kapital wirklich braucht. Heute vermehren sich aber die Vermögen durch die spekulativen Kapitalgewinne in so großem Umfang, dass die Eigentümer der Vermögen fortwährend zusätzliche Investitionsmöglichkeiten suchen und die Wirtschaft veranlassen, mehr zu investieren, als eigentlich nötig wäre. Auch die Staatsverschuldung ist durchaus im Interesse der Besitzer großer Vermögen. Das Zerstörerische dieses maßlosen Wirtschaftswachstums ist bekannt, es kann aber so lange nicht überwunden werden, als die Verwaltung des Kapitals dem Kapitalmarkt überlassen bleibt. Der Kapitalmarkt, so sagt man, sorge dafür, dass das Kapital dahin gelenkt werde, wo es gebraucht wird. Wenn das Kapital Profit abwirft, könne man davon ausgehen, dass es wirtschaftlich sinnvoll eingesetzt sei; die Menschen brauchten sich darüber keine weiteren Gedanken zu machen und es genüge, wenn sie dem Profit nachjagen. So wird durch die marktwirtschaftliche Theorie die Profitgier zur positiven Kraft erklärt und die höhere Verantwortung dem Menschen entzogen.

An die Stelle des Kapitalmarktes muss eine verantwortliche Kapitalverwaltung treten, für das Geldkapital ebenso wie für das Realkapital (die Produktionsmittel). Die Staatsverwaltung ist dafür ungeeignet, weil sie die freie Initiative unterbindet. Das war Rudolf Steiner schon zu seiner Zeit klar, als das kommunistische «Experiment» in Russland gerade erst begonnen hatte. Es bleibt kein anderer Weg, als die gesamte Kapitalverwaltung so zu organisieren, dass in jedem Fall die freie Initiative von fähigen Menschen zum Zuge kommt. Dafür sind Strukturen nötig, wie sie schon in der Verwaltung des Bodens beschrieben worden sind, das heißt eine Verwaltung durch das Geistesleben. Das ist zwar, wie wir im letzten Kapitel gesehen haben, keine Utopie, sondern etwas ganz Praktisches. Trotzdem erhebt sich grundsätzlicher Widerstand, weil in das Geistesleben wenig Vertrauen besteht und weil man ihm nicht zutraut, in diesem Bereich erfolgreich zu wirken. Dem Geistesleben wird keine Selbständigkeit zuerkannt, weil der Geist als etwas Sekundäres angesehen wird, als eine Eigenschaft und Wirkung der Materie. Gedanken gelten erst dann als gültig, wenn sie im materiellen Experiment bestätigt werden. Das Geistesleben ist also nicht nur von außen durch den Staat unfrei gehalten, sondern durch den weltanschaulichen Materialismus auch von innen. Ein freies Geistesleben muss von innen heraus entwickelt werden, und diese innere Arbeit muss Hand in Hand gehen mit der äußeren Anerkennung seiner Selbständigkeit.

Eine große Schwierigkeit besteht, wie schon im letzten Kapitel dargestellt, darin, dass wir von der «Verwaltung des Geisteslebens» keine klare Vorstellung haben. Im Sinne des dort bereits Ausgeführten müssen wir uns die Frage stellen: Wie können wir durch ein Geistesleben, das nicht zentralistisch, sondern ganz individualistisch organisiert ist, das produktive Kapital der Wirtschaft verwalten? Individualistisch organisiert heißt: für jedes Unternehmen individuell. Gehen wir zunächst von einem Unternehmen aus, das bereits mit Realkapital ausgerüstet ist und damit erfolgreich wirtschaftet. Wenn nun in der Unternehmensleitung ein Wechsel eintritt, weil jemand ausscheidet, dann kann das Verfahren für die Einsetzung neuer Personen in jedem Unternehmen verschieden sein. Wichtig sind aber in jedem Fall die beiden Prinzipien: individuelle Freiheit des Einzelnen und kollegiale Ergänzung und Zusammenarbeit. Ausscheidende Personen, die erfolgreich gearbeitet haben, und auch solche, die in der Unternehmensleitung bleiben, haben gute Voraussetzungen, um in der Wahl neuer leitender Personen mitzureden. Außerdem braucht jedes Unternehmen, damit es nicht isoliert ist, ein Aufsichtsgremium von Fachleuten, die aus den verschiedensten Bereichen des sozialen Lebens kommen können und die Aufgabe haben, die Unternehmensführung zu begleiten, zu kontrollieren. Sie haben dabei vor allem anderen den ideellen Zweck des Unternehmens im Auge zu behalten, jedoch ganz sicher nicht den Profit der externen Geldgeber. Diese werden wohl sorgfältig informiert, sie haben aber bei der Einsetzung der Unternehmensleitung nicht mit zu entscheiden, weil es nicht ihre Aufgabe ist, dafür zu sorgen, dass das Unternehmen seinen finanziellen Verpflichtungen nachkommt. Das macht die Unternehmensleitung selbst.

Ähnliche Grundsätze sind auch dann anzuwenden, wenn es darum geht, ein Unternehmen mit neuem Geldkapital für Investitionen zu versorgen. Die Unternehmerinitiative ist dabei der wichtigste Faktor. Sie darf nicht dadurch eingeschränkt werden, dass Banken und Rating-Agenturen die Kreditwürdigkeit einseitig nach Profitgesichtspunkten prüfen. Für die Geldgeber muss es um ganz andere Fragen gehen: Wollen wir das von einem Unternehmen Beabsichtigte unterstützen, weil es in unseren Augen sinnvoll ist? Dient das Ziel der Allgemeinheit, und trauen wir der Unternehmensleitung zu, dass sie imstande ist, es zu verwirklichen? Schon heute wollen viele Sparer wissen, wofür ihr Geld verwendet wird, und die Höhe des Profits ist ihnen weniger wichtig. Alternative Banken haben Erfahrung mit solchen Kundenwünschen, und auch andere Banken müssen sich schon ein wenig darauf einstellen. In diesen Fragen müssen wir als Vermögensbesitzer, wenn wir unser Geld anlegen wollen, selber urteilsfähig werden. Dazu braucht es eine offene Information und einen guten Kontakt zwischen dem Unternehmer und den Geldgebern. Der Unternehmer kann am besten beurteilen, ob seine Projekte sinnvoll sind und Ertrag bringen werden. Er kann aber darüber keine einsamen Beschlüsse fassen, sondern muss dafür sorgen, dass Menschen, die Kredite zu vergeben haben, seine Absichten verstehen und anerkennen. Im Gegensatz zur «Genehmigung», die den Willen betont, drückt das Wort «Anerkennung» aus, dass es um Erkenntnis geht. Wir können sagen: Wir wären zwar nicht selbst darauf gekommen, aber wir verstehen es und jetzt wissen wir es auch, darum unterstützen wir es. In diesem Sinne muss das Unternehmen einen kleineren oder größeren Kreis von Personen finden, die seine Ziele unterstützen wollen.

4.3. Unternehmerinitiative und ihre Anerkennung im freien und im angewandten Geistesleben

Durch das Beschriebene ist für die Bildung von Unternehmerkapital ein Prinzip maßgeblich, das charakteristisch ist für das Geistesleben und das wir schon im Kapitel 3.3. besprochen haben. Es lautet: Initiative des Einzelnen und kollegiale Verbindung mit solchen, die die Initiative verstehen. Rudolf Steiner hat dieses Prinzip 1923 bei der Neugründung der Anthroposophischen Gesellschaft in Dornach besonders deutlich herausgearbeitet. Als er darüber am 29. März 1924 in Prag berichtete, sagte er: *«Denn Anthroposophie kann wirklich nur in voller Freiheit wirken, wenn dieses Wirken überall immer auf Verständnis auftrifft. Anthroposophisches Wirken kann kein von oben herein [wirkendes] sein, obwohl es ein Wirken sein muss, das von Initiative abhängig ist. Deshalb haben wir bei der Dornacher Tagung so stark betont, dass der dort gebildete Vorstand ein Initiativvorstand, und nicht ein Verwaltungsvorstand sein will.»*[97] Steiner sprach hier über eine Initiative des *freien* Geisteslebens. Im Gegensatz dazu ist die unternehmerische Tätigkeit in der Wirtschaft *angewandtes* Geistesleben, aber auch sie beruht auf Initiative, und die Bildung von Unternehmerkapital ist eine Sache dieses angewandten Geisteslebens. Die Unternehmensleitung wird das Verständnis und die Anerkennung in einer regelmäßigen Zusammenarbeit mit ihren Kapitalgebern pflegen, z. B. in jährlichen Versammlungen, in denen

97 GA 260a S. 183

nicht nur der Buchführungsabschluss vorgelegt wird, sondern auch die Ziele und Projekte des Unternehmens besprochen werden. Soziale und ökologische Unternehmen tun das heute schon. Das Prinzip von Initiative und Anerkennung führt im Geistesleben zum Zusammenwirken in einer freien, individualistischen Form der Organisation. Dieses individualistische Prinzip des Geisteslebens wird in der Unternehmensleitung auf die wirtschaftliche Produktion angewendet.

Hier unterscheidet sich das Wirtschaften nach Gesichtspunkten der Dreigliederung fundamental von der heutigen Praxis. Heute werden die übergeordneten («strategischen») Fragen von den Eigentümern entschieden. Dagegen sind im Sinne der Dreigliederung dafür die Unternehmensleitung und das Aufsichtsorgan zuständig, die beide zusammen in dem Unternehmen die Verwaltung des Geisteslebens innehaben. Zum Geistesleben in den Unternehmen gehört die leitende Tätigkeit, die technische ebenso wie die unternehmerische, die sich im Einkauf und Verkauf, in Rationalisierungen und Investitionen usw. betätigt. Auch körperliche Arbeit ist nie geistlos. Sie erfordert Geschicklichkeit, Überlegung, Vorausschau und Planung. Rudolf Steiner beschreibt den Umfang des Geisteslebens im sozialen Organismus so: *«Ich rechne, indem ich von der Dreigliederung des sozialen Organismus spreche, nicht nur das mehr oder weniger abstrakte Geistesleben oder das spirituelle Leben in das geistige Gebiet hinein, sondern ich rechne alles das in das geistige Gebiet hinein, was auf menschlichen geistigen oder physischen Fähigkeiten beruht. Das muss ich ausdrücklich betonen, sonst könnte man die Begrenzung des Geistgebietes im dreigliedrigen sozialen Organismus völlig missverstehen. Auch derjenige, der nur Handarbeit verrichtet, braucht eine gewisse Geschicklichkeit zu dieser Handarbeit, er braucht verschiedenes andere noch, was den einzelnen nicht erscheinen lässt als einen Angehörigen des reinen Wirtschaftens, sondern als einen Angehörigen des Geistgebietes.»*[98]

Dieses Geistesleben muss in jedem wirtschaftlichen Betrieb gepflegt werden. Heute steht in den Lehrbüchern, das oberste Unternehmensziel bestehe darin, den Gewinn – definiert als Überschuss der Erlöse über die Kosten – zu maximieren. In Zukunft muss die Formel lauten: Das oberste Unternehmensziel besteht darin, etwas für die Menschheit, für die Allgemeinheit Förderliches herzustellen oder zu leisten. Das zweite Ziel ist, dass die Menschen, die in dem Unternehmen arbeiten, vom Ertrag gut leben können und nicht als Kostenfaktor behandelt werden. Die Gewinn- oder Ertragsmaximierung wird dadurch in ihrer Bedeutung nicht aufgehoben, sondern sogar aufgewertet, weil sie für die Existenz aller Mitarbeiter zu sorgen hat, aber sie wird in der Zielsetzung des Unternehmens an die zweite Stelle gesetzt. Ein weiteres Ziel ist, dass die Produkte und Leistungen zu fairen Preisen angeboten werden. Diese Zweckbestimmung ist bei Unternehmen, die in einer Monopolstellung sind, besonders wichtig, z. B. bei der Wasser- und Stromversorgung oder bei Anbietern im öffentlichen Verkehr und in der Kommunikation. Die Al-

98 1921: GA 79 S. 246

ternative ist in diesen Wirtschaftsbereichen nicht: Staatsbetrieb oder Konkurrenz. Die dritte und freiheitlichste Lösung lautet: Wirtschaftsbetrieb mit ideeller Zielsetzung. Wenn es gelingt, sie zu verwirklichen, ist es nicht nötig, Konkurrenz künstlich zu schaffen. Heute meint man, das sei notwendig, obwohl es doch das rationelle Wirtschaften oft beeinträchtigt.

Es gibt von der Dreigliederung ein falsches Bild, wenn man meint, das Wirtschaftsleben bestehe einfach aus der Gesamtheit der Wirtschaftsunternehmen. Richtig ist vielmehr, dass die Wirtschaftsunternehmen sich in der wirtschaftlichen Produktion betätigen, aber auch ein eigenes Geistesleben und eigene rechtliche Strukturen entwickeln müssen.

4.4. Der Produktivwert des Anlagevermögens

In den Unternehmensbilanzen werden Produktionsliegenschaften, Maschinen, Fahrzeuge und Einrichtungen auf der Aktivseite als Vermögen aufgeführt. Neue Bilanzierungsvorschriften, die aus der angloamerikanischen Praxis stammen und mehr und mehr als internationale Standards gelten, verlangen, dass das Anlagevermögen nach seinem Marktwert bewertet wird, das heißt so, wie es im Bilanzzeitpunkt verkauft werden könnte. Das geschieht im Interesse der Investoren, die wissen wollen, wie sich der Börsenwert eines Unternehmens entwickeln könnte. Die Empfehlungen von Rudolf Steiner gehen gerade in der umgekehrten Richtung. Er war, wie wir im 3.

Kapitel gesehen haben, der Meinung, dass der Grund und Boden nie einen Marktpreis haben sollte, weil er nicht gekauft und verkauft wird, sondern im Bereich des Geisteslebens verwaltet wird. Er kann daher nicht in der Bilanz als verkäufliches Vermögen verbucht werden. Das kann für Unternehmen, die ihre Liegenschaften grundsätzlich nicht mehr verkaufen wollen, schon jetzt eine Bedeutung haben. Gesetzliche Bilanzierungsvorschriften sind dabei natürlich zu beachten.

Anders ist es bei den Produktionsmitteln, die hergestellt werden müssen, wie Gebäude, Maschinen usw., denn sie haben ja einen Anschaffungspreis. Rudolf Steiner sprach im «Nationalökonomischen Seminar» von einer *«Maßregel, dass die Produktionsmittel ihren Wert verlieren, wenn sie Produktionsmittel geworden sind»*.[99] Gemeint ist hier sicher, dass sie den Kaufwert verlieren, denn sie erhalten einen Produktivwert. Dieser dient den Fremdkapitalgebern als Sicherheit. Dem auf der Passivseite der Bilanz verbuchten Fremdkapital steht auf der Aktivseite der Wert der Produktionsanlagen gegenüber, die einmal mit dem Fremdkapital angeschafft worden sind. Im Sinne der Dreigliederung stellt das Anlagevermögen keinen Wert dar, den man durch Verkauf in flüssiges Geld verwandeln könnte. Die produktiven Anlagen sind zwar wirtschaftlich produktiv, werden aber in das Gebiet des Geisteslebens übertragen. Dazu bemerkte Steiner am 20. September 1920 in einem Vortrag: *«Produktionsmittel, insofern sie kapitalisiert werden können, ... gehören ins*

---

99 1922: GA 341 S. 80

geistige Glied des sozialen Organismus.»[100] Wie ist diese Formulierung zu verstehen? Was heißt «kapitalisiert werden»? Der Ausdruck ist uns allen aus der Zinsrechnung bekannt. Wenn man einen regelmäßigen Zinsertrag hat, kann man mit Hilfe des Zinsfußes das Kapital errechnen. So kann man jeden regelmäßigen Ertrag kapitalisieren, auch den Ertrag aus der Produktivität der Produktionsanlagen. Dieses so errechnete Kapital gehört in die Verwaltung des Geisteslebens und hat deshalb keinen im Verkauf realisierbaren Wert. Wenn man trotzdem, weil es praktisch ist, im Anlagevermögen den Anschaffungswert nach bestimmten Regeln abschreibt, handelt es sich nicht um einen abnehmenden Marktwert, sondern um einen Ausdruck für die Produktivität, mit deren Hilfe man das Fremdkapital allmählich zurückzahlt. Je genauer man sich diese Details gedanklich vergegenwärtigt, desto deutlicher erkennt man, in welcher Weise das Wirtschaftsleben und das Geistesleben nicht voneinander getrennt, sondern im Sinne einer Gliederung miteinander verbunden sind. Dieser neuen Auffassung stellen sich heute die stärksten Denkgewohnheiten entgegen. Diese allmählich zu ändern, wird wohl kaum anders gelingen, als indem man an praktischen Beispielen lernt, das Grundsätzliche immer besser zu verstehen.

Wenn man, ohne an die Produktivität zu denken, bei der Verbuchung des Anlagevermögens vom einstigen Anschaffungspreis ausgeht und davon die Abschreibungen abzieht, denkt man an die Vergangenheit. Für die Eigentü-

100 1920: GA 335 S. 267

mer, insbesondere die Aktionäre, ist der gegenwärtige Marktwert eines Unternehmens wichtig. Stattdessen sollte mit der Produktivität ein Blick in die Zukunft getan werden. Nur dieser Zukunftsaspekt der Produktivität ist ein brauchbares Gegenstück zum Fremdkapital. Denn auch beim Leihgeld geht es nur um die Zukunft, nämlich um die Frage: Wird das Unternehmen in der Lage sein, die vereinbarten regelmäßigen Rückzahlungen und Zinsdienste zu leisten? Heute beurteilen die Kreditgeber nicht nur die Produktivität, sondern auch noch die dinglichen Sicherheiten, weil sie sich damit vor den Folgen eines Konkurses schützen wollen. Kredite sind immer mit einem gewissen Risiko verknüpft, weil sie dazu da sind, unternehmerischen Menschen eine Chance zu geben. Wenn ein Unternehmer trotz sorgfältiger Planung scheitert, muss man das Unternehmen nicht liquidieren, sondern geeignete Personen suchen, die es weiterführen können. Kredite sollen ja nur für Projekte gegeben werden, deren Weiterführung sinnvoll ist.

4.5. Zwei Arten von Eigentum unterscheiden

Der Begriff des Privateigentums, den wir vom römischen Recht übernommen haben, besagt, dass ich mit meinem Eigentum machen kann, was ich will. Heute reden wir von der Sozialbindung oder Sozialpflichtigkeit des Eigentums, haben aber Mühe, uns darunter etwas Genaues vorzustellen, weil wir zu wenig deutlich unterscheiden, ob wir von den Dingen des privaten Gebrauchs, z. B. vom

Bett, von den Kleidern und dergleichen sprechen, oder ob es sich um das Eigentum an wirtschaftlichen Produktionsmitteln (Boden, Gebäude, Maschinen, Fahrzeuge) handelt. Dinge des privaten Gebrauchs können wir nutzen oder auch verkaufen und vererben. Beide Verfügungsrechte sind durch das Eigentumsrecht geschützt. Bei den wirtschaftlichen Produktionsmitteln dagegen sind, wie wir bereits dargestellt haben, die beiden Verfügungsrechte klar zu unterscheiden und zu trennen. Im Sinne der sozialen Dreigliederung muss es ein zeitlich befristetes Nutzungseigentum geben, über das man nur so lange verfügt, als man es produktiv nutzt. Niemals kann man es wie einen Privatbesitz verkaufen oder vererben und damit seinen Gegenwert dem privaten Verbrauch zuführen.

In Worten von Rudolf Steiner: «*Man mengt heute in eines zusammen wirtschaftliche Betriebe auf Grundlage des Kapitals und privaten Besitz von Kapital. Die Frage muss aber gestellt werden: Sind diese beiden Dinge voneinander lösbar? Denn die private Verwaltung der wirtschaftlichen Betriebe, die aufgebaut ist auf die größere oder geringere Intensität individueller menschlicher Fähigkeiten, diese private Verwaltung, die zu ihrer Betätigung eines Hilfsmittels, des Kapitals, bedarf, die kann nicht aufgehoben werden ... Etwas anderes aber ist der private Besitz an Kapital, ist das Eigentum an Privatkapital ... Dadurch, dass jemand, wodurch auch immer, Privatkapital erwirbt oder erworben hat, dadurch kommt er zu einer gewissen Macht über andere Menschen ... Dasjenige, was dem sozialen Organismus wirklich fruchtbare Kräfte zuführt, das ist die Arbeit, die die individuellen*

Fähigkeiten durch das Kapital leisten. Dasjenige aber, was den sozialen Organismus schädigt, das ist, wenn Menschen, die selber durch ihre individuellen Fähigkeiten eine solche Arbeit nicht leisten können, dennoch durch irgendwelche Verhältnisse in dauerndem Besitze von Kapital sind. Denn solche haben wirtschaftliche Macht. Was heißt es denn: Kapital haben? – Kapital haben heißt: eine Anzahl von Menschen nach seinen Intentionen arbeiten zu lassen, Macht haben über die Arbeit einer Anzahl von Menschen.»[101]

Heute umfasst das Eigentum an Wirtschaftsunternehmen zwei Gruppen von Rechten:

1. Die Verfügung über die Tätigkeit des Unternehmens: Die Eigentümer, z. B. die Aktionäre in der Aktiengesellschaft, bestimmen die Ziele und die Organisation des Unternehmens, setzen die Unternehmensleitung ein und können sie auch wieder absetzen.
2. Die Verfügung über die Verteilung des Gewinns, über Erhöhungen oder Verminderungen des Kapitals und über die Verwendung eines Liquidationsergebnisses.

Im Sinne der Dreigliederung sind die Unternehmensführung und der Einsatz der Produktionsmittel die Sache der jeweiligen Unternehmer. Die Unternehmensleitung setzt Fähigkeiten durch Ausbildung und Erfahrung voraus und bedingt weitgehend hierarchische und kollegiale Strukturen. Sie ist angewandtes Geistesleben. Dies ist wohl eine der wichtigsten Ideen innerhalb der Dreigliederung des

---

101 1919: GA 329 S. 20f.

sozialen Organismus und gibt dem Kapitalismus, der nicht etwa beseitigt wird, eine Form, durch die seine schädlichen Seiten überwunden werden. «*Werden ausgefüllt alle Stellen, die im Wirtschaftsleben notwendig sind, durch die Verwaltung der geistigen Organisation, wird der Mensch mit seinen individuellen Fähigkeiten in das Wirtschaftsleben hineingestellt von der geistigen Organisation aus, dann kommt man allein zu einer gesunden, fruchtbaren Sozialisierung. Denn nur damit ist man in der Lage, das, was der Besitz des privaten Kapitals ist, von der Verwaltung dieses Kapitals zugunsten des gesunden sozialen Organismus abzutrennen.*»[102]

Die neue Auffassung des Eigentums hat Konsequenzen für die Bedeutung des Eigenkapitals. Dieses zeigt heute an, dass das Unternehmen insoweit, als es nicht durch Fremdkapital belastet ist, seinen Eigentümern gehört. Wenn es in einem Unternehmen niemanden gibt, der es als seinen privaten Besitz bezeichnen kann, verliert das Eigenkapital diese Bedeutung. Es dient dann im Wesentlichen als Reserve für geplante und auch unvorhergesehene Aufwendungen und zeigt an, ob ein Unternehmen kreditwürdig ist.

Der Reinertrag des Unternehmens (die Wertschöpfung) ist hauptsächlich dazu da, dass alle Mitarbeiter, die zu dem Ergebnis beigetragen haben, davon leben können. Deshalb können für die Verteilung des Reinertrags die Grundsätze und Methoden angewendet werden, die im 2. Kapitel dargestellt sind. Solche Änderungen am Eigen-

---

102 GA 329 S. 33

tumsrecht werden von den Finanzmächten, die sich die Aktienmehrheiten angeeignet haben und weiter aneignen, stark bekämpft werden.

5. Das Problem der Nachhaltigkeit und die Polarität von Landwirtschaft und Industrie

5.1. Ausgleich der Ressourcen

Das Wirtschaftswachstum darf nicht so weitergehen, wie es jetzt geschieht, weil es zum Tod der Erde und der Menschheit führt. Durch seine Veröffentlichungen wollte der Club of Rome vor genau vierzig Jahren diesen Zusammenhang in das Bewusstsein der breiteren Öffentlichkeit rufen. Zwanzig Jahre später, im Juni 1992, diskutierten am «Weltgipfel» von Rio 17000 Menschen über nachhaltige Entwicklung. 178 Staatsregierungen und viele Nichtregierungs-Organisationen waren vertreten. Wieder zwanzig Jahre später kann man zwar nicht sagen, dass seither nichts geschehen sei, es ist aber viel zu wenig. Die wichtigsten Maßnahmen erwartet man von den Staaten, die durch Gesetze die Nachhaltigkeit in der Wirtschaft erzwingen sollen. Gesetze werden aber in der politischen Auseinandersetzung gemacht, und da sind die widerstrebenden Interessen mächtig.

Nachhaltig wäre die Wirtschaft dann, wenn wir nur so viele Ressourcen verbrauchten, dass allen zukünftigen Generationen gleich viel davon übrig bleibt. Davon sind wir weit entfernt, und ich glaube, dass wir auch gar nicht wissen, wie wir das bewerkstelligen könnten. Am schlimmsten wirkt sich der Ressourcenverbrauch ausgerechnet in den rohstoffreichen Ländern aus. Das viele Geld, das ins Land kommt, gerät in die Hände von Wenigen, die dafür Waffen kaufen, um ihre Macht zu festigen oder in Bürgerkriegen um diese Macht zu kämpfen. Nigeria hat von 1980 bis 2010 fast 250 Billionen Dollar für Öl eingenommen. Gleichzeitig schrumpfte seine Wirtschaft, und Lagos ist eine heruntergekommene Stadt mit hoher Kriminalität. Viele rohstoffreiche Länder kommen nicht zu Wohlstand. In dem ölreichen Venezuela leben zwei Drittel der Bevölkerung in Armut. Man spricht vom «Ressourcenfluch» und vom «Reichtumsparadoxon». Der amerikanische Ökonom Joseph Stiglitz, der im IWF, in der Weltbank und in der Clinton-Administration in maßgeblichen Positionen war und heute als Professor an der Columbia University in New York lehrt und einer der schärfsten Globalisierungskritiker ist, macht darauf aufmerksam, dass rohstoffreiche Länder jede Existenzgrundlage verlieren werden, sobald ihre Rohstoffe ausgeplündert sind. Sie müssten jetzt Geld in die Zukunft investieren, um dann, wenn es so weit ist, von ihrer Wirtschaftsleistung leben zu können.[103]

Wenn man heute von Investieren spricht, denkt man an den Aufbau von Industrie- und Dienstleistungsbetrieben, die rohstoffarmen Ländern Reichtum und Wohlstand bringen. Auch die erfolgreichen Schwellenländer, wie Brasilien, Indien und China, investieren nach diesem Rezept. Für einzelne Länder ist es möglich, so vorzugehen.

---

103 Joseph Stiglitz: Die Chancen der Globalisierung, München 2008

Wenn man aber die Erde als Ganzes anschaut, ist die Verminderung der Ressourcen damit nicht kompensiert. Wir haben gelernt, endliche und erneuerbare Ressourcen zu unterscheiden. Die zweiten reproduzieren sich selbst. Bei den ersten dagegen haben wir keine andere Möglichkeit, als sparsam damit umzugehen und aus den Abfällen möglichst viele Rohstoffe zurück zu gewinnen. Die endlichen Ressourcen nehmen aber auf jeden Fall ab, einige langsamer, andere schneller. Wie kann ein Land diese Verluste kompensieren? Das ist nur dann möglich, wenn es eine dritte Kategorie gibt, nämlich *vermehrbare Ressourcen*. Von diesen spricht der Globalisierungs-Fachmann nicht, obwohl es sie gibt, und zwar in jenen Bereichen der Wirtschaft, die mit Hilfe der lebendigen Natur Güter produzieren: in der Landwirtschaft und im Wald.

Jeder dritte Mensch lebt auf der Erde in Armut und Elend und eine Milliarde Menschen leiden an Unterernährung, viele von ihnen in rohstoffreichen, aber armen Ländern. Laut FAO könnte die Erde 12 Milliarden Menschen, die für das Jahr 2050 vorausgesagt werden, ernähren. Das ist aber sicher nur durch nachhaltige, ökologische Land- und Waldwirtschaft möglich und nicht durch eine globale Ausbreitung der industriell betriebenen, Ressourcen verbrauchenden Landwirtschaft. In den reichen Ländern werden die Bauern wegen ihres kleinen Anteils am Bruttoinlandsprodukt gering geschätzt, in manchen armen Ländern aber, wo sie viel zum Bruttoinlandsprodukt beitragen, werden sie von den Industrieländern ausgenützt, indem sie gezwungen werden, Kaffee, Baumwolle, tropische Früchte usw. zu produzieren und in die reichen Länder zu exportieren. Durch Landwirtschaft kann man sich ernähren und kleiden, also leben, aber nicht reich werden. Man kann sich aber sehr wohl an der Landwirtschaft bereichern.

Es ist heute offensichtlich, dass die Stellung der Landwirtschaft innerhalb der Wirtschaft für die Nachhaltigkeit entscheidend ist. Wir müssen daher diese Stellung näher untersuchen und werden darauf kommen, dass Rudolf Steiner in einer Zeit, in der kaum jemand an so etwas dachte, auf eine Art darauf hingewiesen hat, die als ganz exotisch erschien und bis heute in der Wirtschaftstheorie kaum verstanden worden ist.

5.2. Wie wichtig ist die Landwirtschaft?

Während in Afghanistan die Landwirtschaft im Brutto-Inland-Produkt 60 Prozent ausmacht, ist es in Deutschland nur noch ein Prozent. Die damit verbundene Geringschätzung der Landwirtschaft hat unter anderem zur Folge, dass immer mehr fruchtbarer Boden überbaut wird. In der kleinen Schweiz frisst die Bautätigkeit jede Sekunde einen Quadratmeter Boden, und darunter auch viel fruchtbares Ackerland. In Deutschland werden 11,5 Quadratmeter pro Sekunde genannt. Während der Weltkriege im letzten Jahrhundert war es noch eine Hauptsorge aller Menschen in Europa, dass alle genug zu essen haben. In der Schweiz gibt es davon einen Rest in einer gesetzlichen Bestimmung, die vorschreibt, dass für Zeiten eingeschränkter Einfuhr genügend Ackerfläche vorhanden sein muss. 440 000 Hektar der besten ackerfähigen Böden sollten vor Überbauung geschützt werden. Dieses Gesetz wird aber in den Kantonen und Gemeinden ganz mangelhaft umgesetzt. Es gibt in vielen Gemeinden keine detaillierten Bodenkarten, so dass man gar nicht weiß, ob diese 440 000 Hektar noch vorhanden sind.[104]

Die Landwirtschaft ist bekanntlich in der Wirtschaftspolitik Gegenstand der größten Probleme. In vielen Industrieländern des Nordens wird die Landwirtschaft durch Subventionen am Leben erhalten. Die Agrarwirtschaft nimmt in internationalen Verhandlungen und Abkommen einen unverhältnismäßig großen Raum ein. Dabei ist es ohne weiteres deutlich, dass nicht die Landwirtschaft diese Probleme verursacht, sondern das Verhältnis zwischen Landwirtschaft und Industrie, das nicht verstanden, aber in rücksichtsloser Weise ausgenützt wird.

Im 18. Jahrhundert stand in der Wirtschaftstheorie der Physiokraten die Landwirtschaft noch an oberster Stelle. Damals lebten und arbeiteten 80 Prozent der Menschen als Bauern. Nach der ersten großen industriellen Revolution lebte um 1890 noch die Hälfte der Menschen in der Landwirtschaft. Damals entwickelte sich der Welthandel dank den Dampfschiffen. Getreide wurde für die ganze Welt an der Börse von Chicago gehandelt. Dabei trat in den Siebzigerjahren des 19. Jahrhunderts das Problem auf, dass die Getreidepreise auf dem Weltmarkt stark sanken.

---

104 Claude Lüscher in der SVIL-Jahrestagung 17. Oktober 2005 an der ETH Zürich

Für die europäische Landwirtschaft ging es um Sein oder Nicht-Sein. In Deutschland wurde 1879 ein Schutzzoll für Getreide eingeführt, um die inländische Landwirtschaft zu schützen. Die Engländer machten es anders, sie verlegten die Nahrungsversorgung ihres Landes auf den Import aus der ostindischen Kolonie. Die eigene bäuerliche Landwirtschaft opferten sie, und die Getreideäcker verwandelten sie in große Weideflächen für eine extensive Schafhaltung.

5.3. Preisspekulationen mit unserem täglichen Brot

Weil der Getreidepreis immer weiter absackte, musste Deutschland den Schutzzoll bis 1887 zuerst verdreifachen und dann verfünffachen. Zur Begründung wurde gesagt, es gebe in der Welt Überproduktion von Getreide. In Indien und Argentinien sei die Produktion billiger, und diese Konkurrenz sei schuld an dem Niedergang der Preise. Es waren Probleme, die auch heute auf dem Weltagrarmarkt eine Rolle spielen. Bismarck war daran interessiert, diesen Behauptungen auf den Grund zu gehen, und gab einem damals bekannten Agrarier, Gustav Ruhland, den Auftrag, eine Weltreise zu unternehmen und die Verhältnisse an Ort und Stelle zu untersuchen. In der Instruktion Bismarcks hieß es, er wünsche ein praktisches Ergebnis, das man anwenden könne. «Wenn Sie aber zurückkommen und mir nur einen historisch interessanten Bericht erstatten, dann melden Sie sich nachher besser beim Kultusminister.»

Als Ruhland im Sommer 1890 von der Weltreise zurückkam, war Bismarck schon entlassen. Ruhland war später Professor in Zürich und im schweizerischen Freiburg. Er schrieb ein dreibändiges Werk: «System der politischen Ökonomie», das heute nur noch in historischen Bibliotheken zu finden ist. Auf seiner Reise hatte er festgestellt, dass die Weltmarktpreise nicht wegen Überproduktion oder wegen billiger Konkurrenz niedrig waren. «Die internationale landwirtschaftliche Konkurrenz erwies sich nicht als ein Produktionsproblem. Den Landwirten in den verschiedenen Teilen der Erde ging es ungefähr gleich schlecht.»

Ruhland fand einen ganz anderen Grund. An der Getreidebörse in Chicago gab es Termingeschäfte, wie sie heute in der Wertpapier- und Devisenspekulation, aber auch wieder im Getreidehandel eine Rolle spielen. Ein Verkäufer und ein Käufer machen im Winter oder Frühling einen Vertrag über eine Lieferung im nächsten Sommer. Beide versuchen, die Preisentwicklung bis zum Sommer zu erraten, und schließen darüber eine Art Wette ab. Sie einigen sich auf einen Preis, den sie schon zum Zeitpunkt des Vertragsabschlusses festlegen. Ist dann der Preis im Sommer niedriger, so hat der Verkäufer einen Gewinn, weil er über dem Marktpreis verkaufen kann. Der Käufer wird dabei einen genau ebenso großen Verlust erleiden. Ist der Preis höher, so ist es umgekehrt. Ohne Preisschwankungen (*Volatilität*) gibt es keine spekulativen Termingeschäfte, das ist auch heute das Prinzip der riesigen Gewinne und Verluste in der Devisenspekulation und im Derivathandel an den Börsen. Gäbe es keine Preisschwankungen, sondern einen fairen Handel mit stabilen Preisen, so könnte eine Spekulation kaum gedeihen.

Die Preise können durch Termingeschäfte auch massiv beeinflusst werden. Das war damals schon so in der Getreidespekulation. Als Spekulant kann ich heute eine große Menge Getreide für eine Lieferung im Sommer anbieten, auch wenn ich dieses Getreide gar nicht habe. Ich kann ja planen, dass ich dieses Getreide noch kurz vor dem Liefertermin kaufen werde, in der Hoffnung, dass es dann billiger sein wird als der Preis, den ich heute im Terminvertrag vereinbart habe. Ich kann aber auch, nachdem ich die Preisentwicklung ein wenig beobachtet habe und wenn der Liefertermin näher rückt, meinen Getreidekauf wieder durch ein Termingeschäft ausführen, so dass ich dann im Sommer das Getreide habe, das ich liefern muss. Wenn mein erstes, völlig unreales Angebot groß genug war, konnte ich den Markt beeinflussen und den Preis zu meinem Vorteil nach unten drücken. So werden im Devisen-Terminhandel große Geschäfte getätigt, die gar keine reale Grundlage haben. Man sagt, dass heute nur 2,5 Prozent der «Futures» tatsächlich ausgeführt werden. 97,5 Prozent werden vor dem Termin «glattgestellt», wie der Fachausdruck heißt.

Ruhland stellte jedenfalls fest, dass nicht die reale Wirtschaft, sondern der Blanko-Terminhandel den Zerfall des Getreidepreises verursacht habe. Er war damals, vor hundert Jahren der Überzeugung, dass in den Lehren der Physiokraten bleibende Wahrheiten enthalten seien, von denen ich drei wichtige wiedergebe:[105]

- Die Mutter Erde bleibt die einzige Quelle des Reichtums.
- Der Wohlstand der Bauern ist grundlegend für den Wohlstand des Volkes.
- Der Staat hat so in die Wirtschaft einzugreifen, dass ein mittlerer Getreidepreis zustande kommt, der für Produzenten und Verbraucher erträglich ist.

Das mag uns ganz sympathisch sein, es sind aber Teilwahrheiten, die der Realität nicht gerecht werden. Wir brauchen noch andere Ideen und Gesichtspunkte.

5.4. «Das größte Problem der neueren Zeit»

Als Rudolf Steiner 1919 in Deutschland und in der Schweiz seine groß angelegte Aktion für eine gesellschaftliche Neuordnung durchführte, stellte er zwischen der Landwirtschaft und der übrigen Wirtschaft den allergrößten Gegensatz fest. In einem Frageabend in Stuttgart, am 30. Mai 1919, sprach er darüber, was die Ursache der sozialen Frage sei. Es war damals die Frage, warum es ein Proletariat gibt. Heute haben wir die gleiche Frage wieder in der immer größer werdenden Diskrepanz von Reichtum und Armut, in der Arbeitslosigkeit, in der Existenz von Working Poor und in der Kluft zwischen reichen und armen Völkern. Steiner sagte, die Ursache sei, *«dass wir vor das größte Problem der neueren Zeit gestellt sind»*. Dieses

---

105 «System der politischen Ökonomie» 1. Teil Kapitel C, 2.)

Problem sei mit dem Industrialismus gekommen. Und nun folgen die erstaunlichen Sätze: Das Problem *«besteht darin, dass aller Industrialismus in der Volkswirtschaft mit einem Passivum arbeitet – das ist so und nicht anders. Aller Industrialismus, insofern er sich durch seine Produktionsmittel immer weiter und weiter entwickelt, arbeitet gegenüber dem, was Volkswirtschaft der Menschheit ist, mit Unterbilanz.»* Woher wird diese Unterbilanz gedeckt? *«Allein vom Boden wird sie gedeckt, ... allein durch dasjenige, was der Boden hervorbringt ... Alles dasjenige, was als Lohnfrage, was als Kapitalfrage, was als Preisfrage innerhalb des modernen Lebens darinnen ist, das ist lediglich herrührend davon, dass hinüberwandern muss von der Bodenproduktion der Überschuss in die Unterbilanz der Industrie.»* [106]

Um diese Ausführungen zu verstehen, müssen wir sie Wort für Wort anschauen. Es heißt nicht, die Industrie, sondern *aller Industrialismus*, arbeite mit Unterbilanz. Zu diesem müssen wir auch die Traktoren, die Mähdrescher und die Melkmaschinen dazurechnen.[107] Und was ist mit Unterbilanz gemeint? Macht die Industrie Verlust? Das kann nicht gemeint sein, weil es auch damals nicht so war. Es heißt eben, der Industrialismus arbeite mit einem *Pas-*

---

106 GA 337a S. 64 ff.

107 Steiner sprach in einer Fragenbeantwortung am 29. Oktober 1919 über *«die Behandlung der agrarischen Produktionsmittel, also vorzugsweise des Grundes und Bodens – denn insofern andere Produktionsmittel in Betracht kommen, sind sie ja auch industrielle Produktionsmittel – ...»* GA 332a S. 177

sivum. Es ist nicht von der Erfolgsrechnung, sondern von der Bilanz die Rede.

Steiner sprach ausdrücklich von den Produktionsmitteln, durch die sich der Industrialismus immer weiter entwickle. Wenn ein Produktionsmittel zum Einsatz kommt und als Vermögen in die Bilanz gesetzt wird, dann wird es von Jahr zu Jahr abgeschrieben, weil es nach und nach an Wert verliert, oder es wird, nach Steiners Vorschlag, sofort abgeschrieben, weil es nicht mehr als Ware verkauft werden soll. Auch wenn die Maschinen und Einrichtungen nach ihrer Anschaffung sofort ganz abgeschrieben werden, haben sie einen Wert, der von Jahr zu Jahr abnimmt. Es ist der Produktivitätswert und nicht ein Vermögenswert mit einem Verkaufspreis. In der Formulierung Steiners geht es nur um die Aktiv-Seite der Bilanz, und er vergleicht in der wirtschaftlichen Gesamtrechnung die Aktiv-Seite des Industrialismus mit derjenigen der Bodenproduktion. In den Aktiven kommt die Produktivität eines Unternehmens zum Ausdruck. Die Produktivität, welche auf Gebäuden und Maschinen beruht, nimmt nach und nach ab und muss durch Investitionen immer wieder erneuert werden. Die Produktivität des land- und forstwirtschaftlichen Bodens dagegen, mit der ganzen Naturgrundlage, mit dem Pflanzen- und Tierbestand, nimmt nicht ab, sondern kann bei guter Pflege zunehmen. Ein Traktor, den ich heute kaufe, ist nach dreißig, vierzig, fünfzig Jahren verbraucht und nicht mehr da. Ein Pferd oder eine Kuh bringt in der gleichen Zeit eine ganze Herde hervor, wenn die nötige Futterfläche da ist.

Seit dem 19. Jahrhundert wird in Universitäten und

Fachschulen gelehrt, die Landwirtschaft sei ein Gewerbe wie jedes andere, und ihr Ziel sei, Gewinn zu machen. Bei den Bauern hat sich diese Lehre nach langem Widerstreben in den letzten sechzig Jahren durchgesetzt. Große Teile der Landwirtschaft sind gewerblich ausgerichtet, mit hohem Input von Mineraldünger, Futtermitteln und Gift, mit Umweltschäden und mit Abfällen, die möglichst umweltschonend verwertet und beseitigt werden müssen. Die biologische Landwirtschaft – nur diese kann im Sinne der Nachhaltigkeit als echte Landwirtschaft aufgefasst werden – arbeitet für die lebendigen Prozesse ohne Input von Futter- und Düngemitteln. Maschinen und Energie dagegen verwendet sie als Arbeitshilfsmittel und unterscheidet sich darin nicht von der Industrie. Ihre organischen «Abfälle» (Mist, Ernterückstände) führen nicht zu einer Beeinträchtigung der Umwelt, sondern durch Humusaufbau zur Steigerung des Lebens, der Gesundheit und der landwirtschaftlichen Produktivität. Dadurch betreibt die Landwirtschaft *Urproduktion,* die Industrie dagegen betreibt *Veredlungsproduktion*. Durch die Landwirtschaft werden die Naturgrundlagen (die Bodenfruchtbarkeit) wertvoller, durch die Industrie entsteht eine Wertminderung der Naturgrundlagen.

Die Bodenproduktion ist als Urproduktion die Grundlage alles Wirtschaftens. Sie wird deshalb von den großen Wirtschaftsmächten durchaus nicht verachtet. Vielmehr arbeiten diese zielstrebig darauf hin, möglichst viel Boden und einen möglichst großen Teil der Agrarwirtschaft in ihre Hände zu bekommen. Am Saatgut, Dünger und an Pestiziden einerseits und an der Verarbeitung der Rohstoffe aus der Bodenproduktion und am Handel kann man viel Geld verdienen. Die Bodenproduktion selbst wird durch falsche soziale Organisationsformen geschwächt, so dass sie in den reichen Ländern durch staatliche Subventionen am Leben erhalten werden muss.

5.5. Urproduktion ohne Nährstoffersatz

Nun kann aber das Wesen des Bodens als Produktionsmittel und der Unterschied zwischen der Landwirtschaft und der Industrie mit dem bisher Beschriebenen noch nicht klar genug gesehen werden. Das ist erst möglich seit dem Kurs für Landwirte, den Steiner 1924 in Koberwitz bei Breslau gegeben hat.[108] Da kam etwas ganz Neues dazu. Steiner zeigte dort, dass es möglich ist, in einer Landwirtschaft etwas zu produzieren und die Produkte wegzugeben, zu verkaufen, ohne dass man die entsprechenden Stoffmengen in den Boden zurückführen muss. Für die herrschende Naturwissenschaft ist das bis heute etwas Unmögliches. Ihre Theorie sagt, ohne Nährstoffersatz müsse im Boden Mangel eintreten. In vielen biologisch wirtschaftenden Betrieben hat aber die praktische Erfahrung etwas anderes ergeben. In solchen Höfen ist dank sorgfältiger Arbeit in der Bodenbearbeitung, in der Düngung, im Pflanzenbau und in der Tierhaltung dieser vorausgesagte Mangel nicht eingetreten, sondern die Bo-

108 GA 327

denfruchtbarkeit und die Gesundheit der Lebewesen wurden nachhaltig verbessert.

Steiner sagte im Landwirtschaftlichen Kurs, durch den geschlossenen Stoffkreislauf zwischen dem Boden, den Pflanzen, die als Tierfutter dienen, und dem Dünger der Tiere, die sich gegenseitig immer besser aufeinander einstellen, komme ein *«vorschreitender Prozess»* zustande und es würde im Betrieb von Jahr zu Jahr besser gehen, wenn auf Substanzeinfuhren von Dünge- und Futtermitteln so weit wie möglich verzichtet würde. Man muss gewiss in jedem einzelnen Fall untersuchen, wie weit das in einem gegebenen Zeitpunkt möglich ist. Aber das Ziel jeder landwirtschaftlichen Betriebsführung ist, im Sinne von Steiner, der in sich geschlossene Substanzkreislauf in Bezug auf Fütterung und Düngung. Er führt dazu, dass sich der landwirtschaftliche Betrieb von Jahr zu Jahr besser als eine in sich geschlossene Individualität entwickeln kann.

5.6. Organismus und Individualität

Wir sprechen von der Individualität des Menschen. Was meinen wir damit? Der Mensch ist nicht nur ein Organismus wie eine Pflanze oder ein Tier. Ein Organismus kann Prozesse, die er einmal hat, ein ganzes Leben lang weiterführen und sogar auf die Nachkommen vererben. Das Tier ist, wenn es geboren wird, mit allen Fähigkeiten begabt, die es für sein Leben braucht. Wir Menschen dagegen kommen ganz unbeholfen zur Welt und müssen vieles mühsam lernen, nicht nur in der Jugend, sondern bis ins hohe Alter. Dafür haben wir eine Fähigkeit, die die Tiere nicht haben: Wir können schöpferisch sein und uns neue Erkenntnisse erarbeiten.

Diese schöpferische Selbständigkeit des Menschen ist eine Eigenschaft, welche die Individualität vom bloßen Organismus unterscheidet. Sie gilt, nach Steiner, auch für die landwirtschaftliche Individualität, und sie bedeutet nicht etwa nur, dass der Bauer schöpferisch sein soll, sondern dass die Natur selbst in der Landwirtschaft Neues hervorbringen kann. Dabei werden höhere geistige Kräfte wirksam, nicht nur die Kräfte des Lebens, die in jedem Organismus wirken. Diese höheren Kräfte führen zur Gesundheit in Feld und Stall und zu höherer Produktivität. Steiner bezeichnete sie im 8. Vortrag seines «Landwirtschaftlichen Kurses» als Ich-Kräfte.

Das Neue, das da durch die Landwirtschaft in die irdische Natur hereinkommt, stammt aus dem überirdischen, geistigen Bereich. In der Landwirtschaft sind wir heute in besonderem Maße aufgefordert, dieses Geistige in mühsamen kleinen Schritten immer besser zu verstehen. In allem Irdisch-Materiellen ist Geistiges enthalten. Wenn wir aber in den Weltraum hinausschauen, finden wir immer weniger Materielles und immer mehr Geistiges. Deshalb sprach Steiner im «Landwirtschaftlichen Kurs» so viel von den Gestirnen, weil diese nur zum kleinsten Teil physisch materiell, vor allem aber geistig existieren und geistig auf die physische Erde hereinwirken. Deshalb sagte er auch, es komme in der Landwirtschaft darauf an, kosmische, das heißt eben geistige Kräfte und Substanzen mit Hilfe der

Kieselsubstanz heranzuziehen und durch den Kohlenstoffkreislauf und die Humusbildung in den irdischen Prozessen festzuhalten. Wenn das gelinge, werde kein Substanzmangel entstehen. Viele Arbeiten müssen darauf hinzielen, den Boden wie auch die Pflanzen und Tiere für diese kosmischen Einflüsse aufzuschließen.[109]

Durch diesen landwirtschaftlichen Neubeginn von 1924 sind die Gegensätze zwischen Landwirtschaft und Industrie viel deutlicher geworden. Man kann sie etwa folgendermaßen zusammenfassen:

	Landwirtschaft	Industrie
1.	Urproduktion	Veredlungsproduktion
2.	Lebendige Ganzheit	Arbeitsteilung und Zusammenarbeit
3.	Erneuerung der Ressourcen	Erzeugung von Abfall
4.	Aufmerksamkeit für die Natur	Distanz bis zur Gleichgültigkeit
5.	Persönliche Verbindung, Liebe zur Sache	Anonymität, allgemeine Menschenliebe
6.	Persönliches Interesse	Qualitätssicherung durch externe Kontrolle
7.	Kleinräumige Strukturen und Selbstversorgung	Welthandel

Zu 1. Die Landwirtschaft schafft Neues und betreibt dadurch Urproduktion, die Industrie dagegen produziert wertvolle Waren, indem sie Rohstoffe und Halbfabrikate in brauchbare Dinge verwandelt.

109 Siehe auch Nicolaus Remer: «Lebensgesetze im Landbau» Dornach 1968.

Zu 2. Die Landwirtschaft ist produktiv, wenn sie als Ganzheit gepflegt wird. Der Boden wird durch Humusbildung und Düngung fruchtbarer und schafft Neues. In der Industrie ist es dagegen die Arbeitsteilung, die in der Regel zu höherer Produktivität führt. Ein fertiges, brauchbares Produkt kommt hier nur durch Zusammenarbeit zustande. Zur Arbeitsteilung gehört die Zusammenarbeit als Grundprinzip der modernen industriellen Wirtschaft. Die Arbeit wird durch intelligente Arbeitsteilung produktiver. Außerdem wird Arbeitszeit frei für geistige und kulturelle Betätigungen.

Zu 3. Die Landwirtschaft erneuert und verbessert die Ressourcen: Luft, Wasser und Boden mit den darauf gedeihenden Pflanzensorten und Tierrassen. Die Industrie verbraucht Ressourcen und produziert Abfall, den sie möglichst schonend wieder in die Natur einleiten muss. Dies gelingt ihr aber nie ganz.

Zu 4. In seiner Arbeit muss der Landwirt der Natur und ihren Produkten die größte Aufmerksamkeit zuwenden. Der Industriearbeiter hat es auf Grund der Arbeitsteilung immer weniger mit den Produkten direkt zu tun. Er steht oder sitzt an den Maschinen, und diese werden programmiert und laufen dann selber.

Zu 5. Durch die Arbeitsteilung wird die Arbeit anonym. Ich weiß nicht, wer das Lenkrad an meinem Auto gemacht hat, und der, der es gemacht hat, kennt mich nicht. Wenn die Menschen einmal dazu kämen, nicht nur für den Lohn zu arbeiten, gäbe es für den

Industriearbeiter nur noch das Motiv, zu arbeiten, weil er weiß, dass seine Leistung von anderen Menschen, die er nicht persönlich kennt, gebraucht wird. Das nannte Rudolf Steiner allgemeine Menschenliebe als Antrieb zur Arbeit. Diese kommt nicht von selbst, sondern kann gedeihen, wenn wir durch die allgemeine Bildung dazu kommen, den Wert aller Menschen zu erkennen, insofern sie geistig-physische Wesen sind.
Wer dagegen in der Landwirtschaft tätig ist, hat einen anderen Ausgangspunkt. Er muss sich zunächst ganz mit der Sache, an der er arbeitet, verbinden. Steiner legte auf diese persönliche Verbindung zum Dünger und zu allen anderen lebendigen Dingen in der Landwirtschaft größten Wert. Das ist nicht ein Zurückkehren zu der alten Liebe des Handwerkers für sein Werkstück. Die Landwirtschaft verlangt eine wesentlich gesteigerte Liebe zur Sache und eine verstärkte persönliche Bindung an die zu pflegenden Lebewesen. Während langen historischen Zeiten war der Landwirtschaft und dem Handwerk die Liebe zur Sache gemeinsam. In dem Maße, wie in der Industrie durch die Arbeitsteilung eine Entwicklung in der einen Richtung eingetreten ist, muss in der anderen Richtung ein Gegengewicht geschaffen werden, indem der Landwirt die persönliche Verbindung zu seiner Sache als Bedingung der Produktivität bewusst und in neuer Art pflegt. Wenn der Bauer dann über die Grenzen seines Betriebes hinausschaut, weiß er, dass er seine Arbeit für die

ganze Erde und für den Fortgang der Menschheit tut. So kommt auch er auf anderem Wege zur allgemeinen Menschenliebe.

Zu 6. Steiner hat darauf hingewiesen, dass mit der Arbeitsteilung und mit dem Kapitalismus, der ja wegen der Produktionsmittel für die Arbeitsteilung nötig ist, eine Gefahr der Qualitätsverschlechterung verbunden ist. Deshalb muss die industrielle Wirtschaft der Qualitätssicherung immer größere Aufmerksamkeit widmen. Auch in der Landwirtschaft muss Qualitätssicherung betrieben werden, teilweise gleich wie in der Industrie, in wichtigen Teilen aber ganz anders, nämlich durch persönliche Verbindungen und Beziehungen von den Produzenten bis zu den Verbrauchern.

Zu 7. Die Landwirtschaft ist immer in Gefahr, Massengüter für den Markt und Rohstoffe für die industrielle Verarbeitung zu produzieren. Dann liefert sie sich starken Konkurrenzkräften aus, weil es gleichgültig ist, von welchem Bauern diese Massengüter stammen. Wenn der Absatz unsicher ist (oder unsicher gemacht wird), versuchen die Bauern, sich gegenseitig im Preis zu unterbieten, um ihre Ware loszuwerden. Dieser Nachteil ist nur durch Direktvermarktung und kleinräumige, überschaubare Märkte zu verkleinern. Landwirtschaft gedeiht am besten, wenn direkte, kleinräumige Handelsstrukturen vorherrschen. Jedes Volk, jede Region sollte sich vorwiegend vom eigenen Boden ernähren. In den südlichen Ländern sollte nur der Boden, der nicht für die lokale Ernährung gebraucht wird, für den Anbau von Exportgütern wie Kaffee, Baumwolle, tropische Früchte usw. verwendet werden. Das ist ja mittlerweile in einsichtigen Kreisen, die sich mit den armen Ländern beschäftigen, sehr gut bekannt.

5.7. Konkurrenzmärkte und Selbstversorgung

Die marktwirtschaftliche Theorie erschwert das Verständnis dieser Zusammenhänge. In dieser Theorie geht man davon aus, dass in «Konkurrenzmärkten» nicht nur die Preise durch Angebot und Nachfrage gebildet werden, sondern dass umgekehrt auch das Angebot und die Nachfrage durch Preisänderungen geregelt werden. Wir haben schon im Kapitel 2.10. darauf hingewiesen, dass man sich auf diese Rückkoppelung generell nicht verlassen kann. Es gibt aber Unterschiede. In der Theorie werden die Marktgesetze gern an solchen Waren demonstriert, die wir nicht unbedingt brauchen, z. B. an Speiseeis. Je mehr das Eis kostet, desto weniger kaufen die Menschen davon und desto weniger kann davon hergestellt werden. Die Märkte für solche Waren sind preiselastisch. Dagegen passen sich in der Landwirtschaft und in der Ernährung das Angebot (Produktion) und die Nachfrage (Konsum) kaum an die Höhe der Preise an; sie sind nicht preiselastisch. Das Essen mag noch so teuer werden, wir müssen es doch kaufen, um nicht zu verhungern. Wenn es extrem billig wird, werden wir uns vielleicht leckere Speisen leisten, aber im Ganzen werden wir nicht mehr kaufen, als bis wir gesättigt sind. Auf der anderen Seite, bei der Produktion, hat es sich immer wieder gezeigt, dass sinkende Preise nicht das Angebot verringern, sondern die Bauern dazu veranlassen, die Produktion zu steigern, damit sie weiter davon leben können. Das geht in der Regel zu Lasten der Natur, die stärker beraubt und geschädigt wird, auch dann, wenn über längere Zeiträume die Zahl der Bauernbetriebe abnimmt. Der Druck auf die Natur kann nur dann geringer werden, wenn die Bauern vom Preisdruck entlastet werden.

Diese Gesetzmäßigkeiten sind ein wesentlicher Grund dafür, dass in reichen Industrieländern der Staat die Agrarmärkte durch Preisstützungen reguliert, so dass sie keine freien Märkte mehr sind, oder dass die Bauernbetriebe durch einkommenswirksame Subventionen direkt unterstützt werden. Die einzige rein wirtschaftliche Alternative besteht darin, dass die Marktteilnehmer so weit wie möglich das Prinzip der Selbstversorgung anwenden, indem sie entweder direkt beim Bauern kaufen, oder indem sie vom Handel verlangen, dass er die Herkunft der Waren genau deklariert, damit sie wissen, wo ihre Nahrung gewachsen ist. Eine extreme Form der Selbstversorgung haben wir im Kapitel 3.2. als CSA (Community Supported Agriculture) beschrieben.

In der Landwirtschaft muss trotz der auch hier weit fortgeschrittenen Arbeitsteilung die Selbstversorgung als heute noch gültiges Prinzip beachtet werden. Um das zu verstehen, kann man davon ausgehen, dass jeder Mensch ein Recht auf Boden hat, auf dem er gehen, arbeiten und schlafen kann und auf dem seine Nahrung wächst. Das

Recht auf Boden wird heute verunmöglicht durch die Art, wie das Bodeneigentum (als römisch-rechtliches Dominium) gehandhabt wird. Das Recht auf Nahrung ist dagegen international anerkannt. Die UNO hat dafür das Amt eines «Sonderberichterstatters» eingerichtet, das Jean Ziegler bis 2008 ausübte. Er versuchte, gegen schamlose Machenschaften der Weltkonzerne und der Regierungen in den armen Ländern der Erde anzugehen.[110] Das Recht auf den zur Nahrungsgewinnung nötigen Boden ist gültig, auch wenn nicht jeder Mensch die Arbeit am Boden selber macht. Trotzdem behalten alle Menschen das Recht, Selbstversorger in Bezug auf ihre Nahrung zu sein. Durch die Arbeitsteilung haben sie sich Schritt für Schritt von der Landwirtschaft entfernt. Der Schmied macht Pflüge, Äxte, Sägen, Messer und erhält im Tausch dafür seine Nahrung. Der Korbmacher kann sich die Weidenruten selber schneiden; er arbeitet noch nahe an der Landwirtschaft. Der Schmied benötigt als Rohstoff Eisen, für das er nicht Selbstversorger sein kann. Je weiter die Arbeitsteilung geht, desto weiter entfernt sich die gewerbliche Wirtschaft von der Landwirtschaft. Dagegen dürfen sich die Menschen als Verbraucher nicht in der gleichen Weise von der Landwirtschaft ihrer Region entfernen. Das tun sie, wenn sie sich mit Lebensmitteln auf einem anonymen Markt

---

110 Jean Ziegler: «Der Hass auf den Westen, Wie sich die armen Völker gegen den wirtschaftlichen Weltkrieg wehren» C. Bertelsmann Verlag, München 2009. Derselbe: «Das Imperium der Schande, Der Kampf gegen Armut und Unterdrückung» Goldmann Verlag München 2008

eindecken, den sie blind dem Wirken von Angebot und Nachfrage überlassen.

In der gewerblichen Wirtschaft ist Selbstversorgung ungünstig, die Waren verteuernd. Arbeitsteilung dagegen wirkt verbilligend. Auch in der Landwirtschaft ist das zunächst so. Hier kann man aber gut erkennen, dass die Nahrung schlechter wird, je weiter man sich von der Selbstversorgung entfernt. Sie wird zwar billig, aber für das, was sie gesundheitlich wert ist, zu teuer, und als Folge davon wird die medizinische Versorgung so teuer, dass im Ganzen ein Verlust eintritt. Man kann Völker ruinieren, indem man ihnen die Selbstversorgung in der Ernährung wegnimmt. Das schließt nicht aus, dass sich die Wirtschaftsgebiete bei Missernten dank dem weltweiten Verkehr gegenseitig helfen können. Auch in der Industrie tritt durch die Arbeitsteilung Qualitätsverschlechterung ein, sie ist aber hier weniger schädlich und kann durch Qualitätssicherung in Grenzen gehalten werden. Qualitätssicherung vermag aber nichts gegen die Verschlechterung in der denaturierten, industrialisierten Landwirtschaft. Selbstversorgung heißt in der Landwirtschaft: nicht für den Erwerb arbeiten, sondern für das Fortleben der Erde und der Menschheit.

Die enge Verbindung der Menschen zu dem Ort, wo ihre Nahrung heranwächst, ist heute erschwert, weil die Menschen in großen Städten zusammenwohnen wollen und in vielen Ländern dazu gezwungen werden. Diese Tendenz nimmt gegenwärtig noch stark zu und gehört zu den größten Problemen unserer Zeit. Die Menschen ziehen unter anderem deshalb in die Städte, weil sie hoffen, dort Arbeitsplätze zu finden. Die Neigung der heutigen Wirtschaft zum Zentralismus ist auch für die Bevölkerungsverteilung fatal. Die Dezentralisierung gehört zu den wichtigsten Anliegen der notwendigen Wirtschaftsreformen. Viele Wirtschaftsbetriebe, auch industrielle, können sehr gut in Dörfern angesiedelt werden. Auch die Kunst gedeiht dezentral ebenso gut oder besser als in der Stadt. Konzerte und Theater können in den Dörfern sehr gut dargeboten werden. Rudolf Steiner vertrat die Auffassung, dass die Stadtwirtschaft den Markt unüberschaubar mache. *«Durch das assoziative Wesen würden vor allen Dingen eine ganze Anzahl Fabriken von der Stadt aufs Land hinauswandern ... Solange der Markt da ist und Dörfer darum herum, so lange bedeutet der Markt, auch wenn er unter dem Prinzip von Angebot und Nachfrage steht, etwas wirtschaftlich viel weniger Schädliches – wenn nicht eben Halunken da sind, was eine persönliche Sache ist – als wenn die Stadtwirtschaft dazukommt. Durch diese wird das gesamte Verhältnis zwischen Produzenten und Konsumenten radikal geändert. Dann haben wir nicht mehr Dörfer, die von selbst ihren Markt regulieren, sondern dann haben wir allen Möglichkeiten Tür und Tor geöffnet, welche bestehen, wenn das Verhältnis zwischen Konsumenten und Produzenten kein klares mehr ist, wenn es sich vermischt. Und das ist der Fall, wenn die Menschen in den Städten zusammenwohnen.»* Die Zentralisierung der Wirtschaft in den Städten würde durch die richtige soziale Dreigliederung überwunden: *«Im Laufe längerer Zeiträume, aber dennoch nicht allzu langer Zeiträume, würde sich ergeben, dass in den Städten im wesentlichen die Verwaltungsbeamten und die zentralen Schulen und so weiter, also im wesentlichen Geistesleben und Rechtsleben zusammen sein würden, während Wirtschaftsleben und Rechtsleben zusammen dezentralisiert sein würden.»*[111]

Neben der Landwirtschaft und der Industrie müsste man auch über die pflegerischen Berufe sprechen sowie über die Berufe der Erfinder, Berater und Organisatoren und auch über den Bereich der Bildung und Forschung. Diese Dienstleistungsbereiche haben heute einen sehr großen Umfang, und auch sie unterscheiden sich von der Industrie. Wir haben uns in diesem Kapitel auf die Wirtschaftsbereiche beschränkt, die aus materiellen Dingen Güter und Waren produzieren, das sind Landwirtschaft und Industrie, und diese stellen zwei gegensätzliche Pole eines Ganzen dar. Wenn wir die moderne, biologisch-dynamische Landwirtschaft als Vorbild nehmen, so kann man eindeutig sagen, dass die Landwirtschaft und die Industrie in verschiedener Hinsicht ihre Einseitigkeiten gegenseitig auszugleichen haben. Das ist in Dörfern besser möglich als in großen Städten.

5.8. Assoziationen zwischen Industrie und Landwirtschaft

Rudolf Steiner hat, wie bereits dargestellt, vorgeschlagen, in der Wirtschaft eine vernetzende Organisation aufzubauen, und zwar so, dass diese die sozialen Aufgaben, die

---

111 GA 341 S. 46f.

heute dem Staat zugeschoben werden, selbst erfüllen kann. Es soll eine nicht zentralistische Organisation sein. Die Menschen und Unternehmen, die wirtschaftlich miteinander zu tun haben, sollen freiwillig anfangen, sich organisatorisch zusammenzuschließen. Das ist nichts anderes als eine Konsequenz der Zusammenarbeit, die in der modernen, arbeitsteiligen Wirtschaft nötig ist. Die heutigen Firmenzusammenschlüsse im egoistischen Interesse des Kapitalprofits sind wie eine Karikatur von dem, was eigentlich sein sollte.

Steiner meinte mit den Assoziationen etwas anderes als Kartelle, Gewerkschaften oder Genossenschaften. Es sollten nicht nur die Menschen und Unternehmen, die die gleichen wirtschaftlichen Interessen haben, miteinander in Verbindung treten, sondern gerade die Gegenpartner, also diejenigen, die etwas verkaufen wollen, mit denen, welche es benötigen, die Produzenten mit ihren jeweiligen Abnehmern und Konsumenten. Für die Landwirtschaft sind Partner in diesem Sinne alle Menschen, die Lebensmittel brauchen. Die meisten von ihnen haben ihr Einkommen aus allen anderen Bereichen der Wirtschaft. Ihr Einkommen ist abhängig vom Preis der Waren, die sie dort herstellen. Wenn man von Preisen spricht, geht es ja nie um den einzelnen Preis, sondern immer um das Verhältnis zwischen den verschiedenen Warenpreisen; und diese sind abhängig von allen Faktoren, die es in der Wirtschaft überhaupt gibt. Diese Faktoren zu beobachten und geeignete Maßnahmen zu empfehlen, einzuleiten, zu ermöglichen, das ist Aufgabe der Assoziationen. Daher müssen in den Assoziationen kompetente Leute aus den

Unternehmen zusammenkommen, die die nötigen Maßnahmen dann auch durchführen können. Diese Maßnahmen bestehen nicht darin, die Preise durch Marktmacht festzulegen, wie es Kartelle machen würden, sondern es geht um Maßnahmen wie Produktionsumstellungen, die dafür sorgen, dass vernünftige Preise auf den Märkten entstehen können.

Es ist zwar gut, wenn ich für die Bananen einen fairen Preis bezahlen will. Wenn alles gut geht, haben die Bauern in dem tropischen Herkunftsland etwas davon. Besser ist es aber, wenn wir durch assoziative Vereinbarungen dafür sorgen, dass die Bauern auf ihrem Boden als Selbstversorger sich selbst mit ihren Angehörigen und ihrem ganzen Volk ernähren können und dass sie nur auf dem dafür nicht benötigten Land Bananen anpflanzen, die sie z. B. nach Europa exportieren. Der Preis, der sich dann auf dem Markt für die Bananen einstellt, mag höher oder niedriger ausfallen als heute. Wenn wir beurteilen wollen, ob er richtig ist, müssen wir ihn in Relation zum Preis jener Waren setzen, die das tropische Land aus Europa importiert, weil es sie selber nicht oder nicht so günstig herstellen kann wie die Produzenten in Europa. Die hier beschriebene Umstellung der Wirtschaft in einem tropischen Land muss in jenem Land selbst durchgeführt werden. Wir können uns aber in Europa so verhalten, dass wir diesen Prozess nicht behindern oder gar unmöglich machen. Dies tun wir aber gegenwärtig durch die staatliche Subventionierung der Landwirtschaft, die nur in den reichen Ländern möglich ist, und dadurch, dass wir die ärmeren Länder dazu verleiten, Kredite anzunehmen. Dadurch werden sie gezwungen, ihre Landwirtschaft auf den Export auszurichten, damit sie die Schuldzinsen bezahlen können.

Wenn wir die Landwirtschaft auf diese Weise richtig in die Gesamtwirtschaft einordnen, erhalten wir Strukturen, durch die sich auch in der Industrie der weltwirtschaftliche Zentralismus nicht hemmungslos durchsetzen kann, denn auch hier kann die Regionalisierung ökonomisch sehr sinnvoll sein. Was in Europa hergestellt werden kann, muss nicht über die Weltmeere aus Ostasien herangefahren werden. Es ist nicht nötig, dass europäische Uhren den chinesischen Markt «erobern». Heute wird die Produktion in so genannte Billiglohnländer verlegt, wo die soziale Verteilung miserabel ist und wo weniger Steuern bezahlt werden müssen. Das ist für das einzelne Unternehmen, vor allem für die Kapitaleigentümer, kurzfristig profitabel, langfristig aber unökonomisch und sozial verwerflich. Internationale Konzerne neigen zu zentralistischem Denken. Sie können die Weltwirtschaft leichter manipulieren, als es aus einer überschaubaren regionalen Wirtschaft heraus möglich ist. Assoziationen dagegen sind nach föderalistischen Prinzipien von den Regionen her aufgebaut.

Wenn man das alles bedenkt, ist es nicht mehr so erstaunlich, dass Steiner empfahl, das Erste, was erreicht werden müsste, seien Assoziationen zwischen der Industrie und der Landwirtschaft, denn hier besteht die größte Notwendigkeit für ausgleichende Maßnahmen. In solchen Assoziationen müssen alle Beteiligten etwas von der Polarität zwischen Industrie und Landwirtschaft verstehen und damit auch von Urproduktion und Bodenfruchtbarkeit in der landwirtschaftlichen Individualität. Die Unterscheidungsgrenze muss nicht zwischen der Industrie und der Landwirtschaft gesucht werden, denn wir haben ja auch in der Landwirtschaft Maschinen und Gebäude. Der Industrialismus und der Kapitalismus ragen weit in die Landwirtschaft hinein. Durch ihre Arbeit bringen die Bauern aus dem Boden und aus der ganzen lebendigen Natur wirtschaftlich wertvolle Produkte hervor, und durch die Maschinen und Gebäude machen sie ihre Arbeit effizient. Sie arbeiten mit zwei Arten von Produktionsmitteln, mit der Natur und mit den technischen Arbeitshilfen, aber nicht etwa in der gleichen, sondern in polar entgegengesetzter Art. Die Unterscheidungsgrenze liegt also zwischen der Produktivität des fruchtbaren Bodens und den von Menschen geschaffenen Arbeitshilfsmitteln und Einrichtungen. Steiner stellte im 13. Vortrag seines «Nationalökonomischen Kurses» dar, dass uns durch technische und organisatorische Erfindungen Arbeit erspart wird, körperliche Arbeit an der Natur. Diese Rationalisierung ist ja gerade in der Landwirtschaft in größtem Umfang geschehen, und die Arbeit an den Maschinen hat auch in der biologischen Landwirtschaft stark zugenommen, mit allen Vor- und Nachteilen. Wirtschaftliche Werte stammen einerseits aus dem bearbeiteten Boden und andererseits aus der effizient gemachten Arbeit. Der fruchtbare Boden kann durch die Benützung und Pflege an Produktivität zunehmen, aber die Maschinen und Gebäude nehmen durch die Benützung immer im produktiven Wert ab.

Durch solche Überlegungen erhalten wir die Grundlagen dafür, dass wir die Stellung der Land- und Waldwirtschaft in der Gesamtwirtschaft nach und nach besser verstehen und die drängenden Probleme der Nachhaltigkeit nicht in der Politik, sondern in der Wirtschaft selbst lösen können. Wenn wir Bodenschätze verbrauchen und auch aus den Abfällen nicht mehr zurückgewinnen können, müssen wir wissen, dass wir diesen Verlust nur dadurch kompensieren können, dass wir die Lebendigkeit und Leistungsfähigkeit des fruchtbaren Bodens verbessern. Das ist nicht eine Aufgabe der Staatspolitik, sondern der Wirtschaft. Als Vorbild kann die Arbeit der Handelsfirma Remei AG mit den Baumwollbauern in Indien und Tansania gelten.[112] Es geht darum, den Bauern an jedem Ort und in jeder Region die Möglichkeit zu geben, die für den Aufbau der Bodenfruchtbarkeit nötige Arbeit zu leisten, die immens ist. Gut wird diese Arbeit nur, wenn die Bauern sie so leisten, wie sie es verstehen können, aus den Einsichten, die sie haben und sich möglicherweise mit unserer Hilfe erarbeiten. Es handelt sich um eine Entwicklungsarbeit, die an jedem Ort, in jeder Region individuell aufblühen muss.

---

112 www.remei.ch

6. Die soziale Dreigliederung als Impuls

6.1. Ihre Bedeutung für die Gegenwart

Die vorliegende Schrift ist von konkreten Problemen der sozialen Ordnung ausgegangen und möchte zeigen, dass wesentliche Beiträge zur Lösung dieser Probleme durch freie Taten weniger Menschen geschaffen worden sind und nicht von der Politik im Staat. Sie möchte zu weiteren solchen praktischen Taten anregen und weist dabei auf folgende besonders wichtige Neuerungen hin:

1. Die Geldverwaltung im Wirtschaftsleben
2. Die Trennung von Arbeitsleistung und Einkommen in jedem Unternehmen und in der wirtschaftlichen Zusammenarbeit der Unternehmen
3. Die Verwaltung des Bodens und des produktiven Kapitals durch das Geistesleben

Von diesen Neuerungen betreffen zwei die wirtschaftliche Organisation und eine die Organisation des Geisteslebens. Diese beiden Organisationen unterscheiden sich grundlegend von der Organisation des Rechtsstaates. Wir haben bereits gesehen, dass es nicht einfach ist, sich die ganz anderen Organisationsformen, die sich in der Wirtschaft und im Geistesleben aus der Sache heraus ergeben, richtig vorzustellen. Die Staatsverwaltung hat die Aufgabe, das allgemeine, für alle Bürger gültige Recht zu schützen und durchzusetzen. Sie ist aber nicht identisch mit dem Gesamtbereich des Rechts, denn auch die Wirtschaft und das Geistesleben schaffen sich für ihre Organisationen rechtliche Strukturen, und zwar durch «privatrechtliche» Vereinbarungen. Aus dieser Unterscheidung von drei unterschiedlichen Verwaltungsstrukturen ergeben sich viele praktische Konsequenzen, und je mehr diese Konsequenzen verwirklicht werden, desto deutlicher tritt die komplizierte Dreigliedrigkeit des ganzen sozialen Lebens in Erscheinung.

Das Konzept der «Dreigliederung des sozialen Organismus» ist ja von Rudolf Steiner im Jahre 1919 erstmals detailliert beschrieben worden, nicht als Theorie, sondern als Aufforderung zur Tat, sowohl im praktischen Leben wie auch im Denken. Die vorstehenden Kapitel haben uns immer wieder vor Augen geführt, wie aktuell die Anregungen von Steiner sind; sie waren noch nie so gültig wie heute. Das soll all denen gesagt sein, die glauben, nach über neunzig Jahren müsse man die Ideen von Steiner an die gegenwärtigen Realitäten anpassen, und manches müsse man heute anders sehen. Die Untersuchungen, die den vorstehenden Kapiteln zu Grunde liegen, haben etwas ganz anderes ergeben: Wenn man Steiners Ideen vom praktischen Standpunkt aus betrachtet, machen sie gerade heute die tiefen Zusammenhänge im gesellschaftlichen Leben überhaupt erst verständlich, und es werden Lösungswege sichtbar, die heute noch kaum beachtet werden, weil sie weitgehend unbekannt sind.

6.2. Die Autonomie des einzelnen Menschen

Die zentrale Idee der Dreigliederung ist die Freiheit. Der Staat ist in der Gesellschaftsordnung nicht die oberste Instanz, von der alles ausgeht und die in allem das letzte Wort hat. Dieses Prinzip der Souveränität, das seit dem Absolutismus als Eigenschaft des Staates gilt, wurde zuerst den Monarchen zugebilligt und damals direkt aus dem göttlichen Willen abgeleitet. Seit der Französischen Revolution sprechen wir von Volkssouveränität, die durch die Regierungsform der Demokratie verwirklicht werden soll. In beiden Fällen ist der souveräne Staat als Spitze des ganzen gesellschaftlichen Lebens gedacht und selbst auf eine oberste Spitze hin orientiert. Dieses Modell der menschlichen Gesellschaft kommt unserem Vorstellungsvermögen sehr entgegen. Jede Maschine konstruieren wir mit einer zentralen Steuerung. Es fällt uns leicht, zentralistische Systeme zu denken.

Die Gewaltenteilung, die heute jedes Kind im Geschichtsunterricht und im staatsbürgerlichen Unterricht kennenlernt, war ein großer Schritt zur Einschränkung des Zentralismus im Staat. Sie entsprang einem Impuls der Freiheit und widerspricht der simplen Logik der Souveränität. Einer ihrer Hauptpunkte ist die Unabhängigkeit der Gerichte. In der politischen Praxis nehmen aber doch die Parteien, wie auf alle staatlichen Entscheidungen, so auch auf die Wahl der Richter maßgebenden Einfluss. Die Richter werden von der Instanz im Staat eingesetzt, die als die höchste gilt, sei es das vom Volk gewählte Parlament oder der vom Volk gewählte Präsident. Die Gewaltenteilung wird der Souveränität untergeordnet und hat deshalb ihr Ziel nicht ganz erreicht.

Heute verlangt das Prinzip der Freiheit einen weiteren, umfassenderen Schritt. Dieser betrifft nicht nur die Organisation des Staates, sondern die gesamte Gesellschaftsordnung. Der Staat redet immer detaillierter in das öffentliche Leben hinein, die Gesetze werden immer umfangreicher und komplizierter. Genau das Gegenteil wäre zeitgemäß. Die tätigen und die betroffenen Menschen können ihre Angelegenheiten in großen Bereichen selber regeln. Dies sind vor allem die Angelegenheiten des gesamten Bildungswesens, der Kulturförderung und der Wirtschaft.

Als Menschen der Gegenwart lehnen wir uns dagegen auf, ein Teil einer großen Maschinerie zu sein. Die Dreigliederung hebt diesen Zentralismus aus den Angeln. Sie sieht im Staat nur eines von drei selbständigen Systemen, von denen keines den anderen übergeordnet ist. In jedem System sind die Menschen auf verschiedene Weise souverän: im Staat durch demokratische Beschlüsse, in der Wirtschaft durch vertraglich geregelte Zusammenarbeit, im Geistesleben durch freie Anerkennung individueller Initiativen. Ein derartiges System ist als Mechanismus unvorstellbar; die Teile würden auseinanderstreben und kein Ganzes bilden. In lebendigen Systemen ist jedoch die relative Selbständigkeit der Teile die Regel, weil in jedem Teil die Bildekräfte des Ganzen enthalten sind, so dass jeder Teil sich auf Grund seiner inneren Eigenschaften in das Ganze einfügt. Träger dieser inneren Eigenschaften ist im Sozialen jeder einzelne Mensch. Er ist die höchste Instanz im Ganzen des sozialen Organismus.[113] Deshalb geht die Dreigliederung vom einzelnen Menschen aus und nicht von der alten Souveränität des Staates. Es hängt von der Initiative jedes Einzelnen ab, ob die Dreigliederung in den sozialen Strukturen zum Tragen kommt.

Rudolf Steiners eigenes Handeln scheint dieser Behauptung zu widersprechen. Im Ersten Weltkrieg versuchte er, den monarchischen Regierungen der beiden Mittelmächte die Dreigliederung als einzig sinnvolles Ziel für Friedensverhandlungen nahezubringen. Bevor die ganze Herrschaft des Adels von der Bühne abtrat, hätte der Adelsstand dem Volk die Dreigliederung von oben herunter übergeben können. Die konkrete Durchführung hätte aber auch damals von unten nach oben aufgebaut werden müssen. Das war ebenfalls deutlich, als Steiner nach dem Krieg mit der Dreigliederung an die große Öffentlichkeit trat, so dass man hätte denken können, er wolle die Dreigliederung auf staatspolitischem Wege einführen. Damit würde man ihn sicher falsch verstehen. Beispielhaft war seine Haltung gegenüber der Betriebsräte-Bewegung in Deutschland. Er befürwortete spontane Gründungen von Betriebsräten in den einzelnen Betrieben, ohne dass vorher durch ein staatliches Gesetz von

---

113 Im Vortrag über «Die Kardinalfrage des Wirtschaftslebens» vom 30. November 1921 unterscheidet Steiner «... in unserem sozialen Organismus drei Gebiete des Lebens, die im Grunde genommen aus ganz verschiedenen Wurzeln stammen und die einen Zusammenhang im sozialen Leben nur durch den individuellen Menschen haben». GA 79 S. 250

oben herab bestimmt wird, wie solche Betriebsräte aussehen sollen. Die soziale Gestaltung muss sich aus dem Zusammenwirken der betroffenen Menschen selbst ergeben. Steiner hielt 1919 zahlreiche Vorträge in Industriebetrieben in Stuttgart. Sein Anliegen war stets, die Menschen zu lehren, aus eigener Erkenntnis zu handeln.[114] In Bezug auf die Dreigliederung betonte er damals mehrfach, es sei nur mit den Menschen etwas zu erreichen, welche diese Dreigliederung verstehen. *«Ich habe in meinen ‹Kernpunkten der sozialen Frage› gerade ausgeführt, wie an jedem Punkt des Lebens eigentlich angefangen werden kann mit dieser Dreigliederung, wenn man nur will, wenn man nur ihren Sinn wirklich versteht.»*[115] *«Nur wenn sich immer mehr und mehr Menschen finden, die den ehrlichen Willen und den Mut haben, diese Dreigliederung radikal zuerst zu verstehen und dann durchzuführen – durchzuführen ist sie von jedem Punkte aus, an dem man heute im praktischen Leben drinnensteht –, wenn genügend Menschen mit neuen Gedanken ablösen werden die Menschen mit alten, unfruchtbaren Gedanken, dann wird auf irgendeine Weise dasjenige werden, was zum Heile der Menschen und zur Befreiung der Menschen geschehen muss.»*[116] *«Für den, der nicht pessimistisch denkt, gibt es nur das: Wie kommen wir dazu, möglichst viele Menschen zu finden, die diese Dreigliederung verstehen, dann können wir sie tatsächlich in*

---

114 Christoph Lindenberg: Rudolf Steiner, eine Biographie, Stuttgart 1997, S. 655 ff.

115 1919: GA 332a S. 104

116 1919: GA 330 S. 51

sehr kurzer Zeit verwirklichen. Ich habe nirgends gesagt, dass sie erst in zehn Jahren zu verwirklichen ist. Nein, schon heute lässt sich von jedem Punkte aus diese Dreigliederung verwirklichen.»[117]

Was die Staatspolitik zur Dreigliederung beizutragen hat, ist nicht, sie einzuführen, sondern nur, sie zuzulassen und freie Initiativen nicht zu behindern. In dem Maße, wie wir die wirtschaftlich-sozialen Aufgaben und die Aufgaben der Bildung selbst in die Hand nehmen, kann der Staat sich aus der Verantwortung, die er jetzt hat, zurückziehen.[118] Es gibt nur einen Bereich, aus dem der Staat sich nicht zurückziehen darf: Für die Rechtssicherheit zu sorgen ist seine ureigene Sache. Die polizeilichen und militärischen Aufgaben, Ordnung und Sicherheit im Verkehr, Unfallverhütung, Feuerwehr, Vorsorge gegen Schäden für Leib und Leben, Schutz des privaten Eigentums im Rahmen des für alle Menschen in gleicher Weise geltenden Rechtes sind das Kerngebiet der Staatsverwaltung.

Angesichts der heutigen Situation erscheinen gewiss manche dieser Aussagen als utopisch und lebensfremd. Das kann sich ändern, wenn wir so, wie es in dieser Schrift versucht wird, uns eine deutliche Vorstellung der autono-

---

117 GA 330 S. 54

118 Das Prinzip der Subsidiarität ist mit dem Beschriebenen verwandt, wird aber meistens so verstanden, dass in einem System von Über- und Unterordnung die übergeordnete Instanz nur das regelt, was die untergeordnete nicht ebenso gut regeln kann. In der Dreigliederung ist aber der Staat den anderen beiden Gliedern nicht übergeordnet.

men Verwaltung in der Wirtschaft und im Geistesleben erarbeiten und, wie es Steiner forderte, «diese Dreigliederung verstehen» lernen.

6.3. Freiheit und Mitbestimmung

Die drei Ideale der Französischen Revolution, Freiheit, Gleichheit und Brüderlichkeit, haben eine doppelte Beziehung zur Freiheit. Einerseits gibt diese ihnen das Fundament. Wenn es den Menschen nicht möglich wäre, zur Freiheit zu kommen, wären auch Gleichheit und Brüderlichkeit nicht möglich. Rudolf Steiner ist mit seiner «Philosophie der Freiheit»[119] von der *möglichen* Autonomie des einzelnen Menschen ausgegangen und hat diese in seinem ganzen Lebenswerk in den Mittelpunkt gestellt. Andererseits dienen auch die Ideale der Gleichheit und der Brüderlichkeit, jedes auf seine Art, der Freiheit, weil sie jedem Menschen die autonome Mitbestimmung im sozialen Leben ermöglichen. Im demokratischen Staat wirken alle mündigen Menschen gleichberechtigt mit. Die wirtschaftlichen Angelegenheiten werden von denen geregelt, die jeweils daran beteiligt und davon betroffen sind. Sie schließen untereinander Verträge ab, indem sie in manchen Fällen gegenseitig Kompromisse eingehen. Im Geistesleben kann Mitbestimmung nur darin bestehen, dass wir die freie Initiative Einzelner in freier Weise anerkennen.

---

119 1894: GA 4

Rudolf Steiner sagte selbst über die Beziehung zwischen der «Philosophie der Freiheit» und der Dreigliederung: «... *auf dieses soziale Zusammenleben muss fortwährend der Blick gerichtet werden. Daher darf ich sagen, dass in gewissem Sinne die Ergänzung zu meiner ‹Philosophie der Freiheit› meine ‹Kernpunkte der sozialen Frage› sind. Wie meine ‹Philosophie der Freiheit› untersucht, woraus beim einzelnen Menschen die Kräfte zur Freiheit kommen, so untersuchen meine ‹Kernpunkte der sozialen Frage›, wie der soziale Organismus beschaffen sein muss, damit der einzelne Mensch sich frei entwickeln kann. Und das sind im Grunde genommen die beiden großen Fragen, die uns im öffentlichen Leben der Gegenwart beschäftigen müssen.*»[120]

6.4. Müssen die Menschen zuerst sozial werden?

Wenn es wahr ist, dass es auf jeden einzelnen Menschen ankommt, dann könnte man meinen, das Erste sei, dass der einzelne Mensch soziale Fähigkeiten erwerbe. Rudolf Steiner hat gezeigt, dass das nicht so ist.[121] Es ist für die heutige Zeit normal, dass wir antisozial sind. Steiner wies sogar darauf hin, dass der Egoismus, der eine notwendige Begleiterscheinung der modernen Bewusstseinsentwicklung ist, noch weiter zunehmen wird, weil wir uns noch

---

120 1920: GA 334 S. 104f.

121 Vortrag vom 12. Dezember 1918 in Bern über «Soziale und antisoziale Triebe im Menschen», GA 186 S. 158 ff.

weiter zu selbstbewussten Persönlichkeiten entwickeln werden. Um zu der weiteren Zunahme der antisozialen Kräfte ein Gegengewicht zu bilden, ist es nötig, äußere soziale Strukturen zu schaffen, die nach und nach die Entwicklung sozialer Kräfte ermöglichen. Die antisozialen Kräfte werden dadurch in uns nicht beseitigt, aber soziale Kräfte sollen sich so entwickeln, dass sie mit den antisozialen Kräften in ein Gleichgewicht kommen.

Heute gibt es zahlreiche Strukturen, die den Egoismus verstärken und ein soziales Verhalten geradezu verunmöglichen. Besonders deutlich ist das beim Lohnsystem, das grundsätzlich an den Egoismus appelliert. Weil das so ist, gelten Lohnkämpfe als etwas Normales, und Gewerkschaften sind heute notwendige Einrichtungen für diesen Kampf. Wir können aber an Stelle dieses Lohnwesens Einrichtungen schaffen, die uns fortwährend auffordern, nicht nur an uns selbst zu denken. Unser Egoismus ist durch solche Einrichtungen nicht einfach weggeschafft, aber wir erhalten die Möglichkeit, daran zu arbeiten und soziale Kräfte zu entwickeln.

Die stärkste Entfesselung des Egoismus kommt dadurch zustande, dass die wirtschaftlichen Interessen in der Staatspolitik aufeinander prallen und zu Machtkämpfen zwischen den Parteien führen. Die Parteien werden geradezu für diese Interessenkämpfe geschaffen. Deshalb legt die Dreigliederung Wert darauf, dass die Interessen in der Wirtschaft und nicht im Staat geregelt werden. In der Wirtschaft müssen Organisationsformen entwickelt werden, die dem Egoismus entgegenwirken, indem sie uns fortwährend auffordern, nicht nur unsere eigenen Interessen wahrzunehmen, sondern auch die Interessen derer, mit denen wir zu tun haben. Das Interesse von Mensch zu Mensch bezeichnet Steiner als ersten Schritt zur Entwicklung sozialer Fähigkeiten.[122]

6.5. «Ich meine soziale Impulse!»

Zunächst erscheint die «Dreigliederung des sozialen Organismus» wie ein Ideengebäude. Diese Ideen erweisen sich aber bei eingehendem Studium als lebendig. Sie können sich verändern, der Wirklichkeit anpassen, wachsen, so wie wir das von den Lebewesen in der Natur gewohnt sind. Deshalb bringt die «Dreigliederung» nicht neue Ideen, sondern *Impulse*. Dieses Wort war Rudolf Steiner wichtig. Am 9. März 1922 sagte er: *«Nicht eine Äußerlichkeit ist es, dass gerade auf anthroposophischem Boden auch der Versuch gemacht wurde, zu – nicht sozialen Ideen, sondern zu sozialen Impulsen zu kommen. Ich erinnere mich noch an die Zeit, in der über diese Dinge viel diskutiert worden ist. Ich habe immer sagen müssen: Ich meine soziale Impulse! Das hat die Leute furchtbar geärgert. Denn selbstverständlich hätte ich sagen sollen: soziale Ideen oder soziale Gedanken; denn die Leute hatten für solche Dinge nur Gedanken im Kopfe. Dass ich von Impulsen sprach, ärgerte sie furchtbar: denn sie merkten nicht, dass ich ‹Impulse› brauchte aus dem Grunde, weil ich Realitäten meinte und nicht abstrakte Ideen. Ausdrü-*

---

122 GA 186 S. 167ff.

cken muss man sich selbstverständlich in abstrakten Ideen.»[123]

Die Impulse der Dreigliederung haben ihre praktische Fruchtbarkeit im Kleinen in den vergangenen neunzig Jahren vielfach bewiesen. Gleichzeitig wurde auch versucht, das Ideengebäude zu verstehen und weiter auszubauen, und auch da ist viel wertvolle Arbeit geleistet worden. Es gibt aber bis heute auch erstaunlich viele theoretische Kontroversen. Warum?

6.6. Dreigliederung, nicht Dreiteilung

Niemand zweifelt daran, dass die Bereiche des Rechtsstaats, der Wirtschaft und des geistig-kulturellen Lebens unterschieden werden können. Sie brauchen nicht voneinander getrennt zu werden, sondern es kommt darauf an, dass sie *richtig* miteinander *verbunden* werden. Genau das ist mit «Dreigliederung des sozialen Organismus» gemeint. Wir stehen heute vor der Aufgabe, jeden der drei Bereiche so zu ordnen, dass die Selbständigkeit und Mündigkeit der Menschen voll zu ihrem Recht kommt und sich entfalten kann. Im «Nationalökonomischen Seminar» sagte Steiner 1922: *«Ich habe mich immer gesträubt, dass man von einer Dreiteilung spricht. Es handelt sich um die Frage: Wie haben sich die drei Glieder, die ohnedies vorhanden sind, in naturgemäßer Weise zueinander zu stellen, damit sie entsprechend aufeinander wirken kön-*

---

123 GA 81 S. 116

nen? Der geistige Organismus wird im wesentlichen auf die Freiheit gestellt sein. Aber in den geistigen Organismus wird natürlich auch das Wirtschaftsleben hineinwirken müssen, sonst hätten die Professoren nichts zu essen. Das wird aber gerade richtig hineinwirken, wenn es von einer anderen Instanz aus geschieht, so dass man es nötig hat, nach einer gewissen Richtung hin auszubauen einen Wirtschaftsorganismus, nach einer anderen Richtung auszubauen einen geistigen Organismus und dann den staatlich-juristischen Organismus. Nur die machen hier Einwendungen, die sich diese Dreigliederung als Teilung vorstellen. Dass dieses reichlich geschehen ist, ist bekannt. Ich habe bei einem Interpreten gefunden, dass er Vorträge gehalten hat über die drei Parlamente im sozialen Organismus. Wer sich die Sache so vorstellt, der stellt sich eine Unmöglichkeit vor, denn ein Parlament kann es nur im Staate geben, nicht im freien Geistesleben. Da kann es nur die einzelne Individualität geben, die ein Netz von selbstverständlicher Autorität schafft. Auf wirtschaftlichem Gebiet kann es nur Assoziationen geben …»[124]

---

124 GA 341 S. 87 f. Bei dem genannten Interpreten handelte es sich um Professor Philipp Heck, dem Steiner unter anderem in einem Aufsatz vom August 1919 entgegentrat (GA 24 S. 434 ff.). Ein neueres Buch spricht nun sogar von einer Viergliederung mit vier Parlamenten: Johannes Heinrichs, Revolution der Demokratie, eine Realutopie, Berlin 2003. Heinrichs stimmt Rudolf Steiner zunächst zu, interpretiert ihn aber im Einzelnen falsch und beurteilt ihn dann ganz und gar negativ. Vergleiche meine Auseinandersetzung mit dem Buch in der Zeitschrift «Das Goetheanum» Nr. 36 und 37/2005.

Die Dreigliederung des sozialen Organismus ist ein Ganzes, das wir mit den Begriffen, die wir an der Mechanik entwickelt haben, nicht erfassen können. Die Begriffe müssen so beweglich werden, dass sie lebendige Realitäten abzubilden vermögen. Hier erhebt sich einer der größten Widerstände gegen das, was mit der Dreigliederung gemeint ist. In unserem analytischen und abstrakten Denken möchten wir die Dinge sauber nebeneinanderstellen, um sie in Ruhe betrachten zu können. Ein lebendiges Zusammenwirken erfassen wir aber mit dieser Methode nie, sondern nur mit einem geduldigen und wiederholten Betrachten und Erleben lebendiger Prozesse.[125] Rudolf Steiner selbst hat die Dreigliederung zuerst am menschlichen Organismus aufgezeigt, indem er das Zusammenwirken der seelischen mit den physisch-leiblichen Prozessen untersuchte.[126]

So ist auch das Zusammenleben der Menschen etwas Lebendiges, das immer entsteht und vergeht, eben ein «Organismus». Am deutlichsten ist das in den wirtschaftlichen Prozessen der Fall, wo der einzelne Mensch niemals imstande ist, sich ein gültiges Urteil auszudenken. Nur im Dialog der am Prozess konkret und mit widerstreitenden

---

125 Es ist nicht leicht, die Forderung zu erfüllen, die Rudolf Steiner 1919 in der Vorrede zu seinem grundlegenden Buch «Die Kernpunkte der sozialen Frage …» erhoben hat: *«Aus der Beobachtung des Lebens heraus sind die Ideen dieser Schrift erkämpft; aus dieser heraus möchten sie auch verstanden sein.»* GA 23 S. 22

126 In seinem 1917 veröffentlichten Buch «Von Seelenrätseln», GA 21

Interessen beteiligten Menschen kann ein brauchbares Urteil zustande kommen. In der Wirtschaft ist es daher die erste und wichtigste Aufgabe, diesen Dialog zu organisieren. Rudolf Steiner verwendete für diese Organisationen ein zu seiner Zeit gebräuchliches Wort und nannte sie «Assoziationen».[127] Wie in den Assoziationen die Auseinandersetzungen verlaufen werden, kann man nicht theoretisch vorher bestimmen, sondern man muss es in jedem konkreten Fall abwarten. – Wieder auf anderen Grundgedanken beruht die Verwaltung des Geisteslebens. Sie ist durch und durch individualistisch. Rudolf-Steiner-Schulen wählen ihre Lehrkräfte selbst. Wenn diese tätig sind und die Schule führen, wird es sich zeigen, ob sie Anerkennung finden und ob Eltern ihnen ihre Kinder anvertrauen. Auch die Eltern sind in ihrer Schulwahl autonom. Ob eine solche Schule gelingt, hängt davon ab, wie gut die Lehrer und die Eltern zusammenarbeiten.

---

127 «*Ich nenne es assoziatives Wirken, weil gewahrt werden soll die menschliche Individualität im Assoziieren, das heißt: Im Vereinigen der Kräfte des einen mit der Kraft des anderen bleibt die Individualität vorhanden. In den Koalitionen, in den Genossenschaften geht die Individualität unter.*» 1921: GA 79 S. 263. Damit ist darauf hingewiesen, dass Assoziationen nicht die Form von Gesellschaften haben und auf jeden Fall keine juristischen Personen sind.

7. Weiterentwicklung der Demokratie

7.1. Zwei Begriffe in einem Wort

Zu dem hohen Gut der Demokratie rechnen wir heute nicht nur die Volksherrschaft und Mehrheitsbeschlüsse, sondern auch den Schutz der Minderheiten, die Beachtung der Menschenrechte, die Freiheit von Lehre und Forschung, die Freiheit der unternehmerischen Initiative, die freie Entfaltung der Persönlichkeit, die Mündigkeit statt Bevormundung, die Kompromissbereitschaft, die soziale Wohlfahrt usw. Diese noch ganz unvollständige Aufzählung zeigt, dass wir in dem Begriff der Demokratie in einer bunten Mischung alles zusammenfassen, was eine moderne Gesellschaft lebenswert macht. Der demokratische Staat kann diese Grundbedürfnisse und Ideale nicht allein verwirklichen. Als ungegliedertes, zentralistisches System birgt die Demokratie Gefahren und Mängel, denen wir in den vorangehenden Kapiteln schon begegnet sind. Zentralistische Systeme können wir uns zwar leicht vorstellen, sie führen aber in kleinem oder großem Umfang zur Unfreiheit. Die Dreigliederung stellt an unser Vorstellungsvermögen höhere Ansprüche, weil sie in der Wirtschaft und im Geistesleben vieles offen lässt und abwartet, was sich in Gemeinschaften und in Auseinandersetzungen ergeben wird. Dieses Offenlassen ist aber gerade ein wichtiger Teil des demokratischen Ideals.

Nun verwenden wir aber den Begriff Demokratie nicht nur in dem umfassenden Sinne, sondern wir meinen mit demokratischen Entscheidungen im engeren Sinn einen Wahl- und Abstimmungsmodus. Dieser wird uns schon in früher Jugend angewöhnt. Eine Schulklasse spricht über einen gemeinsamen Ausflug in der letzten Schulwoche. Die einen möchten eine Fahrradtour unternehmen, die andern möchten schwimmen und mit einem Schiff eine Rundreise machen. Da heißt es dann schnell: «Wir stimmen ab!» Das ist bequem, man verzichtet auf weitere Überlegungen und Diskussionen, und jeder bleibt bei dem stehen, was ihm gerade eingefallen ist. Das kann man natürlich so machen, wenn alle Beteiligten das wollen, aber die Mehrheitsabstimmung darf nicht als «demokratisches» und gerechtes Prinzip an sich bezeichnet werden.

An extremen Beispielen ist das am besten zu erkennen. In der Vergangenheit ist immer wieder in Parlamenten oder in Volksentscheiden darüber abgestimmt worden, ob Atomkraftwerke gebaut werden sollen. Oft sind solche Abstimmungen sehr knapp ausgefallen. Wenn nun 51 oder 52 Prozent der Stimmenden für die Nutzung der Atomenergie waren, zwangen sie die 48 oder 49 Prozent, mit einer Gefahr zu leben, die diese ablehnten. Wenn es um Gefahren und Risiken geht, ist es besonders deutlich, dass Mehrheitsentscheidungen ein Unrecht sind und zu einer Herrschaft der Mehrheit über die Minderheit führen. Abstimmungen, die darauf hinauslaufen können, dass eine knappe Mehrheit einen Beschluss erzwingt, machen die Demokratie zum Machtkampf, so wie auch andere Herrschaftsformen auf Machtkämpfen beruhen. Im Abstimmungskampf geht es darum, möglichst viele Stimmbürger zu überzeugen und zu überreden, mit Überredungskünsten, die wir Werbung nennen. Wenn solche Werbung sich nicht auf frei lassende Informationen beschränkt, verbindet sie sich mit Lüge und Betrug. Der Eine will dem Andern seine Meinung überstülpen, und die Mündigkeit des Einzelnen wird mit Füßen getreten.

Davon kommen wir nicht los, solange wir die wirtschaftlichen Interessen nicht außerhalb des Staates behandeln. Allgemeine Regeln und Grundsätze des Zusammenlebens sind nur dann frei von ungerechter Fremdherrschaft, wenn das staatliche Rechtsleben im Sinne der Dreigliederung von allen Sonderinteressen befreit ist und nur die Regeln betrifft, die für alle Menschen gleich sind. Solche Regeln kann jeder mündige Mensch mit normaler Allgemeinbildung beurteilen. Nehmen wir ein einfaches Beispiel: Jeder Studierende der Rechtswissenschaft lernt den Satz: Pacta sunt servanda – Verträge sind zu halten. Niemand stellt diesen Grundsatz in Frage, ob er nun im Gesetz steht oder nicht. Viele Sätze in den Gesetzbüchern des zivilen Rechts sind in dieser Weise selbstverständlich und nicht durch die Gesetzbücher neu eingeführt worden. Die Schreiber der Gesetze formulierten das, was schon allgemeine Überzeugung und Praxis war, und die Legislative im Staat bekräftigte seine gesetzliche Geltung.

In der Identifikation aller Bürger mit dem Staat sehen wir ein Grundmotiv der Demokratie. Warum gibt es viele Bürger, die sich dem Staat entfremdet fühlen? Die demokratische Wahl des Parlamentes hat zur Bildung von Parteien geführt. Je nach dem Wahlsystem (Majorz- oder Proporzsystem) sind es zwei oder mehr Parteien, die um die Macht kämpfen. Die Parteien vertreten Gruppeninteressen, wirtschaftliche, konfessionelle, sprachliche etc. Einen großen Einfluss hat die Lobby, die solche Einzelinteressen an die Parlamentarier heranträgt. Nur wenn der Staat von wirtschaftlichen und kulturellen Verantwortungen und Einflussnahmen mehr und mehr entlastet wird, kann er sich auf die Dinge konzentrieren, von denen alle Staatsbürger in gleicher Weise und ohne Sonderinteressen betroffen sind. Dann wird die Macht im Staat dafür eingesetzt, dass alle Menschen in gleicher Weise zu ihrem Recht kommen. Die Staatsverwaltung ist mit ihren Zwangsmitteln dazu da, das Recht zu schützen, nicht den Inhalt des Rechts zu bestimmen. Dadurch kann der Staat wieder Sache des ganzen Volkes werden.

7.2. Weiterentwicklung des Rechts[128]

Im geltenden Recht gibt es drei Verfahren, das Recht weiter zu entwickeln. Das erste besteht darin, dass die gesetzgebende Gewalt des Staates neue gesetzliche Bestimmungen in Kraft setzt. Gesetze werden zuerst im Parlament diskutiert und dann in Mehrheitsabstimmungen beschlossen. Die Parlamentarier richten sich dabei einerseits nach ihrer Einsicht, andererseits aber auch nach den Interessen,

---

128 Vergleiche dazu die gründliche, sorgfältig abwägende Untersuchung von Reinald Eichholz: Der Mensch im Recht – das Recht im Menschen, Basel 2011.

die sie als Angehörige einer Partei zu vertreten haben. Auch in den modernen demokratischen Staaten heißt es oft: «Der Gesetzgeber» tut dies oder das. In absolutistischen Monarchien war das eine berechtigte Ausdrucksweise, denn der Gesetzgeber war eine Person. So war es noch in der Renaissance und wurde von Machiavelli eindrücklich beschrieben. Friedrich der Große von Preußen bezeichnete sich selber in seinem Buch «Antimachiavell», das er als Kronprinz schrieb, als ersten Diener des Staates. Damit drückte er aus, dass die Regierungsgewalt dem abstrakten Staat zukomme und dass der König nur Repräsentant dieses Staates sei. Heute verstehen wir unter Staat eine ganz abstrakte Herrschaftsform, die nicht auf natürliche Personen, z. B. auf einen Monarchen, bezogen ist. Der Staat bekam eine eigene juristische Persönlichkeit, so dass wir glauben sagen zu können: «Der Staat tut dies und das.» Aber der Begriff der Gesetzgebung bezeichnet in der Demokratie nur noch ein Verfahren. Es ist daher heute ungenau und geradezu irreführend, wenn gesagt wird, der *Gesetzgeber* entscheide, was Gesetz werden soll. Vielmehr muss es heißen: Was Gesetz wird, entscheiden *wir* im demokratischen Prozess. Staatliche Gesetze sagen uns: das *soll* so sein. Sie haben dadurch die Form eines Befehls, dem wir zu gehorchen haben. Als mündige Menschen möchten wir aber die Entwicklung immer mehr dahin lenken, dass wir sagen können: das *wollen* wir so. [129]

129 Reinald Eichholz sagt sogar (S. 63): «Weil das äußere Recht die Aufgabe hat, Freiheit zu ermöglichen, muss es zurückgenommen werden, wo immer es geht.»

Das zweite Verfahren gehört zur Aufgabe der Richter. Sie interpretieren in jedem neuen konkreten Fall das positive Recht – die bestehenden Gesetze, die Gerichtsentscheide, das Gewohnheitsrecht –, um es auf den Fall anzuwenden. Durch diese Anwendung verändern und erweitern sie jedes Mal das Recht als Ganzes, das nie lückenlos fertig ist. Diese Rechtsfindung im Einzelfall ist Aufgabe des Geisteslebens. Rudolf Steiner hat, wie bereits im Kapitel 2.9.3. erwähnt, die Richter für strafrechtliche und zivilrechtliche Prozesse dem Geistesleben zugeordnet. Sie sollen nicht Staatsorgane sein und auch nicht durch Staatsorgane bestimmt oder gewählt werden. Die Staatsverwaltung hat nur, wenn nötig, das von den Richtern festgestellte Recht durchzusetzen. Durch jeden Gerichtsentscheid wird in größerem oder kleinerem Umfang das Recht weiterentwickelt.[130]

Das dritte Verfahren ist im Privatrecht zu finden. Durch Verträge und Satzungen gestalten wir, unter Beachtung des geltenden Rechts, unsere privatrechtlichen Verhältnisse selbst.

Wenn man bei der Rechtsentwicklung nur an die staatliche, politische Gesetzgebung denkt, vergisst man die an-

---

130 Deshalb sagt Reinald Eichholz (S. 200): «Oft sind die zur Gestaltung offenen Freiräume größer als man denkt. Zudem wird es intensiver Aufmerksamkeit nicht entgehen, wenn Haarrisse im System zu erkennen sind, bei denen eine Erneuerung ansetzen kann. Diese zeigen sich oft nur dem professionellen Blick und erfordern detaillierte Kenntnisse des jeweiligen Sachbereichs. Hier ist juristischer Sachverstand unerlässlich.»

deren Prozesse, die für die Demokratie lebenswichtig sind. Das Recht beginnt nicht bei der staatlichen Gesetzgebung, denn neue rechtliche Regeln können erst dann allgemeinverbindlich erklärt werden, wenn sich die allgemeine Rechtsüberzeugung bereits entwickelt hat und die Mehrheit im Parlament und im Volk ja dazu sagt. In einem wirklichen Rechtsstaat wird ein Beschluss nur dann zustande kommen, wenn die weit überwiegende Mehrheit des Volkes zustimmt oder sich durch Stimmenthaltung bereit erklärt, den Beschluss mitzutragen. Wir haben diese Entscheidungsform im Kapitel 2.9.1. beschrieben. Im Privatrecht ist sogar Einstimmigkeit die generelle Voraussetzung dafür, dass Verträge, Statuten und dergleichen überhaupt zustande kommen. In dieser Richtung kann auch der Rechtsstaat weiter entwickelt werden. Demokratie kann ja nicht heißen, das Volk herrsche über sich selbst. Herrschaft ist im Staat nur insofern nötig, als das Recht vor dem Unrecht geschützt werden muss. Dafür ist die Staatsverwaltung mit Polizei- und Militärgewalt ausgerüstet. Sie wendet physische Gewaltmittel wie Geldbußen und Verhaftungen nicht als Vergeltungsstrafen an, sondern um die öffentliche Sicherheit durchzusetzen.

Im modernen Staat ist das Recht in den Gesetzen festgeschrieben. Die erste umfassende Kodifikation des Rechts wurde im 6. Jahrhundert durch Kaiser Justinian vorgenommen. Er ließ das ganze römische Recht, das sich durch Jahrhunderte entwickelt hatte, im Corpus Iuris Civilis aufschreiben. Das als Gesetz formulierte Recht steht über den Menschen, alle können sich darauf berufen und haben ihm zu gehorchen, und der Staat sorgt mit seinem Verwaltungsapparat dafür, dass sie dies auch tun. Gegenüber dem so verstandenen Recht können sich die Menschen nicht als *Menschen* fühlen, sondern nur als *Bürger des Staates*. In Rom war das einmal eine positive Errungenschaft, weil es die Menschen, soweit sie Bürger waren, zur Rechtsgleichheit führte. Im Laufe der römischen Geschichte trat aber der Staatsgedanke und die Staatsmacht immer mehr in den Vordergrund. Diese späte, autoritäre Form des römischen Rechts lebte in der römisch-katholischen Kirche weiter und wurde im Mittelalter auch von den weltlichen Herrschern mehr und mehr aufgegriffen, weil sie ihr Land mit einem zentralistischen Beamtenapparat regieren wollten. In der Militärdiktatur Napoleons kam die Kodifizierung des Rechts 1804 zu einem neuen Höhepunkt im Code Civile oder Code Napoléon, dem Vorbild moderner «Bürgerlicher» oder «Ziviler» Gesetzbücher. Durch diese ganze Entwicklung entfremdete sich der Staat von den Menschen. Viele von ihnen empfinden heute den Staat als etwas Fremdes.

Die schriftliche Form des Rechts hat große Bedeutung, weil sie Klarheit schafft und zur Rechtssicherheit beiträgt. Neue rechtliche Vorschriften dürfen aber nicht durch das Aufschreiben geschaffen werden, sondern sie müssen das vorhandene Rechtsbewusstsein wiedergeben. Jeder Mensch kann, wenn er auf sein Rechtsgefühl achtet, wissen, was Recht ist. Diese Tatsache allein gibt dem Recht seine Gültigkeit und schafft die größte überhaupt mögliche Rechtssicherheit. Die schriftlich festgehaltenen Gesetze und Richtersprüche wollen der Gerechtigkeit dienen, indem sie das Rechtsgefühl anwenden und ins Bewusstsein heben.[131]

Die Anwendung des Rechtsgefühls setzt Lebenserfahrung und viele juristische Detailkenntnisse voraus, auch genaue Kenntnisse des einzelnen Falles. Das Rechtsgefühl kommt nicht in bloßen Gefühlsurteilen zum Tragen, sondern in durchdachten Urteilen auf der Basis der Idee, dass jeder Mensch ein vollständiges geistiges Wesen ist, auch wenn seine Begabungen und Behinderungen noch so unterschiedlich sind. Deshalb wird die Justitia mit einer Waage und mit verbundenen Augen dargestellt. Jeder Fall soll in vollkommener Unparteilichkeit abgewogen werden, so dass das Urteil generalisierbar ist. Die Justitia hat aber auch ein Schwert, weil die Gerechtigkeit durchgesetzt werden muss, damit nicht «das Recht des Stärkeren» gilt. Pazifismus führt nur dazu, dass der Gewalttätigste sich durchsetzen kann.[132]

Es gibt viele Menschen, die sich nur dann gut und vernünftig verhalten wollen, wenn es alle tun, weil das Gesetz es von allen verlangt. Bei den bestehenden Gesetzen ist es richtig, so zu denken. Wir sollten uns aber davor hüten, durch neue staatliche Gesetze und Vorschriften von allen Bürgern etwas Neues zu verlangen. Der Staat hat nicht

---

131 Der Begriff des Rechtsgefühls weist darauf hin, dass sich die Rechtsüberzeugung an Einzelfällen entwickelt. «Denn das Wesen des Fühlens ist die Erfassung des Augenblicks; es lebt in der Gegenwärtigkeit.» (Reinald Eichholz S. 130)

132 Vgl. die schöne Darstellung von Martin Kriele: Rechtsgefühl und Legitimität der Rechtsordnung, in: Ernst-Joachim Lampe (Hg.): Das sogenannte Rechtsgefühl, Opladen 1985.

neu festzulegen, welches Verhalten der Bürger gut ist und welches nicht. Das entscheiden die mündigen Menschen selber, und sie einigen sich darüber zunächst in so genannten privatrechtlichen Verträgen. Wenn die überwiegende Mehrheit der Bürger sich aus eigenem Antrieb und eigener Einsicht gut verhält, kann der Staat *zuletzt* die wenigen, die das nicht wollen, dazu zwingen, sich auch so zu verhalten. Solange man sich den Staat so vorstellt, wie er heute ist, wo er mit Wirtschaftsinteressen und Bildungsaufgaben zu tun hat, erscheint die heutige Methode, Gesetze zu erlassen, als notwendig und berechtigt. Je mehr es uns aber gelingt, die Bildungsaufgaben und den Ausgleich der Wirtschaftsinteressen außerhalb des Staates zu regeln, kann der Staat, wie es seinem Wesen entspricht, ein reiner Rechtsstaat werden. Diesen Staatsbegriff meint Rudolf Steiner, wenn er Staat und Recht oder staatlich-rechtlich als Begriffszusammenhang nennt.

7.3. Dreigliederung als Voraussetzung der Demokratie

Viele Rechtsbegriffe haben wir von den Römern übernommen. Die ersten Römer waren Räuber und raubten auch ihre Frauen. Das römische Recht rechnete mit den niederen Leidenschaften der Menschen. Es ist auch heute noch eine Teilwahrheit, dass es Menschen gibt, die ohne den gesetzlichen Zwang Böses täten. Deshalb müssen die Gesetze weiter gelten; aber für die Weiterentwicklung des Rechts ist es nötig, zu demokratischen Organisationsformen zu kommen, die das Rechtsgefühl nicht ersticken. Wenn wir nichts weiter als das alte Gesetz haben, das uns zwingt, führt es zu einer Verhärtung der antisozialen Triebe und Verhaltensweisen, die mit immer noch strengeren Gesetzen bezwungen werden müssen. Demgegenüber führt die Dreigliederung zu Organisationsformen, die in jedem von uns die Entwicklung des Gefühls für Rechte und Pflichten ermöglichen und fördern. Die Aussagen Steiners über Staat und Demokratie sind auch heute noch in vollem Maße gültig.

«Sollen aus Staaten Demokratien werden, dann müssen diese Einrichtungen sein, in denen die Menschen zur Geltung bringen können, was das Verhältnis eines jeden erwachsenen, mündig gewordenen Menschen zu jedem anderen regelt. Und jeder erwachsene, mündig gewordene Mensch muss gleichen Anteil haben an dieser Regelung. Verwaltung und Volksvertretung müssen so gehalten sein, dass sich in ihnen auslebt, was aus dem Bewusstsein eines Menschen sich ergibt einfach dadurch, dass er ein seelisch gesunder, mündiger Mensch ist ... Will man aus dem bisherigen Staate eine wahre Demokratie herausgestalten, so muss man aus dieser alles dasjenige herausnehmen und es seiner vollen Selbstverwaltung überliefern, über das nur die individuelle Entwickelung des besonderen Menschen die rechten Impulse entwickeln kann, und das keine Regelung erfahren kann durch dasjenige, was in jedem Menschen einfach dadurch lebt, dass er ein mündiger Mensch geworden ist. Die sozialen Verhältnisse, über die jeder mündig gewordene Mensch urteilsfähig ist, sind die Rechtsbeziehungen von Mensch zu Mensch. Es sind dies zugleich

diejenigen Lebensverhältnisse, die ihren sozialen Charakter nur dadurch erhalten können, dass sie in demokratischen Einrichtungen sich als ein Gesamtwille aus dem wirklichen Zusammenwirken der gleichen menschlichen Einzelwillen ergeben.»[133]

Die Rechtsgleichheit setzt voraus, dass der Mensch als ein geistiges Wesen erkannt wird, das der geistigen Welt ebenso angehört wie der irdischen. *«Ja, da handelt es sich darum, dass eine Demokratie gar nichts hilft, wenn nicht die richtige Menschenschätzung zugrunde liegt, jene Menschenschätzung, die wirklich nur gründlich in die menschliche Seele geschrieben werden kann aus der Geisteswissenschaft heraus. Demokratie enthält immer das Ferment zu ihrem eigenen Untergang, wenn sie nicht zu gleicher Zeit den Keim zu wirklicher Menschenschätzung enthält.»*[134]

Die Gefahren der Demokratie beschrieb Steiner mit drastischen Worten: *«... nehmen wir also an, das Ideal eines staatlichen Zusammenlebens sei die Demokratie. Aber, wenn man diese Demokratie irgendwo einführen wollte, so würde sie notwendigerweise in ihrer letzten Phase zu ihrer eigenen Aufhebung führen. Die Demokratie strebt notwendigerweise danach, wenn die Demokraten beisammen sind, dass immer einer den andern überwältigen will, immer will einer Recht haben gegenüber dem andern. Das ist ganz selbstverständlich. Sie strebt nach ihrer eigenen Auflösung. Führen Sie also irgendwo die Demokratie ein,*

---

133 1919 GA 24 S. 205 ff.
134 1919 GA 188 S. 243

so können Sie das in Gedanken schön ausmalen. Aber in die Wirklichkeit übergeführt, führt die Demokratie ebenso zum Gegenteil der Demokratie, wie das Pendel nach der entgegengesetzten Seite ausschlägt. Das geht gar nicht anders im Leben. Demokratien werden immer nach einiger Zeit sterben an ihrer eigenen demokratischen Natur.»[135]

«Demokratien können auf dem Rechtsboden nur dadurch in der richtigen Weise entstehen, dass die Menschen in den demokratischen Parlamenten in Gesetze dasjenige formen, was als Verhältnis von Mensch zu Mensch als gleichen lebt.»[136] *«Heute sind wir an dem Punkt angelangt, wo wir uns fragen müssen: Weil die Demokratie kommen muss, wie können wir sie praktisch verwirklichen? – Die Antwort muss lauten: Nur dadurch, dass wir sie auf ihren eigenen Boden stellen, und was nicht demokratisch verwaltet werden kann, was nicht alle Menschen beurteilen können, das wird nach links und rechts sachlich abgesondert.»*[137] *«Nach links und nach rechts muss die Regierung eine Liquidierungsregierung sein, die nach der einen Seite hin das Geistesleben in seine eigene Verwaltung überführt und nach der anderen Seite hin das Wirtschaftsleben in seine eigene Verwaltung überführt.»*[138]

Dafür ist das Erste, dass die Demokratie freie Initiativen und Regelungen zulässt. Als allgemeinen Grundsatz kann das heute jeder Mensch als etwas Berechtigtes anse-

---

135 GA 186 S. 100f.
136 GA 330 S. 278
137 GA 331 S. 70
138 GA 331 S. 64

hen. Den Rückzug des Staates aus der Wirtschaft und aus dem Geistesleben kann er erst dann als berechtigt ansehen, wenn die freien Initiativen da sind und sich als lebensfähig erwiesen haben.

Heute beträgt die «Staatsquote», das ist der Anteil der staatlichen und staatlich bedingten wirtschaftlichen Aktivität an der wirtschaftlichen Gesamtleistung, in vielen Ländern zwischen 40 und 50 Prozent.[139] Weit verbreitet ist die Meinung, die Solidarität sei in der Wirtschaft nur durch einen starken Staat zu erreichen; ein starker, in die Wirtschaft eingreifender Staat sei nötig, damit eine starke Wirtschaft leben und sich entwickeln könne. Auf dem wirtschaftlichen Gebiet werden dem Staat drei große Aufgaben zugewiesen: 1. Der Staat soll «öffentliche Güter», die jeder Mensch braucht, aber nicht jeder sich leisten kann, z. B. Straßen, für alle bereitstellen. 2. Der Staat soll eine Einkommensgerechtigkeit herstellen, die die Wirtschaft selbst nicht zustande bringt. 3. Der Staat soll durch die Geldverwaltung und durch öffentliche Investitionen die Konjunktur beeinflussen und Wirtschaftskrisen bekämpfen.

Diese Meinungen sind mit dem Gefühl verbunden, die Staatsverwaltung sei vernünftiger als die einzelnen, «grundsätzlich egoistischen» Menschen, und keine Gesellschaft sei gerecht, wenn nicht der Staat und seine Gesetze für die Gerechtigkeit sorgen. Zwar sind seit dem Zeitalter der Aufklärung die Menschen mündig geworden, und wir sind überzeugt, dass für die Festlegung von

---

139 Wikipedia: Staatsquote

Recht und Gesetz alle Menschen in gleicher Weise zuständig sind. In vielen Lebensbereichen trauen wir aber der Mündigkeit der Menschen doch nicht und glauben, dass der Staat uns bevormunden müsse. Wir denken den Staat, auch wenn er demokratisch ist, immer noch wie eine Obrigkeit, und dieser autoritäre Staat wird von Parteien und Lobbyisten dazu missbraucht, die verschiedensten partiellen Interessen durchzusetzen. Stattdessen fordert uns die Dreigliederung dazu auf, die Organisation der Wirtschaft von unten, das heißt von den Menschen und ihren Unternehmen her aufzubauen. Es gibt viele Beispiele, die beweisen, dass das möglich ist.[140] Menschen suchen und

---

140 Eine interessante Übersicht gibt Elisabeth Voss: Wegweiser Solidarische Ökonomie. Anders wirtschaften ist möglich! Neu-Ulm 2010, ISBN 978-3-930830-50-3. Die große Zahl der Beispiele zeigt, dass in vielen Menschen das Bedürfnis nach einer anderen Wirtschaft vorhanden ist. Wichtige Beispiele aus dem anthroposophischen Bereich findet man in Jens Heisterkamp (Hg.): Kapital = Geist, Info3-Verlag Frankfurt am Main 2009. Sehr erfreulich ist in dieser Beziehung auch das Buch von Christian Felber: Gemeinwohl-Ökonomie, das Wirtschaftsmodell der Zukunft, Wien 2010. Es zeigt, dass einzelne Unternehmen mit dieser Art des Wirtschaftens sofort beginnen können und dass sie davon Nutzen haben. Wenn sie nämlich voneinander wissen, können sie sich als Handelspartner gegenseitig bevorzugen. Das Buch empfiehlt, das soziale und ökologische Verhalten der Unternehmen mit einem Punktesystem zu bewerten. Jedermann kann beim Einkauf Unternehmen berücksichtigen, die eine gewisse Punktzahl aufweisen, und alternative Banken können bei der Kreditvergabe solche Unternehmen bevorzugen. Felber betont, dass die Gemeinwohl-Ökonomie nicht durch Verbote,

finden selbst, und gar nicht nur auf anthroposophischer Grundlage, neue Lösungen für die Probleme der sozialen Ordnung. Anthroposophie kann jedoch mithelfen, in die Bedeutung dieser Initiativen Licht zu bringen.

Durch die Dreigliederung wird die Demokratie in zweifacher Weise weiterentwickelt: Das große Ideal der *Demokratie im weiteren Sinne* wird durch die Dreigliederung überhaupt erst möglich gemacht, indem diese auf allen Gebieten der Mündigkeit der Menschen zu ihrem Recht verhilft. An die Stelle der Volkssouveränität, die ein abstrakt ausgedachter Begriff ist, bringt sie die Souveränität des einzelnen Menschen. In jedem Teilsystem der gesellschaftlichen Organisation sind die Menschen auf verschiedene Weise souverän: im Staat durch demokratische Beschlüsse, in der Wirtschaft durch vertraglich geregelte Zusammenarbeit und im Geistesleben durch freie Anerkennung individueller Fähigkeiten. – Die *Demokratie im engeren Sinne* geht in vielen Staaten, die sich Demokratien nennen, immer mehr verloren. Sie kann im Staat nur verwirklicht werden, wenn sie sich um nichts anderes als um jenes Recht kümmert, das für alle Menschen gleich ist.

---

sondern durch ein System von Anreizen und Belohnungen aufgebaut werden kann. Das Buch enthält eine Liste von Unternehmen, die sich als Erste zu den Grundsätzen der Gemeinwohl-Ökonomie bekannt haben. Obwohl neben vielen bemerkenswerten Übereinstimmungen mit der Dreigliederung auch die Unterschiede nicht zu übersehen sind, ist es sinnvoll, mit dieser Bewegung (Attac) den Kontakt und die Ergänzung zu suchen.

7.4. Die wirtschaftliche Seite des Staates

Auch wenn eine Staatsverwaltung nichts weiter tut, als das allgemeine, gleiche Recht der Menschen zu sichern, nimmt sie am Wirtschaftsleben teil, und zwar in ausschließlich verbrauchender Tätigkeit. Dafür braucht sie Geld, das die Menschen in Form von Steuern an den Staat abliefern. Die Methoden und Grundsätze der Steuererhebung sind heute ein heiß umstrittenes politisches Thema. Das Thema wird, wenn die soziale Dreigliederung ernstlich in Betracht gezogen wird, viel weniger brennend sein, weil die Summe der staatlichen Steuern viel geringer werden kann, als sie heute ist. Die Steuern zu verringern ist aber nicht das, was wir als Erstes tun müssen, denn heute braucht der Staat das viele Geld noch, um seine großen sozialen und kulturellen Aufgaben zu erfüllen. Die Verringerung der Steuern wird erst eine Folge sein, wenn es uns gelingt, in der sozialen Dreigliederung Fortschritte zu machen, die darin bestehen, dass wir die sozialen und kulturellen Aufgaben, die heute der Staat lösen muss, mehr und mehr selber in die Hand nehmen, ohne auf staatliche Gesetze, Regierungen und Verwaltungen zu warten.

Heute gehören zur Staatsverwaltung auch Wirtschaftsbetriebe, die nicht nur Kosten, sondern auch Erträge verursachen. Es sind Betriebe, bei denen man in der Vergangenheit davon ausging, sie sollten der ganzen Bevölkerung dienen und nicht unbedingt einen Gewinn abwerfen. Heute werden viele davon «privatisiert», damit der Staat schlanker werden kann. Dahinter steckt ein berechtigtes Anliegen, das in der Richtung der Dreigliederung zu zielen scheint: Auch diese produktiven Betriebe des Staates sollen unternehmerisch und selbständig geführt werden. Die Art, wie man dies erreichen will, ist aber gar nicht im Sinne dieser Dreigliederung. Man behauptet und glaubt – es ist wirklich ein Dogma –, die unternehmerische Tätigkeit sei in erster Linie dazu da, Gewinne zu erwirtschaften. Die Betriebe, die sich dafür eignen, wählt man aus und «privatisiert» sie. Das Privatisieren wird geradezu mit dem privaten Gewinnstreben gleichgesetzt. Meist wird die Form der Aktiengesellschaft gewählt, weil die Financiers bereit sind, ihr Geld für den Kauf des Staatsunternehmens zur Verfügung zu stellen, wenn sie dafür den Gewinn bekommen. Eigentlich ist das alles ganz kleinkariert gedacht. Das Unternehmerische ist in der Wirtschaft viel größer und interessanter als das bloße Streben nach Gewinn, denn durch die unternehmerische Initiative wirkt der Geist des Menschen in die Wirtschaft hinein. Auch im Sinne der Dreigliederung soll der Staat seine produktiven Wirtschaftsbetriebe so abgeben, dass die unternehmerische Initiative voll zum Zuge kommt, jedoch ohne dass die Ausrichtung auf das Gemeinwohl verloren geht.

Wenn wir nun den im Sinne der Dreigliederung schlanken Staat ins Auge fassen, bleiben die Fragen zu lösen, welche Art von Steuern dann zu bevorzugen ist, welche Steuern abgeschafft werden können und an welchem Ort in der Wirtschaft die Steuern erhoben werden sollen. Die Steuern, als «Zwangsschenkungen», dienen dazu, den Sachaufwand der Staatsverwaltung zu bezahlen und den Menschen, die in der Staatsverwaltung arbeiten, ein Einkommen zu geben. Wenn alles wirtschaftlich Produktive mehr und mehr aus dem Staat ausgegliedert wird, werden die in der Staatsverwaltung Tätigen zu «reinen Verbrauchern». Die Staatsfinanzierung durch Kredite, die reine Konsumkredite sind, ist in sehr vielen Fällen ein Unding, weil durch Staatsschulden die Ausgaben auf die Zukunft abgewälzt werden und dann doch durch Steuern finanziert werden müssen.

Wenn die Staatsverwaltung nur noch am wirtschaftlichen Verbrauch teilnimmt, erscheint es als logisch konsequent und einleuchtend, wenn Steiner als einzige Steuer eine Verbrauchssteuer empfohlen hat. *«Eine Verbrauchssteuer muss geschaffen werden, das heißt, dass derjenige, der viel Geld verbraucht, natürlich mehr herangezogen werden muss als derjenige, der nicht viel braucht, denn wenn sich einer das Geld in den Strohsack legt, so hat das für das soziale Leben keine Bedeutung. Bedeutung erlangt es erst dann, wenn es ausgegeben wird.»*[141] Diese Verbrauchssteuer müsse von jedem Menschen entrichtet werden, einfach weil er Mensch ist, weil der Staat sich um die Rechtssicherheit aller Menschen kümmert.[142] Rudolf Stei-

141 1919 GA 331 S. 80

142 GA 331 S. 79: *«Ein Begriff wird in der Zukunft ganz verschwinden müssen, der Begriff der juristischen Persönlichkeit, auch der wirtschaftlich-juristischen Persönlichkeit. Es wird tatsächlich das, was an Steuer zu bezahlen ist, von einzelnen Menschen zu zahlen sein, weil im Staate, im demokratischen Staate, auf dem Boden, auf dem das Recht leben soll, der einzelne Mensch dem einzelnen Menschen gegenübersteht. Die Menschen können nur dann gleich sein, wenn ein Mensch dem anderen als Einzelner gegenübersteht.»*

ner sprach nicht nur von Verbrauchssteuer, sondern auch von Ausgabensteuer, die immer dann entrichtet werden muss, wenn Geld ausgegeben wird, weil erst dann das eingenommene Geld für die produktive Wirtschaft wirksam wird.[143] Jede Ausgabe ist für die Wirtschaft ein Ansporn, das verkaufte Produkt wieder herzustellen. Der Verbrauch ist das, was jeder Mensch als Verbraucher zum Wirtschaftsleben beiträgt. Wenn jemand sein Geld nicht ausgibt, ist es für die Allgemeinheit gleichgültig und unwirksam. Durch den Verbrauch wird der Bedarf offenkundig, so dass sich die Produktion danach richten kann. Wenn der Staat Steuern erhebt und sich an diesem Verbrauch be-

---

143 GA 332a S. 61: « ... *für das wirkliche produktive Leben ist das Zeichen für viele Einnahmen eben, dass man viel ausgeben kann. Daher muss man, wenn man im Steuersystem nicht etwas schaffen will, was parasitär am Wirtschaftsprozesse ist, sondern wenn man etwas schaffen will, was eine wirkliche Hingabe des Wirtschaftsprozesses an die Allgemeinheit ist, das Kapital in dem Augenblicke versteuern, in dem es in den Wirtschaftsprozess übergeführt wird. Und das Sonderbare stellt sich heraus, dass die Einnahmesteuer verwandelt werden muss in eine Ausgabensteuer – die ich bitte nicht zu verwechseln mit indirekter Steuer. Indirekte Steuern treten in der Gegenwart oftmals als Wünsche gewisser Regierender nur aus dem Grunde hervor, weil man an den direkten Steuern, an den Einnahmesteuern gewöhnlich nicht genug hat. Nicht um indirekte Steuern und nicht um direkte Steuern handelt es sich, indem hier von Ausgabensteuer gesprochen wird, sondern darum handelt es sich, dass dasjenige, was ich erworben habe, in dem Momente, wo es übergeht in den Wirtschaftsprozess, wo es produktiv wird, auch besteuert wird.*»

teiligt, soll er dies auf ganz neutrale Weise tun. Steiner wollte also, dass die Menschen im gleichen Verhältnis Steuern bezahlen, wie sie Geld ausgeben. Indirekte Steuern lehnte er ausdrücklich ab. Das sind Steuern, die auf den Preis der Waren aufgeschlagen werden. Die Unternehmen rechnen jede Steuer, die im Produktionsprozess erhoben wird, in ihre Preiskalkulation ein und versuchen, sie auf die Verbraucher abzuwälzen. Das ist auch bei der Mehrwertsteuer so. Diese hat allerdings den Vorteil, dass sie weitgehend wettbewerbsneutral gestaltet werden kann und gesondert ausgewiesen wird. Dadurch wirkt sie als allgemeine Besteuerung des Verbrauchs.[144] Heute wird der Natur- und Umweltverbrauch mehr beachtet, als es zu Steiners Zeit notwendig war. Der Verbrauch fossiler Energieträger bietet sich für die Besteuerung an, weil alle sie brauchen und weil bei ihrer Nutzung auch Luft verbraucht wird. Für ökologische Steuerreformen sind verschiedene

---

144 Benediktus Hardorp: Arbeit und Kapital als schöpferische Kräfte. Einkommensbildung und Besteuerung als gesellschaftliches Teilungsverfahren. Karlsruhe 2008. Hardorp hebt die Vorteile der Mehrwertsteuer hervor, will sie aber zur Finanzierung stark steigender sozialer Verpflichtungen des Staates verwenden, nämlich für ein vom Staat verteiltes «Grundeinkommen». Durch diese Verwendung erhält die Mehrwertsteuer Eigenschaften, die Steiner an den indirekten Steuern kritisierte. Das kommt daher, dass mit dem staatlich verteilten Grundeinkommen eine enorme Vergrößerung der Staatsaufgaben beabsichtigt wird, durch die der Staat mehr als je in die Wirtschaft eingreifen würde – ein Bestreben, das der Dreigliederung zuwiderläuft.

Modelle in der Diskussion, und kleine Teile davon sind auch da und dort schon verwirklicht. Auch diese Steuern bewirken bei den Unternehmen Kosten.

Aus diesen Überlegungen kommt man nicht leicht zu einer Vorstellung, wie reine Verbrauchs- und Ausgabensteuern genau aussehen könnten. Auch Steiner äußerte sich nicht über die technische Durchführung der Verbrauchs- und Ausgabensteuer. Den Grund dafür nannte er am 16. Februar 1919 in Dornach: «*Nicht wahr, es gibt zum Beispiel, um etwas herauszugreifen, das beste Besteuerungssystem. Nun handelt es sich heute gar nicht darum, dieses beste Besteuerungssystem auszudenken, sondern es handelt sich darum, hinzuarbeiten auf die Dreigliederung. Und wenn diese Dreigliederung sich immer mehr und mehr verwirklicht, so wird durch die Tätigkeit dieser Dreigliederung des sozialen Organismus das beste Steuersystem entstehen. Es handelt sich darum, die Bedingungen herzustellen, unter denen die besten sozialen Einrichtungen entstehen können. Denn dass irgendeiner den Gedanken hat, das Beste auszuspintisieren, darum kann es sich gar nicht handeln, das hat gar keinen Wirklichkeitswert.*»[145] In der konkreten Situation wird es sich zeigen, dass es mehrere Möglichkeiten gibt, die ihre Vor- und Nachteile haben und aus denen die Menschen das in ihren Augen gerechte Steuersystem auswählen. Wichtig sind die grundsätzlichen Überlegungen, von denen man sich dabei leiten lässt. Gewinnbesteuerung erhebt die Steuern im Bereich der Produktion, indem sie die Beträge besteuert, die aus der

---

145 GA 189 S. 33

Wirtschaft herausgehen und der Gewinnverteilung zugeführt werden. Der Gewinn enthält aber auch Spenden an das Geistesleben und an die soziale Fürsorge, die nicht besteuert werden sollen. Wenn jemand aus seinem Einkommen Spenden oder Darlehen finanziert, soll er dafür keine Steuern zahlen. Erst wenn das Geld von den Empfängern als Kaufgeld ausgegeben wird, unterliegt es der Ausgabensteuer. Diese ist eine reine Kaufgeldbesteuerung.

8. Wirtschafts- und Rechtskunde im Schulunterricht

8.1. Überwindung der Dogmen

Schöne Lehrbücher der Staatsbürgerkunde und der Volkswirtschaft stehen uns zur Verfügung. Man möchte sie als Lehrer gern benützen, ist aber überrascht und enttäuscht, wenn man fast auf jeder Seite einen Niederschlag von Dogmen und Vorurteilen findet. Diese Dogmen werden nicht nur in den Schulen und Hochschulen gelehrt und von den Medien jeden Tag verbreitet, sondern sie durchsetzen unbemerkt unser ganzes Denken und unsere Sprachgewohnheiten.[146]

In den obersten Schuljahren ist es sinnvoll, Wirtschafts- und Rechtskunde als gesonderten Unterricht in den Lehrplan einzubauen. Dort sind auch die heute herrschenden Dogmen zur Diskussion zu stellen. Die Jugendlichen fangen aber kaum vor dem 10. Schuljahr an, Interesse und Aufnahmefähigkeit für solche Fragen zu entwickeln. In der ganzen Volksschulzeit vom Kindergarten bis zum 9. Schuljahr kann über Wirtschaft und Recht nicht in lehr-

---

146 Hans Christoph Binswanger: Die Glaubensgemeinschaft der Ökonomen, München 1998. Bernd Senf: Die blinden Flecken der Ökonomie. Wirtschaftstheorien in der Krise, Deutscher Taschenbuch Verlag München 2004

hafter Art mit den Kindern und Jugendlichen gesprochen werden. Es ist auch kein gesonderter Unterricht dafür nötig. Wichtig ist dagegen, wie die Kinder das Rechtliche und Wirtschaftliche im Unterricht jedes Faches und im ganzen Leben der Schule erleben. Wenn dort an Stelle von wirklichkeitsgemäßen Begriffen Dogmen herrschen, wenn sie insbesondere in unseren Sprachgewohnheiten ihr Unwesen treiben, werden sie auch von den Schülern als Gewohnheiten aufgenommen. Daher müssen die Lehrer und Erzieher daran arbeiten, im eigenen Denken die gewohnheitsmäßigen Dogmen zu überwinden. Das vorliegende Buch möchte dafür eine Hilfe sein. Was wir aber als Erwachsene zuerst theoretisch lernen und dann auch anwenden wollen, ist nicht in dieser Form an die Kinder weiterzugeben.

Rudolf Steiner formulierte die Aufgabe in seinem grundlegenden Buch «Die Kernpunkte der sozialen Frage» so: *«Die gegenwärtige geschichtliche Menschheitskrisis fordert, dass gewisse Empfindungen entstehen in jedem einzelnen Menschen, dass die Anregung zu diesen Empfindungen von dem Erziehungs- und Schulsystem so gegeben werde, wie diejenige zur Erlernung der vier Rechnungsarten.»*[147] Ausführlicher sagte er es in einem Vortrag in Zürich: *«Man ist heute ein ungebildeter Mensch, wenn man das Einmaleins nicht kann; man ist heute ein ungebildeter Mensch, wenn man irgend etwas anderes, was zur Bildung nun einmal gehört, nicht weiß; aber man ist kein ungebildeter Mensch, wenn man kein soziales Be-*

---

147 1919: GA 23 S. 60f.

wusstsein hat, oder wenn man mit schlafender Seele im sozialen Organismus drinnensteht. Das ist etwas, was in der Zukunft gründlich anders werden muss. Es wird anders werden, wenn das Urteil entstehen wird, dass es einfach zur allerelementarsten Schulbildung gehört, sich mit sozialem Wollen auszurüsten, wie man sich mit der Kenntnis des Einmaleins ausrüstet. Heute muss jeder wissen, wie viel drei mal drei ist. In Zukunft wird es auch nicht schwieriger erscheinen, zu wissen, wie sich Kapitalzins zur Grundrente verhält, wenn ich etwas aus dem heutigen Leben heraus wähle. Es soll gar nicht schwieriger sein in Zukunft, als zu wissen, dass drei mal drei neun ist. Aber dieses Wissen wird eine Grundlage geben für ein gesundes Drinnenstehen im sozialen Organismus, das heißt für ein gesünderes soziales Leben.»[148]

Das soziale Bewusstsein, das Empfinden und Wollen der Kinder wird durch alles, was wir tun und sagen, tief beeinflusst. Wenn wir realistische Begriffe von Arbeit, Wert, Geld, Besitz und Eigentum haben, erzählen wir schon im Kindergarten viele Geschichten anders, als wenn zum Beispiel unsere Vorstellung von Geld materialistisch ist. Auch die Art, wie wir über Bruchrechnen und Prozentrechnen sprechen, wird davon beeinflusst. Wir müssen nicht Theorien vermitteln, sondern Phänomene so beschreiben, wie sie sind. Es ist ähnlich wie in der Naturwissenschaft, wo wir großen Schaden anrichten, wenn wir im

148 Öffentlicher Vortrag in Zürich, 25. Februar 1919: GA 328 S. 123

Unterricht mit ausgedachten Modellen beginnen, statt uns auf die sorgfältige Beobachtung von Phänomenen zu konzentrieren, so lange bis in den Phänomenen selbst die Naturgesetze hervortreten. Phänomene beobachten ist nicht etwas Gedankenloses. Wir müssen die Phänomene immer auch verstehen, sonst starren wir sie bloß an. Wir verstehen sie aber nicht, wenn wir sie durch etwas Theoretisches, was nicht in ihnen liegt, zu erklären versuchen. Erklären ist etwas anderes als Verstehen.

Ein Ziel der Bildung ist, dass wir nicht eine Welt benützen, die wir nicht verstehen. Rudolf Steiner sagte in Bezug auf die Technik: «*Wir leben in einer Welt drinnen, die von Menschen hervorgebracht ist, die nach menschlichen Gedanken geformt ist, die wir benützen und von der wir nichts verstehen. Diese Tatsache, dass wir von etwas, was vom Menschen geformt ist, was im Grunde genommen das Ergebnis menschlicher Gedanken ist, nichts verstehen, das hat für die gesamte menschliche Seelen- und Geistesstimmung eine große Bedeutung. Die Menschen müssen sich nur eigentlich betäuben, damit sie die Wirkungen, die von dieser Seite her stammen, nicht wahrnehmen … Das Schlimmste ist das Miterleben der von Menschen gemachten Welt, ohne dass man sich kümmert um diese Welt.*»[149] Das gilt nicht nur für die Technik, sondern auch für den sozialen Bereich.

Die Welt, in der wir leben, nicht zu verstehen, ist unerträglich. Das ist die eine Richtung, die im Verhältnis zwischen Schule und praktischem Leben eine Rolle spielt.

---

149 GA 294 S. 161 f.

Umgekehrt ist es genau so unerträglich, zu wissen, was die Menschen und die Natur brauchen, und es nicht zu tun. Das Erste ist ein Erkenntnisdefekt, das Zweite ein Willensdefekt. Die Schule ist nicht dazu da, Wissen um des Wissens willen zu vermitteln, damit uns das Wissen ein Gefühl der Überlegenheit verleiht, sondern wir müssen uns das Wissen so aneignen, dass wir es im sozialen Zusammenhang anwenden wollen. Es ist für das Erleben der Kinder wichtig, dass die Schule sich nicht vom sozialen Leben isoliert. Sie muss durch und durch Schule sein, sich ganz und ausschließlich der Pädagogik widmen und gerade deswegen mit Bauernhöfen, gewerblichen Betrieben und sozialen Aufgaben verbunden sein. Diese Notwendigkeit wird heute an vielen Orten immer stärker empfunden, und viele Schulen leisten Vorbildliches durch soziale und ökologische Arbeitseinsätze und durch Praktika in wirtschaftlichen und sozialen Betrieben.

8.2. Der Weg des Kindes in die Wirtschaft

Das Kind lebt seiner Natur nach in einer reinen Schenkungswirtschaft. Wenn es nicht von außen dazu gezwungen wird, ist es ihm fremd, zu denken, es müsse für das, was es bekommt, etwas leisten, oder es müsse für das, was es leistet, eine Belohnung bekommen. Es vergleicht wirtschaftliche Werte nicht in einem gegenseitigen Tausch und berechnet sie nicht. Im Unterricht sollen bis zur beginnenden Pubertät, mindestens bis zum Ende des fünften Schuljahres, wirtschaftliche Werte nicht in Geld beziffert werden. 1 kg Weizen ist wertvoll, weil man daraus etwa 1,4 kg Brot backen und damit Menschen ernähren kann. Da wir als Erwachsene an das Bewerten mit Geld durchaus gewöhnt sind, müssen wir uns darauf besinnen, dass dies nicht etwas Ursprüngliches ist, wie das in den Darstellungen dieser Schrift versucht wurde.

Erst vom sechsten Schuljahr an können Geld-Beispiele im Rechnen behandelt werden, aber zunächst nicht mit abstrakt-wissenschaftlichem Hintergrund. Der Markt, der z. B. in Dreisatzrechnungen vorkommt, ist nicht ein Mechanismus zwischen Angebot, Nachfrage und Preis, sondern er ist ein Ort, wo Waren getauscht und gehandelt werden. Auch die Zinsrechnung darf man nicht als eine theoretische Gesetzmäßigkeit, die wie ein Mechanismus funktioniert, behandeln, sondern man muss immer das konkrete Geschehen zwischen Menschen anschauen.

Anna sagt zu Brigitte: «Ich bin heute in der Klemme, weil ich mein Geld zu Hause vergessen habe. Kannst du mir 50 (Franken/Euro/Dollar) leihen? Ich gebe sie dir morgen zurück und bin bereit, noch 0,50 dazuzulegen.»
Brigitte antwortet: «Wenn du das so tun willst, dann lege ich noch 0,50 drauf, und wir geben die 1,00 der Xenia, die kein Taschengeld hat.»
Anna: «Dann hast du ja nur noch 49,50!»
Brigitte: «Das macht nichts: Ich habe ja genug, sonst könnte ich dir nicht 50 leihen.»

Das Beispiel entspricht durchaus der Lebensrealität. Wenn man es aber berechnet, kommt man auf einen extrem hohen Zinsfuß von 365 Prozent. Wegen der kurzen Dauer des Darlehens ist das nicht unbedingt schlimm. Im Übrigen kommt es bei den Zinsen sehr stark darauf an, wie sie verwendet werden. Wenn der Darlehensgeber sie zu seinem Vermögen schlägt, entstehen Zinseszinsen, durch die sich das Vermögen ohne Leistung vermehrt. Das kann man alles mit Kindern anhand konkreter Beispiele besprechen.

Mathematische und wirtschaftliche Rechnungen sind nicht das Gleiche. Prozentrechnungen sind reine Mathematik und sollen als solche verstanden und geübt werden. Zinsrechnungen dagegen müssen immer in einen sozialen Zusammenhang gestellt werden. Dann kann man auch die Verhältnisse im Mittelalter verstehen, wo es den Christen verboten war, Geld mit Zinsen zu verleihen. Den Juden war es durch ihre Religion gegenüber Juden auch verboten, aber gegenüber Angehörigen einer anderen Religion erlaubt. Sie erfüllten damals als Geldverleiher eine notwendige Funktion, weil viele Menschen darauf angewiesen waren, Geld gegen Verpfändung von Gegenständen leihen zu können.

Die praktische Frage, wie Arbeitsleistung und Ertrag zusammenhängen, taucht in der Jugend früh auf. Da ist es notwendig, dass die jungen Menschen als Kinder erlebt haben, wie wichtig die Zusammenarbeit ist. Wenn sie zu Hause mithelfen oder in der Schule ein kleines Amt ausüben, ist ihre Leistung nur als Teil eines Ganzen wertvoll; isoliert hat sie keinen Sinn. Andererseits kommt auch das, was sie erhalten, das Essen, die Kleider usw., durch die Zusammenarbeit vieler zustande. Kinder sollten gründlich zu dem Erlebnis kommen und immer wieder darauf aufmerksam gemacht werden, dass Zusammenarbeit das Höchste ist und fast allen wirtschaftlichen Leistungen zu Grunde liegt. Nun kommt aber bei den Jugendlichen die Zeit, wo sie selber Geld verdienen wollen. (Davor sollte man sie, bevor sie 12 Jahre alt geworden sind, möglichst behüten.) Diese jungen Menschen wollen, wenn man es genau nimmt, Einzelunternehmer sein. Denn bei diesen ist es so, dass Leistung und Einkommen unmittelbar verbunden sind. Darauf muss man die Jugendlichen immer wieder aufmerksam machen: Du bietest eine Leistung an, und wenn diese erwünscht ist und gebraucht wird, kannst du dafür eine Gegenleistung, einen Preis verlangen. Du bist nicht «angestellt» und erhältst keinen «Arbeitslohn», sondern du erhältst einen Gegenwert für ein fertiges und brauchbares Werk. Mit dem «Lohn» wird der Arbeit etwas angehängt, was nicht zu ihr gehört. Tausch mit Gegenleistung ist nicht eine Sache der Arbeit, sondern der Unternehmung. Wer in der Jugend einen kleinen Job sucht, ist in der Situation eines Einzelunternehmers. Er will etwas leisten und dadurch einen Ertrag erwirtschaften. Wenn eine ganze Gruppe von Jugendlichen Leistungen anbietet, weil sie ein Fest oder eine Reise finanzieren wollen, erwirtschaften sie gemeinsam einen Ertrag, den sie gemeinsam verbrauchen oder unter sich aufteilen können.

Wenn in der 8. oder 9. Klasse die Industrielle Revolution behandelt wird, ist die beste Gelegenheit, über Arbeitsteilung, Arbeit als Ware, Elend durch den «Arbeitsmarkt», über die Aufgaben des Unternehmers und die Bedeutung des Kapitals anhand konkreter Beispiele zu sprechen. Die große Wirtschaftskrise zwischen den beiden Weltkriegen gibt Anlass, die Rechtsformen für Unternehmen zu untersuchen. Im Geschichtsunterricht sollten die rechtlichen und wirtschaftlichen Verhältnisse einen großen Raum einnehmen.[150] Die Beschreibungen müssen immer beispielhaft und so konkret wie möglich sein. Rechts- und Wirtschaftskunde sind Teile der Lebenskunde. Jeder Unterricht, der Lebenskunde vermittelt – und welcher Unterricht tut das nicht –, trägt zur Rechts- und Wirtschaftskunde bei.

8.3. Geld als Buchführung

Nichts vermag so gut das Wesen des Geldes erlebbar zu machen wie die Buchführung. Jeder Kassenbon ist ein Stück Buchführung und zeigt uns, wofür wir welchen Geldbetrag ausgegeben haben. Buchführung besteht darin, dass die Geldvorgänge schriftlich festgehalten werden. Durch Geld werden wirtschaftliche Vorgänge in

---

150 Für die Entwicklung des Rechts und des Staates geben die Bücher von Karl Heyer gute Grundlagen: Karl Heyer: Beiträge zur Geschichte des Abendlandes, 9 Bände, Kressbronn 1955 bis 1958. Das an sich verdienstvolle Buch von Erhard Fucke: Wirtschaften, was ist das? Stuttgart 1993, bietet viel Konkretes, ist aber nicht ganz frei von Dogmen und abstrakten Theorien.

Zahlen fassbar und handhabbar, durch Buchführung werden sie anschaubar. Buchführung kann, vor allem in der Bilanz, auch dazu missbraucht werden, die Wahrheit zu verschleiern. Trotzdem kann man anhand der Zahlen Wahrheit und Betrug prinzipiell immer unterscheiden, wenn es auch oft nicht leicht ist, weil die Dinge kompliziert sind. Wenn man dann noch lernt, Kaufgeld, Leihgeld und Schenkungsgeld zu unterscheiden, wird der Geldbegriff differenziert und interessant.

Von der 6. Klasse an ist es sinnvoll, einfache Buchführungen in der Form von Einnahmen-Ausgaben-Rechnungen durchzuführen.[151] Getrennt davon kann man auch die Guthaben und Schulden schriftlich festhalten und so die Qualitäten von Kaufgeld und Leihgeld unterscheiden. Es war eine geniale Erfindung der oberitalienischen Kaufleute in der Renaissance, diese beiden getrennten Rechnungen in der doppelten Buchführung zu vereinigen. Kein junger Mensch sollte die Schule verlassen, ohne diese Erfindung durch übende Erfahrung im Prinzip verstanden zu haben. Das ist erfahrungsgemäß erst in den letzten Schuljahren, von der 10. Klasse an möglich. Hier ist es auch möglich und notwendig, über Boden, Arbeit und Kapital als Produktionsfaktoren zu sprechen, um zu verstehen, dass sie alle drei außerhalb der Buchführung stehen. Die Arbeit darf kein Kostenfaktor sein, und wenn Boden und Kapital in den Aktiven der Bilanz aufgeführt werden, sollte man wissen, dass es um den Produktivitäts-

---

151 Michael Brater, Claudia Munz: Die pädagogische Bedeutung der Buchführung, Stuttgart 1994

wert geht, wie wir das in den Kapiteln über Boden und Kapital zu begründen versuchten.

8.4. Industrielle und landwirtschaftliche Erfahrungen im Jugendalter

Praktika in vielseitigen, biologisch geführten landwirtschaftlichen Betrieben, die an vielen Waldorf- und Rudolf-Steiner-Schulen in der 9., 10. oder 11. Klasse eine feste Einrichtung sind, geben den Jugendlichen einen Einblick in das Wesen dieses Wirtschaftszweigs. In Industriebetrieben ist das ganz anders. Zunächst kann die Arbeit an Maschinen, in die der Mensch eingespannt ist, abschreckend wirken. «So etwas will ich später sicher nicht machen!» Jugendliche, die so reagieren, haben heute ganz recht, denn es ist falsch, dass Menschen solche Arbeiten während 40 Stunden pro Woche verrichten müssen. Wenn das Ziel ist, dass Jugendliche die Industrie verstehen, muss man damit beginnen, im Unterricht in konkreten Beispielen zu studieren, wie durch die Technik, durch die Arbeitsteilung und die Zusammenarbeit wertvolle Produkte zustande kommen. Diese Abläufe und Zusammenhänge können sehr kompliziert sein, aber im Prinzip sind sie immer voll durchschaubar, weil sie von Menschen ausgedacht und geplant sind. Das ist bei der Organisation solcher Praktika und bei der pädagogischen Führung zu beachten. Die Grundlagen müssen im ganzen Unterricht gelegt werden, in dem den jungen Menschen an vielen Beispielen immer wieder gezeigt wird, dass man technische

Einrichtungen durchschauen kann. Dann überwindet man die Unsicherheit, die im Leben entsteht, wenn man das Gefühl hat, dieses Technische wachse einem über den Kopf.

Ganz anders ist es, wenn man mit lebendigen Wesen zu tun hat. Hier ist man immer davon abhängig, wie diese Wesen reagieren. Es bleibt dabei immer etwas Rätselvolles, nicht voll Durchschaubares. Zuerst tut man etwas, dann muss man die weitere Entwicklung abwarten und dann im richtigen Augenblick da sein, um wieder einzugreifen. Das gehört zum Wesen der pflegenden Arbeit; Jugendliche können diese in einem Praktikum mit Kindern, alten oder behinderten Menschen kennenlernen. Für solche pädagogischen und therapeutischen Dienstleistungen müssen sie aber dem Erwachsenenalter schon nahestehen, also im 11. oder 12. Schuljahr. In der Landwirtschaft ist das schon früher möglich. Deshalb begleitet in Waldorfschulen der Gartenbauunterricht die Jugendlichen vom 6. Schuljahr an. Dort können sie sich früh mit pflegender Arbeit an Lebewesen auseinandersetzen. Später erleben sie die sozialen Eigenschaften dieser Arbeit, wenn sie ein Praktikum in einem Bauernhof absolvieren. Erfahrungen zeigen, dass dafür das 10. oder 11. Schuljahr geeignet ist. Vorher sind viele Jugendliche für die sozialen Aspekte zu jung.

Auch in der Landwirtschaft erlebt man viel «Industrielles», welches durchschaut werden muss. Der Einsatz von Maschinenkapital pro Arbeitsplatz ist in der Landwirtschaft größer als in den meisten Zweigen der Industrie. Die Produktivität der Arbeit hat in der Landwirtschaft durch die Maschinen besonders stark zugenommen. In den letzten sechzig Jahren, also in kurzer Zeit, wurden dadurch sehr viele Menschen aus der Landwirtschaft freigestellt. Die Pflanzen und vor allem die Tiere sind aber weiterhin auf die Pflege durch Menschenhände angewiesen. Die Menschen müssen sich weiterhin mit Tieren viel stärker verbinden als mit toten Dingen. Das können Jugendliche am besten im Kuhstall erleben, wo auch am Wochenende zweimal am Tag gefüttert und gemolken werden muss. In modernen Laufställen hat man die Erfahrung gemacht, dass Kälber und Rinder verwildern, wenn sie nie von Menschen am Halfter herumgeführt werden.

Die maschinelle, industrielle Arbeit führen wir aus, weil wir ein mit dem Verstand festgelegtes Ziel erreichen wollen. In der Landwirtschaft (und in anderen pflegerischen Berufen) arbeiten wir, weil lebendige Wesen unsere Hilfe brauchen. Die Arbeit mit Lebendigem appelliert an unseren Willen, die Maschinenarbeit dagegen an den Intellekt, mit dessen Hilfe wir die Maschinen konstruiert und organisiert haben. Zur mühevollen körperlichen Arbeit, die wir unmittelbar in der Natur verrichten, müssen wir uns immer wieder überwinden. Jeder Bauer kann aber die Erfahrung machen, dass die Überwindung nicht nötig ist, wenn er auf dem Traktor sitzt, denn die Maschine sagt ihm laufend, dass er weitermachen soll. Erst wenn er heruntersteigt, merkt er, wie müde er ist.

Rudolf Steiner hat in der Menschenkunde für Lehrer großen Wert darauf gelegt, dass die Gegensätzlichkeit von Vorstellung und Wille beachtet wird. Mit der Vorstellung erfassen wir das Gewordene, der Wille bezieht sich auf die

Zukunft, die im Willen wie ein Keim veranlagt ist. Dieses Keimhafte fehlt da, wo uns Maschinen die Arbeit abnehmen. Maschinen setzen sich als etwas Trennendes zwischen uns und die Natur. Steiner sprach kurz vor der Gründung der Waldorfschule in drastischen Formulierungen über den Sinn der Arbeit.[152] Für den Intellekt ist die Maschine ganz durchsichtig. *«Das aber hat zur Folge, dass der menschliche Wille, der sich auf die Maschine richtet, sich in Wahrheit nicht auf eine Realität richtet. Die Maschine ist im Grunde genommen eine Schimäre* [ein Trugbild] *für die umfassende Weltwirklichkeit. Und der Industrialismus bringt in unser Leben etwas hinein, was den Willen sinnlos macht in einem höheren Sinne.»* Mit dem «höheren Sinn» ist gemeint, dass wir nicht nur auf unser gegenwärtiges Erdenleben schauen, sondern auf die größeren kosmischen Zusammenhänge, in denen es darinnen steht. *«Wenn der Mensch sein Pferd, das an den Pflug gespannt ist, durch die Ackerfurche fahren lässt und er mit dem Pferde arbeitet, so hat diese Arbeit mit dem Pferde, worinnen noch Naturkraft mitarbeitet, einen Sinn über die unmittelbare Gegenwart hinaus, es hat diese Arbeit einen kosmischen Sinn. Wenn die Wespe ihr Haus baut, so hat dieser Wespenbau einen kosmischen Sinn. Wenn der Mensch das Feuer entzündet, indem er den Feuerstein schlägt, den Funken heraussprühen lässt, damit den Zündschwamm entzündet und dann das Feuer anzündet, steht er mit der Natur im Zusammenhange: es hat einen kosmischen Sinn. Durch den modernen Industrialismus sind wir*

152 «Die Erziehungsfrage als soziale Frage» GA 296 S. 41 f.

aus diesem kosmischen Sinn herausgekommen. Da lebt kein kosmischer Sinn mehr, wenn wir unsere elektrischen Flammen anzünden … Und wenn Sie in eine moderne Fabrik hineingehen, die ganz maschinell gestaltet ist, dann ist das ein Loch im Kosmos, hat keine Bedeutung für die kosmische Entwicklung. Wenn Sie in den Wald gehen, Holz sammeln, dann hat das eine kosmische Bedeutung über die Erdenentwicklung hinaus.»

Damit ist ja nicht gesagt, dass wir die Maschinen abschaffen und ein technisch primitives Leben führen sollen. Aber wir müssen die Gelegenheiten ergreifen, wo wir noch Arbeiten zu verrichten haben, die von Hand gemacht werden müssen. Das ist in der Landwirtschaft, im Wald und in vielen sozialen Berufen der Fall. Die Arbeitszeit in den Fabriken und am Computer muss drastisch verkürzt werden, und das Geld muss so gelenkt werden, dass auch die im großen Umfang notwendige pflegerische Handarbeit geleistet werden kann. Die industrielle Arbeit aber, die aus sich selbst dem Willen keinen Sinn gibt, muss einen von uns geschaffenen Sinn bekommen. Das ist möglich, *«wenn wir uns aufschwingen zu einer solchen Weltanschauung, die dasjenige, was sinnlos ist – nennen wir es Industrialismus – zum Sinn bringt, indem wir den Sinn aus dem Geistigen heraus nehmen, indem wir uns sagen: Wir suchen uns Aufgaben, die aus dem Geiste stammen.»*[153] Deshalb haben wir im 4. Kapitel über das Kapital Wert darauf gelegt, dass jedes wirtschaftliche Unternehmen sich in den Dienst einer Idee, eines sinnvollen Zweckes stellt.

---

153 GA 296 S. 44

Nachwort

Die Inhalte der Kapitel 2, 3 und 5 hat der Verfasser als Aufsätze publiziert. Die in ihnen geäußerten Gedanken rundeten sich seither immer mehr zu einem Ganzen, so dass sie jetzt in stark überarbeiteter und durch neue Kapitel erweiterter Form vorgelegt werden.

Es ging dem Verfasser von Anfang an darum, konkrete Beispiele, die er näher kennt, so zu beschreiben, dass ihr Zusammenhang mit der Dreigliederung des sozialen Organismus deutlich wird. Auch in der Geldfrage knüpft er an eine verbreitet bereits existierende Art von Komplementärwährungen an. Alle diese Beispiele zeigen, dass mit der Dreigliederung sofort im Kleinen begonnen werden kann. Dazu ist es nötig, anhand der Beispiele das Grundsätzliche herauszuarbeiten. Es gibt natürlich viele andere und ähnliche Projekte, die als Ausgangspunkte für die Überlegungen dieser Schrift hätten dienen können. Nun mögen die an solchen Projekten beteiligten Menschen prüfen, ob die hier ausgesprochenen Gedanken auch für ihre Fälle zutreffen.

Dank

Für Korrekturen und wichtige Anregungen danke ich Johanna Wyss, Astrid Lanz, Barbara Isler, Marc Desaules, Daniel Maeder, Gerold Aregger, Urs Ritter und vielen Menschen, die in Bauernhöfen und Schulen tätig sind und von denen ich in der Zusammenarbeit viel lernen durfte.